图书选题策划

谭晓萍 著

The Planning of
Book Topics Selection

上海交通大学出版社
SHANGHAI JIAO TONG UNIVERSITY PRESS

内容提要

选题策划是整个出版活动的起点,是出版社高质量发展的关键因素。本书结合图书选题策划案例,对图书选题策划做了较为系统的阐述,介绍了图书选题策划的原则与机制、图书选题策划的流程与组织、图书选题策划的定位、图书选题策划人的基本素质以及图书选题策划中的常见误区与防范;重点论述了学术专著、高校教材、大众读物等的选题策划方法与技巧。

本书适合出版社编辑、营销人员、图书出版管理者等相关从业者使用,也适合作为出版专业在校学生和对图书出版行业感兴趣人士的参考用书。

图书在版编目(CIP)数据

图书选题策划 / 谭晓萍著. — 上海:上海交通大学出版社,2024.6 — ISBN 978-7-313-30963-1

Ⅰ.G232.1

中国国家版本馆 CIP 数据核字第 2024LN1074 号

图书选题策划

TUSHU XUANTI CEHUA

著　　者:谭晓萍

出版发行:上海交通大学出版社　　　　地　　址:上海市番禺路 951 号

邮政编码:200030　　　　　　　　　　电　　话:021-64071208

印　　刷:苏州市古得堡数码印刷有限公司　经　　销:全国新华书店

开　　本:710mm×1000mm　1/16　　印　　张:13.75

字　　数:211 千字

版　　次:2024 年 6 月第 1 版　　　　　印　　次:2024 年 6 月第 1 次印刷

书　　号:ISBN 978-7-313-30963-1

定　　价:69.00 元

告 读 者:如发现本书有印装质量问题请与印刷厂质量科联系

联系电话:0512-65896959

前　言

选题策划是图书出版工作的第一步,是图书编辑对准备申报出版的图书的总体构思和策划,是依据党和国家的方针、政策,根据社会各个学科的研究现况和产业发展情况、读者的实际需求、图书市场的变化、发展趋势,以及图书出版单位的图书结构及编辑自身的选题策划优势,对所收集、感受和领悟到的有关信息进行提炼、筛选、过滤、遴选和升华的结果。从本质上看,选题策划工作是一种文化设计、文化创造和文化引导,是编辑生产力、文化生产力的体现。可以说,做好了选题策划工作,一本好书就已经大半成形了。

鉴于图书的选题策划工作有着如此重要的作用,有必要对其进行系统性的科学阐述,将自己在选题策划方面的工作经验和感悟展现于读者面前,以求教于方家。

本书的内容可以分为三个部分。

第一部分为第1章概述,首先阐述了"图书""选题""选题策划"这三个图书出版行业内的基本概念,并延伸讲解了图书的CIP、码洋、实洋等工作实践中经常遇到的概念,可以为读者进一步地了解图书选题策划打下概念基础。

第二部分为第2章至第6章,依照图书选题策划工作涉及的各项要素,按照逻辑顺序,分别阐述了选题策划的原则与策略、流程与组织、定位策略、选题策划人的素质与能力、选题策划中的常见错误与防范。

第三部分为第7章至第9章,按照现代出版业的分类,分别阐述了专业出版的选题策划、教育出版的选题策划、大众出版的选题策划,详细阐述了三种图书出版的内涵、特点和产品分类,各自的选题策划方略,以及风险防范。

本书有三个显著的特点。

一是系统性强。本书从基本的概念讲解入手,系统地展示了选题策划工作实践中会遇到的各种问题。如:在选题策划的开始,选题策划人要明白自己的工作原则,其中有政治性原则、宗旨原则、市场化原则、创新原则等;在选题策划的过程中,要知道选题策划的流程有设计选题、收集资料、组织创意、制订方案等;在对选题进行定位时,要明白如何进行市场定位、读者定位;想要成为更好的选题策划人,要提高自己哪些素质和能力,等等。

二是实践性强。本书的内容来自多年工作实践中的经验与感悟,书中提出的问题和解决办法均具有一定的代表性和实践性。这对于读者了解图书选题策划工作的实际情况、新手编辑着手进行选题策划工作具有一定的借鉴意义。

三是时效性强。伴随着对选题策划工作的阐述,书中列举了与主题相关的近年的优秀案例,以理论联系实际的方式,讲解了图书选题策划工作最新的发展动态,具有很强的时效性。

本书是笔者多年来对图书选题策划理论和实践问题的一些初步思考,希望能对图书出版行业的编辑(尤其是新编辑)有所帮助。但因水平有限,书中难免存在问题,敬请读者不吝赐教。

目　录

第 1 章
概　述

要系统了解选题策划的有关问题,就应该首先弄清图书、选题、选题策划等基本概念及相关问题。

1.1　图　书

1.1.1　什么叫图书

上海辞书出版社 2019 年第七版《辞海》对"图书"的解释为:一是指地图和法令、户籍等文书。二是指以纸张为载体、以印刷等方式复制图文信息形成的非连续出版物。广义上包括装订成册的书籍和散装的地图以及印有图画、照片、拓片及相应文字内容的各类图片。狭义指书籍。随着时代的发展,现在还包括非印刷型图书,如电子书等。三是指河图洛书。四是指私章。

联合国教科文组织对图书的定义是:凡由出版社(商)出版的不包括封面和封底在内 49 页以上的印刷品,具有特定的书名和著者名,编有国际标准书号,有定价并取得版权保护的出版物称为图书。

图书是以传播知识为目的,用文字或其他信息符号记录于一定形式的材料之上的著作物,是人类社会实践的产物,是一种特定的不断发展着的知识传播工具。

图书一词最早出现于《史记·萧相国世家》,刘邦攻入咸阳时,"何独先入收秦丞相御史律令图书藏之。沛公为汉王,以何为丞相……汉王所以具知天下陀塞,户口多少,强弱之处,民所疾苦者,以何具得秦图书也"。

这里的"图书"指的是地图和文书档案,它和我们今天所说的图书是有区别的。进一步探求"图书"一词的渊源,可追溯到《周易·系辞上》记载的"河出图、洛出书"这个典故上来,它反映了图画和文字的密切关系。虽然是神话传说,但却说明了这样一个事实:文字起源于图画。图画和文字确实是紧密相连的。古人称各种文字形态为"书体",写字的方法为"书法","书"字还被作为动词,当"写"讲,如"罄竹难书""奋笔疾书""大书特书",等等。以后,"书"便进一步被引申为一切文字记录。如"书信""文书""刑书""诏书""盟书",等等。随着历史的发展,人们对于图书的认识也在不断地发生变化。到今天,人们已经不再把一切文字记录都称作"书"了。例如,文书、书信、诏书、盟书,虽然都带有"书"字,但已不包括在图书的范围之内。古文记载,其内容多是记事性质的,如甲骨卜辞、青铜器铭文等,都是属于这一类的,其作用主要是为帮助记忆,以便需要时检查参考,其性质相当于后世的档案。后来人们从实践中认识到,这些记录的材料可以改变成总结经验、传授知识的工具。于是便出现了专为传授知识、供人阅读的著作。这样,图书一词便取得了较新而又较窄的意义。到后来,凡不以传播经验、传授知识、供人阅读为目的的文字记录就不算图书了;随着生产力的发展和社会的进步,人们开始有意识地运用文字来宣传思想、传播知识,同时也逐步地形成了一套书籍制度,而处理日常事务的文件又形成了一套文书制度。于是,图书与档案就逐渐被区分开了。

在中国古代,人们曾对图书下过不同的定义。例如,从图书的内容方面出发的就有:"百氏六经,总曰书也。"(《尚书·序疏》)从图书形式上出发的则认为:"著于竹帛谓之书。"(《说文解字·序》)显然,这些定义是时代的产物,是就当时的实际情况而言的,不可能对以后的发展做全面的概括。但上述定义已经正确地揭示了当时书籍的内容和形式特征,并且把"书"看作是一种特指概念,把它与原始的文字记录区别开来。经过长达数千年的演变,作为图书内容的知识范围扩大了,记述和表达的方法增多了,使用的物质载体和生产制作的方法发生了多次的变化,也就产生了图书的各种类型、著作方式、载体、书籍制度以及各种生产方式。

直到今天,图书仍有广义和狭义之分。广义的图书,泛指各种类型的读物,既包括甲骨文、金石拓片、手抄卷轴,又包括当代出版的书刊、报纸,甚至包括声像资料、缩微胶片(卷)及机读目录等新技术产品。狭义的图书,是同期刊、报纸、文书、档案、科技报告、技术标准、视听资料、缩微制品等相区别的纸质图书和电子图书。

1.1.2　图书的构成要素

从竹木简牍到今天的各类图书、期刊,不管其形式和内容如何变化,它们都包含以下构成要素:

(1)要有被传播的知识信息。如哲学社会科学知识、自然科学知识、思维科学知识等。

(2)要有记录知识的文字、图像信号。如中文、俄文、英文、德文、日文、韩文,照片、图片等。

(3)要有记载文字、图像信号的物质载体。如骨、石、竹、纸、电子介质等。

(4)生产技术和工艺也是基本条件。如造纸术、活字印刷术、铅字印刷技术、胶片印刷技术、计算机排版技术、电子印刷技术等。

1.1.3　图书的特点

图书主要具有以下特点:

(1)具有明显的单本独立性。每一本书,通常都有自己单独的书名,拥有明确的、集中的主题,独立而完整的内容。

(2)内容结构具有较强的系统性。如,非虚构类图书一般是针对一定的主题,根据观点,按照一定的逻辑体系和结构,系统地阐述有关内容。

(3)内容观点具有相对的稳定性。图书的内容一般不像报纸、期刊那样强调新闻性和时效性。除了论文集、学术著作等,图书一般侧重于体现比较成熟、在一定时间内相对稳定的观点。

(4)文体具有前后一致的统一性。一本杂志的内容往往多种文体并存,但一本书的内容则通常采用前后一致的文体。例如,科技图书在体例格式、名词术语、图表形式、计量单位以及数字的使用等方面,一般都有严格的统一要求。

(5)篇幅具有较强的灵活性。与期刊不同,图书的篇幅可以根据需要灵活变化。但是,篇幅的灵活性并不意味着随意性。一本书往往在写作时就对篇幅大小有比较明确的规划或约定。

(6)出版时间具有较强的机动性。与期刊的按月或按季度定期出版不一样,图书出版时间具有一定的机动性。图书的出版,通常根据事先制定的年度出版计划和长期出版规划,根据图书市场的需要和变化,合理地安排出版时间。

(7)出版周期相对较长。与期刊相比,图书传递信息速度较慢。但是,随着现代计算机技术应用于图书出版,包括电脑排版取代铅字排版、电子图书的发展等,图书出版周期已大大缩短,传递信息的速度也大大加快。

1.1.4 图书的种类

按学科划分为:社会科学图书和自然科学图书。

按文种划分为:中文图书和外文图书。

按用途划分为:普通图书和工具书。

按内容划分为:小说、儿童读物、非小说类、专业书、工具书、手册、书目、剧本、报告、日记、书集、摄影绘画集,或者分为大众类图书、教育类图书、专业类图书。

按特征划分为:线装书、精装书、平装书、袋装书(口袋书)、电子书、有声读物、盲人书、民族语言书。

按市场销售情况划分为:畅销书、常销书、滞销书。

按价值或者分量划分为:优秀图书、精品图书、品牌图书、重点图书和一般图书。

按出版行业划分,按照国际惯例,现代出版业可分为大众出版、教育出版与专业出版三种类型。根据程三国先生在《现代出版业的结构与商业模式》这篇文章的定义,大众出版是指与大众的日常生活、休闲以及文化相关的出版;教育出版是指与学习、培训及教育有关的出版;专业出版则有别于教育出版和大众出版,它专门出版科技、医疗、法律、金融等行业的专业用书,包括行业性专著、学术性专著和专业性工具书等,为行业人员从事专业工作、研究、教学等提供帮助。大众出版、专业出版和教育出版三种类型的图书,它们对应的产品为一般图书、专业图书与教育图书。

1.1.5 CIP 和码洋、实洋等概念

CIP 即图书在版编目数据。它是英文 Cataloguing in Publication 的缩写,

指依据一定的标准,为在出版过程中的图书编制书目数据,经图书在版编目产生的并印刷在图书主书名页背面的书目数据,称为在版编目数据。

图书的码洋、实洋和副本。"码"就是指数量的多少,"洋"代表"钱","码洋"就是"多少钱"。每一本书的版权页和封底上面都列有由阿拉伯数字(码)和钱的单位(洋)构成的定价,一本书的定价或一批书的总定价,其货币额俗称码洋。图书码洋是图书出版发行部门用于指全部图书定价总额的词语,主要是指出版物价格的总和,即定价×印刷数量。相对应的一个概念是实洋,实洋就是码洋×发行折扣后的数字,即打折过后的价格。譬如,一本书定价 50 元,印刷数量 10000 册,销售折扣 60 折,其码洋就是 $50×10000＝500000$(元),实洋就是 $50×10000×0.6＝30000$(元)。

1.2　选　题

1.2.1　什么叫选题

2019 年第七版《辞海》对选题是这么定义的:为出版物和广播、影视节目等精神文化产品预先选择拟定的题目和有关事项。一般包括作品名称、内容主题、表现形式、消费者对象、估计篇幅(或节目容量)等项目。出版物的选题通常还有对成品形态的设想。拟定选题是文化产品生产的基础和首要环节,既可由文化产品生产单位的编辑、创作人员提出,亦可由著译者自荐或他人推荐。创作、研究部门亦往往拟定选题,以便组织作品。

对于出版行业来说,选题是出版社对于准备出版的图书的一种设想和构思,一般由选题名称、著(译)者及其简介、篇幅(字数)、预期出版时间、内容简介、读者对象、选题特色、效益预测等部分构成。它是编辑工作的基础,没有被批准列选的选题,就没有签订出版合同、交稿、编辑加工、校对、印制等后续工作。在中国,图书选题需要根据党和政府的出版方针政策,结合出版社出书的策略、特色和任务来拟定,因而在图书编辑出版工作中具有非常重要的作用。

1.2.2　选题的构成要素

选题通常由以下要素构成:

(1)选题名称。这是指单本书的书名或者丛书名。如果是丛书,还需要在内容简介后面列出拟出版的丛书包含的单本书书名。选题名称一般应该简练,切中主题,文字不宜过多,通常在 10 个汉字以内,有时也可以加副题来补充说明,以避免正题字数过多。科普作品、文学作品等市场图书的选题名称,还要尽可能具有吸引力,选题名称设计得好,也许就成功了一半,好的选题名称,必定能够吸引读者的眼球,刺激读者的购买欲和阅读欲。

(2)著(译)者。这是指承担选题写作或翻译任务的作者。作者,可以是单个作者,也可以是多个作者,可以有主编、副主编,有的还可设编委会。可以根据不同选题的需要来设计。不同语种的翻译作品,应有原作者和翻译者或译校者。在选题介绍中,应对作者姓名、工作单位、联系方式(电话、邮箱、邮编、通信地址等)、身份(职称、职业、社会地位等)、主要研究方向和成果等基本情况有简要的说明或叙述。一个优秀的选题,必须有合适的作者在预设计的时间内完成撰写任务。从一定意义上说,物色到合适的作者,选题的顺利实施也就有了保障,选题的社会效益和经济效益的实现也就有了良好的基础。

(3)篇幅。这是指一个图书选题预计要完成的字数。中文图书通常以汉字字数来衡量,公式、图(含照片)、外文字,都以其所占汉字篇幅折算成汉字来计算。图(含照片),还要注明彩色、黑白的数量,以便预算印制成本。如果是丛书,或者分册书,还应具体说明其所包含的单本书的篇幅。可以根据不同选题的需要,对作者提出篇幅方面的严格要求,或允许有一定的调整(一般可以有10%左右的偏差)。

(4)预期出版时间。这是指计划出版上市的年月。对于出版时间的计划,首先要考虑作者能够交出达到预定要求稿件的时间;其次要计算出版周期(作者交稿后到编辑加工、排版、校对、印制、包装的时间),还要考虑市场因素(如教材使用的时间、市场销售的旺季或需要等)。如果不是一次性推出,还需要说明分期出版的时间。对于预期出版时间的计划,应简要说明理由,例如,某年某月需要使用该教材,市场需要在什么时间上市等。

(5)内容简介。即内容提要,这是指对图书内容从框架上做简要说明,是申报选题的必需材料,也是发稿时不可缺少的一个项目,是向读者推荐图书的必要材料。它主要是简要地介绍本选题的主要内容、特点和读者对象,要求文字精练、内容概括全面、重点突出。一般以 200 字左右为宜。

（6）读者对象。指拟出版图书主要适合哪一类或哪几类读者阅读使用。确定读者对象，是确定图书的内容及其深浅、写作方式与方法、装帧设计方式、营销方式等的前提。譬如，教材的读者对象是大学本科生，还是专科生、研究生，或中学生、小学生，其内容和深浅程度、写作方式与方法、装帧设计方式、营销方式也就会有所不同，甚至会有重大区别。同样是科普作品，读者对象是少儿还是非少儿，其内容的深浅及其表现形式等，就会有重要的不同。读者定位模糊或者不准确，必然导致选题实施的失败。

（7）选题特色。一个优秀的选题，必然具有鲜明的特色。选题特色是相对于同类选题而言所具有的特殊的视角、内容、表达方式，它体现的是内容的创新和方式方法的创新。要确定自己准备策划的选题的特色，首先要对已经出版的同类选题图书的特色做全面细致的市场调研，分析其优点与缺点，探索其成功与失败的原因，然后才能找出自己的创新点。

（8）效益预测。这是对图书选题实施后的社会效益和经济效益的科学预测。社会效益预测，主要是分析图书出版后带来的文化积累价值或学术价值，对于推进社会精神文明的进步、科学技术的发展、社会成员的思想道德水平的提高等能产生正价值，也包括可能获得国家级或省部级图书奖给出版单位和责任编辑带来的正价值。

经济效益预测，主要是基于对成本和可能实现的销售利润的分析，大致地预测该选题在短期内可能实现的经济利益。为此，要确定首次印制基数、用纸规格、开本、平装或精装、定价、稿费标准、文字篇幅、销售折扣等，就要对稿费、编辑加工费、校对费、排版费、出片费、印制费、销售费用、市场调研费等直接成本有较为精确的估计，对于毛收入和毛利润也才有较靠谱的预测。这也要求策划者必须熟悉当时市场的纸张、排版费、印制费、各类图书的销售折扣等情况。

1.2.3　图书选题的分类

我们可以依据不同的标准对图书选题进行分类。

目前，一般以学科为主兼顾出版社的分工，将图书选题分为：哲学、政治、财经、管理、法律、科技、医学、少儿、教育、古籍、文学、艺术、军事、民族等大类。把拟从境外引进版权在国内出版的图书选题称为引进版选题。

此外,也可以从图书的价值或特点出发,把图书选题分为:精品图书选题、畅销书选题、常销书选题、品牌图书选题、特色图书选题、教材教辅选题等。

1.3 选题策划

策划,指谋划或计划。策,最主要的意思是指计谋,如:决策、献策、下策、束手无策。划,指设计,意思为处置、安排、记录。策划的作用是以最低的投入或最小的代价达到预期目的。在策划过程中,要运用所掌握的策划技能、新颖超前的创意和跨越式思维,对现有资源进行优化整合,并进行全面、细致的构思谋划,从而制定详细、可操作性强的,并在执行中可以进行完善的方案。咨询策划、市场策划、营销策划(含传统营销策划和网络营销策划等)、品牌策划、广告策划、项目策划、公关策划、婚礼策划、选题策划等,都属于策划。

1.3.1 什么叫选题策划

选题策划,也叫出版选题策划,人们对此有不同的理解。例如,2002 年,在全国出版专业职业资格考试用书《出版专业理论与实务》一书中,选题策划被定义为:围绕着选题开展的采集信息、思考、论证、组合等编辑劳动。在 2004 年版的该书中,这一表述改为:选题策划是编辑人员依据一定的方针和主客观条件,开发出版资源、设计选题的创造性活动。李文芳在 2009 年出版的《选题策划与案例分析》一书中提出,选题策划是指编辑人员开发出版资源,设计选题,制订生产、营销策略的一系列创造性活动。易图强在 2009 年出版的《选题策划导论》一书中主张,选题策划有狭义和广义之分。狭义的选题策划是指对具体选题的策划,即对将要出书的题目及其基本要素的构思、设计。广义的选题策划,分为两种,一是从选题策划人的角度来看,广义的选题策划是指对选题、选题计划、选题战略的策划;二是从选题策划外延的角度来划分,广义的选题策划是指对选题本身的策划和选题实施的策划。苗遂奇在 2005 年出版的《现代出版选题学引论》一书中主张,狭义的选题策划仅指确立选题、指定作者与选择稿件,是出版工作流程中的前期准备工作;广义的选题策划是指渗透出版工作流程全部环节的策划。他认为,从现代出版产业对选题策划的要求看,选题策划将不再仅仅是对选题和书稿的事前调研和规划设计,而是渗透到稿件选择、编辑、生产、宣传、销售各个环节的一种整体策划或全程策划。徐柏容在 1999 年出版的《编辑创意论》一书中认为,书刊编辑工作的主要内容包括创意、选择、结构与优化四项,符合创意的书稿、文稿的完成标志着编辑创意的完成。他所说的创意相当于我们所说的选题策划,其后的选择、结构、优化等策划,不是选题策划本身,而是选题策划的"余绪"或延伸。方敏在 2000 年发表的《全程策划——出版运作的现代追求》一文中主张,选题策划、制作策划、宣传策划、发行策划是贯穿于图书的全程策划的四个主要阶段。吴智仁在 2002 年发表的《关于"出版策划"的思考》一文中提出,出版策划有选题策划、制作策划、宣传策划和营销策划等。

选题策划是出版策划中的一个重要组成部分。出版策划是关于整个出版流程各个环节的整体策划,包括选题策划、制作策划、宣传策划、营销(发行)策划。选题策划是指编辑在进行必要而充分的市场调研的基础上,根据自身的主客观条件,开发出版资源,进行选题规划设计的创造性活动。选题策划的目的是产生好的或成功的选题,合格的书稿交到出版者手中,选题策划工作即告一段落。选题策划的主体是编辑,编辑围绕选题进行调研、构思设计等一系列工作,其他人员参与选题论证,帮助编辑确定和完善选题计划或方案。

选题策划需要想象力,但不能凭空想象,不能闭门造车,需要以必要而充分的市场调研为基础。市场调研是选题策划的基础性工作,进行必要而充分的市场调研是做好选题策划的前提。必要的市场调研,是指进行某个选题策划所必须要进行的市场调研,如已经出版的同类出版物的市场销售情况,该类出版物的市场走向、发展趋势,读者的需求,可能选择的作者等。

充分的市场调研,是指对上述各方面情况的调研要足够细致,尽可能掌握详细、精确的资料。如,可能选择的作者是一个大的范围,要对这些作者进行充分的调研,就要了解作者近期的研究工作,写作和出版意向,对稿费和出版价值的期望,正在进行的写作任务及其完成情况,可能用于写作的时间,甚至包括与选题有关的兴趣爱好等。

选题策划的根据是编辑自身的主客观条件和市场需求。主观条件包括编辑自身的知识结构,驾驭选题的能力与进行选题策划的经验,与作者进行有效沟通的能力和组织作者的能力,创造性思维的能力,对选题和市场机会的敏锐观察力与捕捉能力,把外在的出版资源转化为自己的选题资源的能力等。客观条件指编辑所面临的与该选题有关的所有外部条件,包括读者、作者、市场需求等。要精确地定位读者,掌握读者的需求,也要引导读者需求的发展,读者是出版者的上帝,出版者是为读者服务的,如果不了解读者的需求,不能满足读者的需求,选题策划工作则必定失败。一个好的选题设计,如果没有合适的作者去完成写作任务,或者虽然找到了合适的作者,但作者忙于其他工作而不能在规定的时间内完稿,也是不可能实现的。只有主观条件与客观条件基本适合时,才能产生好的选题,才能按预定的计划完成选题策划工作。

选题策划是开发出版资源,进行规划设计的创造性活动,主要指的是选题策划是一件创造性极强的工作。与文字编辑相比,策划编辑更需要创造性思维能力。创造性思维能力指思维活动的创造意识和创新精神,善于求新、求变,不墨守成规,表现为创造性地提出问题和创造性地解决问题。出版资源是可供出版利用的文化资源,正如未开采的矿产资源一样,是一种客观的存在。对出版资源的开发,是编辑凭借自身的智慧、创造性思维能力,发现、挖掘选题资源。要把出版资源转化为自己的选题资源,需要发现潜在的市场机会,而这种潜在的市场机会的发现与把握,是离不开创造性思维能力的。选题策划是对选题各要素、各环节的规划设计,规划设计要科学、合理,要具有可行性,要有自身的特色、优势、生命力和发展潜力,都需要发挥编辑的创造性思维能力。创造性地开发出版资源,进而规划设计出自己的有效选题,就是策划编辑的创造性劳动的成果。

一个出版单位必须具有整体策划观念,也必须高度重视选题策划在整个出版策划中的重要作用,但不应该把选题策划等同于出版策划。一个编辑,一个选题策划人,主要的精力应该放在选题本身的策划,要缜密考虑与选题直接相关的选题名称、作者、内容设计、篇幅、读者定位、市场定位、出版时间和上市时间等各要素的规划设计,但也不能完全不考虑制作、宣传、营销等环节的策划,应根据选题实施的要求和自己的思考,提出自己的合理建议,以供其他部门人员和社领导在考虑制作策划、宣传策划和营销(发行)策划时参考。

1.3.2　选题策划的构成要素

选题策划,主要由选题策划人、选题策划目标、选题策划对象、选题策划方案、营销策划建议等构成。

1.3.2.1　选题策划人

选题策划人,是从事选题策划活动的主体,在本书中是指图书选题的策划者。在我国,目前选题策划人主要是图书出版单位编辑人员、民营书商和出版经纪人。

选题策划人是选题策划构成要素中最活跃、最重要的因素。选题策划人是选题策划构成要素中唯一的人的因素,其他都是非人的因素。在这些要素中,人是居于支配地位的,其他构成要素都要经过选题策划人的努力才能实现。其他构成要素的实现及其效率取决于选题策划人的能力与办事效率。不同类型的选题策划人,同一类型中不同个体的选题策划人,其选题策划的思路、能力、效率和结果是不同的。正像杰出的军事家在整个军人队伍中总是居于少数一样,特别优秀的选题策划人在整个选题策划人队伍中,也总是居于少数。如果说一个杰出的将军可以抵得上百万雄师的话,则可以毫不夸张地说,一个特别优秀的选题策划人可以抵得上成百上千个一般的选题策划人。一个出版单位,或者一个从事选题策划活动的集体,应该认真研究、高度重视优秀选题策划人的培养,为他们提供锻炼的机会,搭建成长的平台。

1.3.2.2　选题策划目标

选题策划目标是选题策划人期望通过选题的实施所要达到的预期成果。这种目标是一种期望,是还没有实现的期望,是经过努力可以实现的期望。这种目标是一种有一定根据的预测与设定,一种预期要达到的成果,包括社会效益和经济效益两个方面的成果。

从大的方面来说,选题策划的目标主要有两个:一个是社会效益;一个是经济效益。

选题策划的社会效益目标,是积累和传承文化。图书出版是一种文化事业,是社会公益行为,其要实现的社会效益目标是积累和传承文化,这也内在地决定了选题策划的社会效益目标。文化是一个非常广泛的概念,要给它下一个严格和精确的定义，确实是一件很困难的事情。不少哲学家、社会学家、人类学家、历史学家、语言学家一直试图从各自学科的角度来界定文化的概念，然而，迄今为止，仍没有一个令人满意的定义获得公认。据统计，有关"文化"的各种定义有两百多种。笼统地说，文化是一种社会现象，文化是多元化的，是人们长期创造形成的产物。同时又是一种历史现象，是社会历史的积淀物。确切地说，文化是指一个国家或民族的历史地理、风土人情、传统习俗、行为方式、思考习惯、价值观念、文学艺术、建筑艺术，各种自然科学知识和社会科学知识。

文化是人在其发展过程中逐步积累起来的跟自身生活相关的知识或经验，是其适应和改造自然或周围环境的体现。文化具有多样性、时代性、区域性、民族性、流动性、连续性、选择性、冲突性与融合性。文化的进步或进化是在积累和传承的过程中实现的。文化积累是文化进步中不可忽略的因素之一，文化积累是文化进步的基础，而且文化积累的速度和文化进步的速度是成正比的。

文化积累是人类特有的能力，是保存和改造旧文化、建设和创造新文化的发展过程。文化积累一般通过文字记载来实现，不仅指文化在数量上的积累，更重要的是指人类对文化的创造。文化积累有两种基本形式：一种是民族文化的积累，另一种是外来文化的积累。前者是指生活在不同自然环境和社会环境中的民族所进行的文化创造和积累；后者是指不同民族文化之间的相互传播、相互吸取、相互融合的积累。文化传承是文化在代际的批判性继承与传播，它是文化创新的基础，文化的创新与发展是在一代又一代的文化传承过程中实现的。文化传承一般要通过语言文字来实现。文化的积累与传承，其实质就是先进文化、科学知识的积累与传承。图书在文化的积累和传承过程中一直扮演着非常重要的角色，不管今后出版技术如何发展，电子图书与纸质图书的比例发生多大的变化，出版对于积累和传承文化的重要作用都不会发生改变。出版人、文化人的社会历史使命是推动文化的进步或进化。选题策划的文化价值目标就是要通过实现某一选题来执行这种社会历史使命，为人类文化的积累与传承作出某一方面的贡献。仅仅追逐经济利益，生产出文化垃圾，阻碍先进文化的积累与传承，则是出版人、文化人、选题策划人的失职、犯罪与耻辱，是出版职业道德与法律所不允许的。

选题策划的经济效益目标，是获取尽可能多的利润。图书出版是一种文化产业,也是一种企业行为,其要实现的经济目标是尽可能多地获取利润,这也内在地规定了选题策划的经济效益目标。从经济角度考虑,一个出版单位的产出必须要大于投入,获得的利润必须要大于前期投入,并且要有一定的资金积累和经济实力,要拥有并不断增强抗风险的经济能力。除了少数公益性出版社之外,其他出版单位都需要按现代化企业的法则来经营,需要参加市场竞争,需要自负盈亏、自主经营、自我发展。图书作为一种商品,所有出版社都会按成本来对它们进行经济核算,差别只在于,没有创造经济利益任务的公益性出版社,将依据其亏损额度向政府要求获得相应的补贴,其他非公益性出版单位则要自负盈亏。近年来,我国政府通过设立国家出版基金、科技著作出版基金、文化事业引导资金、文化产业引导资金等各种出版基金,以扶持所有出版单位的公益性文化出版项目的出版,有力地推动了那些具有重大社会效益但短期难有较好经济效益的出版项目的完成,促进了文化的积累与传承,促进了文化事业和文化产业的发展。选题策划人,除了可以根据选题的情况去申报各级政府设立的出版基金项目外,主要应进行市场预测来确立自己所策划的选题的经济目标。一般应考虑首次印刷后一年内能实现的利润,对于那些有潜力的选题,可考虑首印后三年内或更长些时间内能实现的利润。一般图书的生命周期为三年左右,好的教材、学术著作、工具书、经典文学作品等的生命周期相对长一些。超过三年生命周期的一般图书,要想还能赚钱,通常需要进行修订、渠道再维护。

目标的设定要依据坚实的基础和较高概率的可行性。坚实的基础就是基于市场的科学研究与分析。较高概率的可行性,就是其提出的目标特别是利润目标的实现至少要有 70% 以上的可能性。从形式上看,选题策划的目标是一种预测性的期望,是虚的,具有一定的甚至较大的不确定性。但是,实质上,选题策划的目标绝不能是毫无根据的猜测、根据不足的推测、信口开河的鼓噪的结果,它必须是选题策划人经过充分的市场调查、周密的分析研究后得出的具有较高可信度的结论。其社会效益方面的目标的设定,是依据对选题本身的文化价值分析;其经济效益方面目标的设定,是依据对各项具体成本的精确计算和对于可实现利润的科学分析。

凡是优秀选题,要么有较显著的社会效益,要么有较显著的经济效益,最理想的状态是能够做到两个效益有机结合。凡是平庸选题,则是两个效益都不好或者不明显。介于优秀选题和平庸选题之间的选题,属于普通选题,有一定的社会效益或者经济效益,但没有较显著的效益,或者说效益不是很大,这类选题往往居于一个出版单位年度选题总量的百分之六七十。在一个出版单位的年度总选题结构中,平庸选题虽然由于各种原因而无法避免,但应努力降低其比例。优秀选题虽然由于种种因素的限制而难以占很大比例,但应努力提高其比例。普通选题虽然难以完全改变所占比例较大的状况,但应努力从中打磨出一部分优秀选题。优秀选题占比过低,平庸选题占比过高,则一个出版单位是不可能具有核心竞争力和活力的。一个出版单位要提高核心竞争力,增强活力,就需要在提高具有核心竞争力的优秀选题的比例、降低平庸选题的比例上下大功夫。

1.3.2.3　选题策划对象

选题策划对象,是选题策划内容的指向,即指选题策划指向某一类选题。易图强在《选题策划导论》中根据图书的类型把选题策划对象分为畅销书、精品书、常销书与品牌书。程德和主编的《出版选题策划实务》则根据出版的分类把选题策划对象分为大众图书、教育图书和专业图书。他们的分析各有其依据与道理。但是,正如我们在前面所分析的,对于图书,人们可以依据不同的标准进行图书分类,除了中文图书和外文图书这样的分类可以说是严格地符合形式逻辑外,其他的分类都会不同程度地存在遗漏、概括不全或者相互交叉、相互包含等情况。譬如,畅销书中也有精品书、品牌书,精品书中也有畅销书、长销书、品牌书,长销书中也会有畅销书、精品书、品牌书,品牌书中也有畅销书、精品书和长销。大众图书中有教育图书和专业图书,教育图书中也有专业图书和大众图书,专业图书中同样有大众图书和教育图书。当然,这并不妨碍我们为了研究的方便根据一定的分类标准对选题进行大致的分类,并以此研究选题策划的目标。从选题策划的角度与需要,笔者将选题策划对象分为专著、教育类图书、大众读物三大类。

专著和教材一般会有比较规范的格式,用语多为专业词汇。专著和教材两者无法彼此掩盖,有的教材可以是专著,有的专著也可以作为教材使用,两者互相穿插交融,不是对立,也非同等,仅仅是不同范畴的说法——著作仅仅是和论文等著作并列的一个效果说法,教材仅仅是作为书的一种用途称谓。

大众读物是面向普罗大众的读物,语言通俗易懂,趣味性比较强,旨在将复杂的科学道理以易懂的语言描述出来,可加上类比、想象、夸张成分,不要求非常严谨。

1.3.2.4 选题策划方案

选题策划方案,也叫选题策划书、选题策划报告或选题策划申请书,是选题策划者根据策划目标和策划对象,对选题策划活动所作的创造性构想,是关于选题策划活动的具体计划或基本规划。

选题策划方案是在市场调研的基础上经过策划人的周密思考提出来的,是前期选题策划活动的成果,也是开展组稿等后续选题策划活动的指导性文书。它是进行选题论证的重要依据,也需要通过各级选题论证加以完善。在选题论证过程中,对于提出质疑和建设性意见的同仁,应该特别予以感谢。

关于选题策划方案在选题策划活动及整个出版活动中的重要性,美国专家杰夫·赫曼和德博拉·利文·赫曼说:"选题策划书编制得越精彩,就越能令人过目不忘,那么,你的选题被出版的可能性也就越大,出版商支付给你的版税也就越高。仅此一点,你就有足够的理由和动机,尽你所能编制出最完美的选题策划书。""如果将作品得以出版视为迈向成功之门的话,选题策划书则是珍贵的入场券。"

策划编辑的选题策划计划能否获得出版单位的认可,进而被列为出版计划,选题策划活动是否能够取得成功,在很大程度上取决于选题策划方案本身的质量。选题名称、内容特色、作者的档次与写作水平、效益预测等是影响其质量的重要因素,要提高选题策划方案的质量,策划人就特别需要在上述几项上着力,把工作做扎实。

选题策划方案一般包括以下几方面内容:选题名称(书名、丛书名)、内容简介、篇幅、作者简介、选题特色、读者对象、写作要求、预计交稿和出版时间、营销宣传策划建议及装帧设计与印制方面的策划建议、效益预测(含成本预算与利润预期分析)等。

1.3.3 选题策划的特点

一般说来,选题策划具有以下特点:前瞻性、系统性、创造性。

1.3.3.1 选题策划计划的前瞻性

选题策划方案提出的出书计划,应该具有前瞻性。前瞻性的实质是对事物发展趋势的准确预见、正确判断和深刻洞察力。选题策划计划的前瞻性,主要体现在以下几个方面。

(1)准确预见相关图书的市场发展趋势。策划一部励志类图书,在选题策划计划中就应准确地预见励志类图书市场及其细分市场的发展趋势。这需要对一定时期的各种社会现象进行分析研究,对于青少年的思想与心理状况及行为表现有所了解和研究,尤其是失足的青少年及思想与心理处于迷茫状态的青少年,对他们关于立志、励志的精神文化需求与知识需求应有充分的把握。策划一部保健类图书,需要对中老年人的生理保健与心理保健的知识需求有所研究,对于患不同疾病的中老年人的保健需求及其细分市场的发展趋势的预测要准确。

(2)正确判断拟出书的时点与图书市场发展趋势的关系。也就是说,所策划的图书上市时处于某类图书市场发展趋势的什么时段,是趋势的萌芽阶段、起始阶段、高潮阶段,还是收尾阶段。所处时段不同,策划的内容、营销的策略也就迥异。选题策划的较佳时点是某类图书市场发展趋势的萌芽、起始阶段,最坏时点是收尾阶段,高潮阶段还可以参与,但已是跟风行为,持续时间一般不会太长就可能进入收尾阶段。最好的选题策划是能够引导市场,在准确预见相关图书的市场发展趋势的基础上,及时地对拟出书的时点做出正确判断,以一种图书或一套丛书引出市场热点,让别人来跟风,如果有成百上千种同类书跟风而上,则引领者的图书生命周期会更长,获得的效益就会更大。

(3)对读者精神文化需求和心理需求发展趋势的深刻洞察力。读者对于图书的精神文化需求和心理需求是随着经济社会的发展、科技和知识的进步、社会环境的改变等情况的变化而演变的。对于同一时期不同群体不同层次的读者,不同时期同一群体同一层次的读者,能够深刻洞察其精神文化需求和心理需求的变化,才能抓住选题策划的有利时机,策划出受某类读者欢迎的图书。例如,老年人占社会总人口的比例上升到一定高度时,老年人的保健、护理、养老等问题就会日益突出,老年人的精神文化需求、老年人心理生理保健问题就需要给予特别关注。满足老年人对常见疾病(如心血管疾病、糖尿病、肾病等)

的治病防病知识需求的图书,就会受到老年人的欢迎。

1.3.3.2　选题策划过程的系统性

选题策划过程的系统性,是指选题策划过程的各个环节构成一个系统或整体,各个环节是相互联系、相互制约、相互促进的。

选题的类别不同,策划的环节也不尽相同。但是,一个完整的选题策划过程,一般应含有以下几个环节。

一是捕捉新的选题生长点。在现实生活中,一种新体制的推出,一项新政策的颁布,一种新制度的出台,一条新经验的推广,一项新技术的应用,都可能蕴藏着丰富的选题资源,关键是编辑要善于去发现。一个高素质的编辑,应该自觉地关注时事政治,关注经济社会的发展,注重学习党和国家有关的方针政策,广泛地接触社会生活,密切保持与作者、读者的联系,敏锐洞察国内外图书市场的变化,并依据收集到的各种信息,运用职业敏感和创新思维,努力捕捉各种有新意的点子,促使其生长形成新选题。为此,要保持一种可贵的职业敏感,及时发现生活中的热点、亮点,并仔细研究,使之成为可以生长形成新选题的基点。

二是构思选题方案的总体结构。编辑最初捕捉到的选题,也许只是一个念头,一种感觉,一种粗糙的想法。进入构思阶段,便要对选题的价值进行确认,并对实施细节进行推敲,对选题名称、作者、图书内容与特色等进行认真的思考,从而使选题从朦胧到清晰,从简单到丰富,从粗糙到精细。可见构思是一个进一步调研的过程,也是一个深入思考的过程。

三是开展多层次的论证。选题论证是通过对选题策划质量的评估来确定其是否可以组织实施的一项工作,对于保证选题质量具有重要意义。选题不仅要经编辑个人论证,还要通过一定的程序进行三至四个层次的集体论证,如,编辑室、编辑部、出版单位、出版单位的主管部门等组织的选题论证。选题若要完善,在论证时就要多"挑刺",在通过后则要多"栽花"。"挑刺"是质疑其不完善性,挑其缺点与不足,这样有助于人们从不同角度进行正反两方面的深入思考和周密分析,可以有效地抵制平庸选题和低效选题的出笼;"栽花"则可促进优秀选题、有效和高效选题尽快转化为稿件,好的选题策划方案得以顺利实施。

四是不断修订和优化选题方案。编辑策划的选题通过以后,选题策划工作并没有结束,还有一个不断修订和优化选题策划方案的过程。所谓修订和优化,就是根据各层次选题论证提出的质疑和建议,根据图书市场的变化,适时地对选题策划方案进行调整,使选题方案的完善度、可行性进一步提高,具体操作计划进一步细化。

捕捉、构思、论证、修订和优化这四个环节,是一个系统整体,每一个环节的高质量、高效率工作,对于选题策划方案的成功制定及方案的成功实施都具有非常重要的作用。出版单位及其主管部门既要高度重视选题论证工作,通过选题论证对选题的政治导向进行把关,让选题论证成为优化选题方案,打造高水平、高质量、高效率选题的平台,又要引导编辑在捕捉、构思、论证、修订和优化等环节做好相关工作,为编辑提供一个良好的选题策划环境。编辑则需要在各个环节中努力发挥自己的积极性、主动性、自觉性。除论证这一环节不是由编辑主导以外,其他环节都是以编辑为主体的,即使是论证环节,编辑也部分参与了论证,一般都会参与编辑室、编辑部的选题论证,有的还会参与出版单位的选题论证。即便编辑没有参与的选题论证,其论证结果也会被告知。

1.3.3.3 选题策划思维的创造性

选题策划思维的创造性,是指选题策划活动特别需要创造性思维,创造性更能体现选题策划活动的价值。选题策划是一件创造性很强的工作。与专门从事文字编辑加工的文案编辑或案头编辑相比,策划编辑更需要创造性思维,选题策划更具有创造性。选题策划需要运用形式逻辑思维、直觉思维等思维方式,但更需要运用创造性思维。编辑出版家戴文葆说过:"选题策划是创造性思维活动","选题设计一旦缺乏创造性思维,就不能编撰出有分量的著作"。著名编辑出版家赵家璧就曾把他编辑的《中国新文学大系》看作"从无到有的创造性劳动"。一个创造性思维能力越强的编辑,越能策划出别有创意的选题;一个缺乏创造性思维能力的编辑,创造性思维能力较低的编辑,是不适合做选题策划工作的。

选题策划思维的创造性主要体现在以下几个方面:

(1)人无我有。这是指选题策划的一条重要思路是做到人无我有,就是要进行从无到有的创造性劳动。图书市场上没有的图书品种,其上市后就具有别人所不具备的竞争优势,就具有其特殊的文化积累价值,就能相对容易地占领图书市场。譬如,被列为湖南省和全国"十一五"出版规划重点出版项目的"湖湘文库",就是人无我有的图书品牌。作为湖湘文化的集大成、湖南省有史以来最大的出版工程和重大公共文化项目,湖南文化强省建设一项工程浩大的标志性工程,"湘湘文库"丛书的编辑出版工作历时 7 年,于 2013 年 7 月全部完成。共 702 册,近 4 亿字,分甲乙两编,其中甲编 442 册,乙编 259 册,另有《湖湘文库书目提要》1 册。甲编为湖湘文献,系前人著述;乙编为湖湘研究,系今人编撰。策划出版具有填补某一方面空白的学术专著,也需要创造性思维。这不仅因为学术专著的撰写需要创造性思维,而且因为学术专著的策划出版也需要创造性思维,具有创造性思维能力的人才能发现学术专著的创造性与学术价值。

(2)人有我新。这是指选题策划要考虑在市场已有某类图书产品的基础上,开发具有新意的新产品。新,可以是内容方面更新,也可以是更具权威性或更有发展潜力的新作者,还可以是新的装帧设计,如编排方式、用纸、开本等方面的变化。例如,中国传统文化方面的读物,包括四大古典文学名著等,人们在策划这类选题时,就曾从用纸、开本、编排方式、评论或品鉴等不同的新角度去加以开发,都获得了不同程度的成功。高等教育的教材,如高等数学、大学物理、有机化学和无机化学等教材的选题策划,可以从内容更新方面做文章,也可以从更换作者、增加习题集等辅助读物方面予以考虑。

(3)人新我特。这是指面对新的图书品种,要考虑策划出具有自身特色的选题。特色是一种事物显著区别于其他事物的风格、形式,是由事物赖以产生和发展的特定的具体的环境因素所决定的,是其所属事物独有的。运用新的印制技术、新的设计理念与设计方法等,都可以赋予自己的选题策划以特色。同样一本新教材,如果别人没有电子教案,你策划的同类教材选题增加了电子教案,就具有了你的特色。同样一本新的纸质工具书,别人的书没有配有声读物,你策划的选题配上有声读物,则你策划的工具书就有了自己的特色。当然,别出心裁的策划也需要考虑切合读者和市场的需要,否则就是画蛇添足。

第 2 章

图书选题策划的原则与策略

图书能否吸引读者去探索、去思考，能否创造较好的市场价值和经济效益，能否引发思想道德教育领域的正能量，关键在于出版社秉持什么样的图书选题策划原则以及是否有规范化的图书选题策划机制。实际上，图书选题策划的水平已经成为衡量现代出版社水平的重要指标，也是判断现代图书选题策划人水平的标准。随着我国社会主义市场经济改革的不断深入，图书出版业的竞争也日趋白热化，出版业已经从规模数量型增长阶段转向质量效益型增长阶段。目前，我国图书出版市场竞争激烈，图书选题策划人如果没有较强的选题策划能力，就无法在风云变幻的图书市场中立足。图书市场中的品种日益丰富，茫茫书海中的图书琳琅满目，图书选题策划人若想使自己策划的图书脱颖而出，必须遵循科学的选题策划原则、采取有效的选题策划策略。

2.1 选题策划的原则

选题策划人是指从事图书选题策划工作的劳动者。图书是作者根据某一社会领域的研究成果而撰写的作品，它或在理论上有创新见解，或在实践中有新的发明，或具有重要的文化积累价值，图书出版对社会经济文化的建设和发展具有重要的推动作用。

选题策划是图书选题策划人开发出版资源的一种创造性活动，包含确定选题、内容规划、开发作者、读者定位、市场分析等要素。这需要做到以下几点：

（1）及时捕捉图书信息。主要的信息渠道有国家政策、新闻媒体、国家级重大科研项目的申报指南及资助名单，以及网络、电视、报纸等渠道。此外，还有参加学术会议、与专家进行沟通等。

（2）努力开发作者资源。确定了图书选题之后，最重要的就是找到合适的作者。一部畅销书不仅需要作者有多年的写作经历，还必须在该领域获得绝大多数同行的认可，并积极主动地出版并推广其研究成果。

（3）多渠道地与作者进行沟通并提供服务。确定目标作者后，选题策划人必须与作者建立友好互信的关系。除了采用邮件、电话、社交软件等联系方式之外，还应尽可能地与作者多见面交谈，取得作者的信任，并保持联系。

针对不同类型的图书，选题策划有不同的要求，而且在新形势下还面临着诸多挑战。在图书的选题的策划实践中，选题策划人不仅要了解装帧设计、图书印装工艺和印制载体材料，还要熟悉成本利润的计算、营销谋略。因此，为了最大限度地发挥图书的文化价值和社会效益，出版社和图书选题策划人在策划选题时，要坚持以人民为中心的根本宗旨与马克思主义出版观所指引的方向。其实这个宗旨和方向就是"初心"，它是一切的根本。如果我们不确立宗旨，就没有家国情怀、云水襟怀和宽阔视野，就缺乏底蕴与担当；如果我们不树立正确的出版观，就难以坚守意识形态阵地，难以维护文化安全和服务人民群众不断增长的精神文化需求。马克思说："如果我们选择了最能为人类福利而劳动的职业，那么重担就不能把我们压倒，因为这是为大家而献身；那时我们所感到的就不是可怜的、有限的、自私的乐趣，我们的幸福将属于千百万人，我们的事业将默默地、但是永恒地发挥作用存在下去。"这就论述了宗旨的特殊作用；而"两巩固"，即"巩固马克思主义在意识形态领域的指导地位，巩固全党全国人民团结奋斗的共同的思想基础"的出版观要求，则强调了我们的根本任务。宗旨和方向对了，才有可能避免南辕北辙的错误，获得事半功倍的效果。坚持宗旨和方向，既能使选题策划有着丰富的社会资源，又能使出版营销获取广袤的市场空间。因而选题策划要遵循以下原则。

2.1.1　政治性原则，增强政治意识

国务院颁布的《出版管理条例》规定："出版活动必须坚持为人民服务、为社会主义服务的方向。"图书出版是党的宣传思想工作的重要组成部分，我国出版工作的根本任务是促进社会主义先进生产力和先进文化的发展，满足人民群众

日益增长的精神文化需求,提高国家文化软实力。因此,选题策划人在进行选题策划时必须树立正确的政治意识,坚定正确的政治导向,对选题的政治导向严格进行把关,将把好政治关放在一切工作的首位。

政治意识是文化的基石,它确定了文化的本质属性。选题策划人的政治意识,就是要求选题策划人对出版工作、出版物的本质有正确的认知,深刻认识和理解出版工作作为上层建筑的一部分,作为意识形态领域,具有强烈的政治属性。马克思主义理论中说,经济基础决定上层建筑,上层建筑反映经济基础,并具有相对的独立性,对经济基础有反作用。一方面,选题策划人提出的选题是我国经济基础的产物,反映了我国的现状和人民的思想状况;另一方面,这些选题在实现之后也会影响读者的思想,它或明或暗地包含着潜在的价值取向和舆论导向,具有鲜明的政治性。因此,选题策划人要切实增强自身的政治意识,遵循政治性原则。

2.1.2　宗旨原则,不忘初心

每个出版社都有自己的宗旨,如生活·读书·新知三联书店以"真诚生活、认真读书、追求新知"为宗旨,出版了大量人文社会科学著作和文化读物。选题策划人在进行选题策划时,一定要不忘初心、不媚流俗,在遵循本出版社宗旨的基础上,保持所策划的选题的学术性、专业性、可行性和严谨性。

在竞争日益激烈的图书市场之中,选题策划人有时可能会遇到经济效益很好但是有违出版宗旨的选题。这时,选题策划人就要保持初心,坚决地否定这类选题,坚定对出版宗旨的信仰。

2.1.3　市场化原则,满足读者需求

图书出版工作的出发点与归宿是满足读者的需求,尤其是要引发读者产生正能量。而图书的选题策划和出版发行工作是一个多样化、深层次、多功能和全方位的系统工程。图书选题策划人的职责是推出优秀的出版物,推出导向正确、健康向上、雅俗共赏的图书,更要反映社会发展、传承文化,抵制媚俗、低俗、庸俗的作品,培养读者高雅的审美观与思想品德。不可否认的是,图书也是一种特殊的商品,出版社不可避免地要考虑图书的市场价值和经济效益。然而,

任何事情都有可为部分和不可为部分。图书的可为部分就是图书反映文化传承和传递正能量的部分,它可以让读者具有积极乐观的生活态度,勇敢地追求自己的理想;图书的不可为部分就是指那些格调低俗,甚至包含淫秽内容的图书,它们虽有市场需求,销量可能很大,甚至已经产生了一定的经济效益,但它们却败坏了社会风气,破坏了社会的稳定,带给社会诸多危害和恶劣影响,直接导致社会在道德滑坡的路上越走越远。显然,图书的不可为部分对整个国家的社会效益和经济效益起着破坏作用,国家和政府在短时间内很难消除其负面影响。因此,如果该类出版物被某一出版社冒险出版,即使创造了短期内的经济效益,它也会在读者心目中形成"好书不多,精品更少"的负面印象,其结果必然是害人害己。不仅是该类出版物必然受到大多数读者的唾弃,该出版社也必然要受到政府文化管理部门的惩罚,轻则罚款处分,重则整顿停业,该出版社也不可能实现其所期望的所谓"经济效益"。

朗文公司的《编辑须知》中有一句箴言——"好编辑永远把读者放在心里",图书选题策划人必须将读者的健康需求作为图书选题策划的依据,明确选题策划的关键是适应读者的心理需求、引导读者的兴趣发展。因此,选题策划人只有从图书市场中捕捉信息,从中发现当前市场上的热点和空白地带,找到供给的盲点,发现读者需要而市场上又欠缺的选题,积极策划该类图书的出版与营销,才能得到丰厚的经济效益,获得较大的市场价值。

实践证明,畅销书只有真正满足读者的需要,符合读者阅读口味,才能具有持久的市场生命力。一个选题种子之所以能发芽、开花、结果,最后成为畅销书,是因为该选题找准了图书市场上的热点和盲点。选题策划人需要采取多种多样的方法,才能找准图书市场上的热点和盲点,如及时浏览《中国图书商报》中各地区、各主要书店的排行榜,"开卷"中相关类别图书的销售情况,以及其他出版社同类图书的市场销售情况等。最重要的是必须深入市场第一线,从图书市场的需求入手。

在社会主义市场经济条件下,图书出版工作必然要受到市场的影响,图书市场的价值规律仍然不以人的意志为转移地起着作用。因此,图书选题策划人在进行选题策划时要充分重视市场作用,考虑市场需要和图书的供需情况。没有市场价值、重复雷同的选题尽量少出版,使自己的选题具有比同类图书更高的质量和鲜明的特色。同时,还要预先谋划推销的策略和手段,考虑和了解图书的发行数量和盈亏情况,不能只管图书的选题策划,不管不问图书出版后的经济效益,更要增强竞争观念,了解竞争对手和同类图书的市场表现,从而占领图书市场,获得最佳的社会效益和经济效益。

2.1.4 创新原则,创新赢得市场

随着科学技术的飞速发展,文化信息的传播渠道不断多样化,读者获取知识和信息的途径也越来越多元化,一般的图书已经不再能满足读者的需求。图书的选题必须贴近生活,使人感到实际、新颖而深刻。因此,创新是选题策划的根本,创新是选题策划人思想的灵魂,只有不断推陈出新,开发具有生命力的优质选题,才能最大限度地满足读者的需求。众所周知,任何一本好书都必须内容深刻、文化含量高,只有这样才具有"畅销潜质"。而内容平庸和文化含量低的图书,无论怎样装帧设计也难以拥有持久的吸引力。我们所处的 21 世纪是一个需要不断创新的时代,选题策划人是文化工作者,构筑和创新人类文化是选题策划人工作的意义所在。书中所载的知识和信息是否具有文化积累和传播的价值,在很大程度上取决于图书选题策划是否具有创新性。图书选题策划人对选题策划思路的创意,能赋予图书产品以新的价值内涵,实现出版资源最大化的升值。

在选题策划的创新原则之下,还可以细分为两个小的原则:①编辑主导原则。即以编辑为主,先形成选题构想,再根据此构想去物色相应的作者。目前,图书市场中有一个很重要的特征,就是图书的写作已不仅是作者个人的事情,而在相当程度上要靠出版策划人的"运作"。最好的选题要找到最合适的作者,要在编辑策划意图与作者创造潜能的互动过程中,进一步完善编辑的策划思路。②作者主导原则。即以作者为主导,充分发现、发掘、使用作者资源,整合较有社会影响力和市场号召力的作者队伍,根据编辑掌握的作者资源状况,有针对性地设计富有新意的选题,将作者队伍引入选题,努力将学者型作者的书斋著述转化为大众关注的公共话题,进而引起更多的社会关注,吸引更多的读者。

此外,选题策划的创新还体现在"概念"的引进与运用上。在商业社会的市

场化运作中,概念是一面旗帜,是一种看不见摸不着的无形资产,代表着一种市场凝聚力和号召力。在产品供过于求的买方市场条件下,选题策划人应通过有效的宣导,在消费者心中"植入"产品概念,形成产品畅销的先导。近年来,不少出版社利用"概念"宣导手段,与时俱进,以打造"概念"为突破口,引领着图书消费的时尚,引导着读者的阅读口味和视野,将图书特色演绎成了广大读者所接受的"概念";在推出图书的同时,精心"制造"出相应的消费概念,在读者头脑中形成一种"意识造型",使读者在对消费概念认同、内化的过程中,从"要我买"变成"我要买",产生购买欲望,引发购买行为,进而使出版社走上了品牌发展之路。

2.1.5 整体原则,面面俱到地进行策划

图书选题策划是一项非常细致的工作,在这个过程中需要关注许多要素,包括读者需求情况、同类出版物情况、选题特色、作者人选、印装设计、读者定位、市场预测、效益预算、宣传推广、信息反馈等方面。当下的读者在买书时,不仅要看图书的内容,而且十分重视外在形式,对装帧设计的精美程度、图书的品相提出了更高的要求。这是读者眼界提高的体现。图书选题策划应趋向整体化、精细化,把选题策划延伸为出版策划,把选题策划当作一个系统工程来做,更加细致地研究目标读者的特点。

书的版式怎样安排才能使读者乐于接受,有助于体现书的内涵,封面以怎样的风格和形式出现才既美观又切中书的主题,采用什么样的纸张印刷才能够与书的社会与经济价值相吻合,什么时间上市对书的销售有利……这些都是需要编辑思考的问题。编辑甚至可以对用什么内文纸、纸的克数、开本的大小、书的定价及印刷厂的选择等提出合理的建议。编辑应与营销策划部的专职人员保持良好的沟通,及时准确地提供宣传资料,包括新书消息、书介书评、成书的电子版等,协助他们通过各种渠道进行宣传,通过媒体调动读者,使图书与读者实现最大程度的对接,从而提高新书的市场销量及读者的关注度。同时,还可以通过经销商将宣传海报在卖场内张贴出来,以此形式进行线下的营销。

2.1.6 品牌原则,品牌推动良性发展

特色鲜明的品牌图书是出版社的生命线。大多数出版社都十分重视品牌

战略,以此实现经济效益的最大化。品牌战略已成为出版社自觉的市场策略。有远见的出版人都重视形象建设,采用品牌图书这种较为成熟的市场行为,以优秀的图书品牌占领市场。而在这种市场策略和市场行为中,优秀的图书品牌无疑起着强力"发动机"的作用,推动着出版业的良性发展。可见,在竞争日益激烈的出版业中,品牌才是出版社最有力的武器。品牌战略强调个性化出版和品牌化经营的完美结合,因为个性化的图书不一定是品牌书,品牌书却一定是个性化的,个性化与品牌建设紧密相连。实践证明,20%的品牌图书会给出版社带来80%的效益。据统计,2023年整体零售市场总动销品种达237万种,码洋规模为912亿元。图书零售市场中头部效应明显,销量前1%的品种能为市场贡献近60%的码洋,销量前5%的品种能为零售市场贡献80%以上的码洋。而这些品牌书之所以能拉动如此之大的市场份额,则是因为成功的选题策划。

优质加特色形成了出版社的品牌,而品牌也是出版社实力和形象的象征。如何创建并维护、拓展图书品牌是出版社发展过程中一个生死攸关的问题,图书品牌与出版社的发展相辅相成、互动共进。优秀的图书品牌是出版发展的强大动力,它能够帮助出版社建立起良好的声望和信誉;优秀的品牌图书是出版社的立社之本,没有好的品牌图书,出版社的品牌建设只能是空中楼阁。反过来,出版社的品牌促进着品牌图书的创立。例如,生活·读书·新知三联书店的学术专著、上海辞书出版社的辞书、外语教学与研究出版社的外语教学类图书等,之所以在人们的脑海里根深蒂固,正是因为这些出版社长期以来坚持不懈地进行着品牌建设。选题策划人是作者和读者之间的桥梁,是两者之间的组织者。因此,选题策划人只有不断开发新思路,运用职业敏感性和创新思维,进行深入、细致的市场调查,随时发现生活中的亮点和热点,及时了解读者的需求,准确定位读者对象和选题特色,捕捉到图书市场的空白点,才能策划出品牌图书,使之在同类图书中脱颖而出。

2.1.7 整体效益最大化原则,兼顾"双效"和远近效益

整体效益最大化是图书选题策划的中心原则。在选题策划时应处理好以下两方面的关系:

(1)社会效益和经济效益的关系。对于所有的图书选题,出版社必须坚持

社会效益第一,兼顾经济效益,实现社会效益和经济效益的有机结合。同时应该注意的是:第一,选题策划并不只是针对面向大众的畅销书而言的,学术著作类图书也需要策划,选题策划是这类书实现两个效益有机结合的重要保证。不重视学术著作的策划是目前选题策划工作中的盲点。第二,效益最大化是就两个效益总体而言的,应该全面地去看。例如,有些优秀学术著作的出版,短期从经济上看是赔钱的,但它带来的出版社在学术界影响的扩大、无形资产的增值却是难以计量的。

(2)长远效益和眼前效益的关系。按照选题可能产生效益时间的长短,出版社的选题可分为三类:长远和眼前都有效益的选题、长远有效益而眼前无效益的选题、长远无效益而眼前有效益的选题。长远和眼前都有效益的选题是选题策划人追求的最高境界。然而,由于市场竞争激烈,这类选题不可能很多。目前,出版社中大部分是后两类选题,这两类选题应该有机结合。忽视眼前利益,出版社的经营会发生困难;忽视长远效益,只顾眼前效益,则出版社只能疲于奔命,很难做强做大,也就很难进入良性循环。少数出版社急功近利,对资助型或包销型选题热情过高,对有长远效益的选题不重视,希望每本图书马上都赚钱,这是对选题策划效益最大化原则的误解。

2.1.8　动态性原则,不断求变,适应市场

动态性原则也称适时性原则,指要用发展的观点来把握选题策划的诸要素及其相互之间的联系、变化。当今世界科学技术迅猛发展,社会日新月异,人民的生活需求不断改变,选题要素及要素之间的关系也不断在变化,选题策划人在进行选题策划时应把握这种变化。一方面,要对这种变化进行前瞻性的研究,捕捉变化的信息,进行超前的选题策划;另一方面,对正在实施的选题和已经成功策划成品牌的图书,要根据变化的信息进行调整,以适应新的环境。市场的变化、时代的更替,都可能使已有的品牌难以持久,变为过眼云烟。而求新、求变是图书的生命,只有求新、求变,不断提升品牌影响力,以品牌带产品,以产品促品牌,才能保持图书品牌的后劲与活力,适应千变万化的市场。图书品牌是一种文化现象,不可能置身于市场之外,它必须不断地自我完善、自我更新,以求脱胎换骨。必要时还要敢于舍弃、自我否定,以新的品牌、新的特色永

葆青春与活力。例如,商务印书馆的《牛津高阶英语双解词典》目前已经出到了第 10 版,第 10 版与时俱进地增加了新词新义和全新学习功能,更实现纸书、App 同步上市,不断补充着新的信息与内容,适应着读者的新需求,保持了品牌图书的生命力。实践证明,求新、求变才有魅力,求新、求变才有力量,求新、求变才能发展。

总之,图书选题策划是一个发现和构思的完整过程,有其丰富的内涵。选题策划是图书组稿、编辑加工、设计、印制、宣传、发行各个环节的总和,贯穿于书稿编辑的全过程。编辑在选题策划时要有市场适应性判断,考虑读者的需要。没有市场需求或者同类书已经饱和的选题就不必考虑。不仅要研究选题的价值,还应考虑方方面面,包括图书的制作成本、定价、印数、出版时机、营销方案、效益等情况,只有对选题进行全面系统的策划,才能实现选题的最佳效益,才能把图书品牌真正树立起来。由此可见,选题策划在图书运作中是尤为重要的。一个富有创意的选题所产生的社会效益和经济效益往往胜过众多的平庸图书。编辑的图书选题策划能力是出版社的安身立命之本,也是出版社可持续发展的源泉。

2.1.9　读者原则,仔细研究读者

为读者服务是出版工作的根本宗旨。要认真了解读者,研究读者的阅读需要、接受能力,以便有针对性、有目的地设计选题和进行选题策划,满足读者在学习、工作、研究和精神生活等方面的阅读需要。读者是复杂的社会群体,在年龄、性别和地域等方面差别较大。即使年龄、性别、地域相同的读者,因思想文化素质不同,又可分为不同的层次。这些读者的阅读需要、阅读兴趣是各不相同的,设计选题、进行选题策划要准确分清读者对象,并根据读者对象的实际情况,来研究、决定图书的内容、形式、篇幅、装帧档次和定价等。

2.1.10　个性化和系统化原则,大小有别,突出特色

选题策划工作中必须解决的一个重要问题就是个性化问题。个性化就是选题策划的独创性和开拓性。独创性就是在图书的内容、形式、写作角度和编撰体例等方面的创新,开拓性是指开发新的选题领域或者在原有的选题领域中

拾遗补阙。每一个选题都应该有新的思路,形成鲜明的个性特色,避免与已经出版的图书重复雷同。一个出版社的选题策划也应有自己的个性,有自己的出书思路、出书重点和出书风格,不能一味地模仿别人,只有这样,这个出版社的书籍才能在读者心中留下鲜明的印象。同时,系统化也是选题工作的重要要求。丛书和系列图书的选题策划必然要符合系统化的要求,由诸多单个选题构成图书选题策划的系统化发展,使原来零散的选题逐步配套,构成一个统一的整体。为了达到系统化的要求,图书选题策划人在设计选题、制订选题策划方案时,必须坚持个体优化和整体优化的原则。

选题策划的个体优化和整体优化原则的衡量标准之一就是选题策划是否具有创造性。图书选题的个体优化,指对每个选题都认真策划、认真筛选,争取达到优秀或比较优秀的标准。优秀的标准如下:符合国家制定的出版行业的方针、任务,对社会经济、政治、文化建设有积极作用;符合读者需要,有益于提高人们的思想道德素质和科学文化素质,能满足人们精神生活方面的需要;有一定的学术价值、艺术价值和实用价值,能传播、积累人类的优秀文化成果;有时代特色,符合社会发展的要求和趋势;在书籍的内容、形式方面能开拓创新,有鲜明的个性特色,内容积极健康,有显著的社会效益和经济效益;等等。当然,不能要求每个选题都符合上述要求,但至少要符合基本要求,同时在某一方面有突出的优势。

图书选题的整体优化也叫系统优化,它以选题的个体优化为基础,同时要求选题结构的合理化。其基本要求是:正确处理选题的门类、序列、层次问题,使各类图书选题保持合理的比例和内在联系;突出重点,使重点书的选题在整体出版计划中占主导地位;发挥优势,创造强项产品,形成出书的特色和风格。优化选题重在设计,只有设计出大量优秀选题以后,才能有选择的余地。如果设计的选题质量不高,就不得不迁就现状,难以达到优化的目的。此外,还要下决心剔除平庸重复的选题,撤销陈旧过时的选题。只有这样,才能保证选题的个体优化和整体优化。要使选题得到优化,最重要的就是要在选题策划过程中增强创新意识,使每一个选题都具有独创性。这对出版社树立品牌、创造知名度、提高社会效益和经济效益都具有重大的意义。

2.1.11 融合出版原则，做预流的策划人

随着数字技术的不断发展，它与各行各业都不断发生着越来越紧密的联系，出版行业也同样如此。对于出版社而言，融合出版就是通过印刷术以外的手段——目前主要是数字技术手段——实现出版内容溢出纸书，走向读者的出版行为。如今的读者已经不再仅仅只将关注点放在看得到、摸得着的纸质书本之上了，书本中链接出的数字资源也是吸引读者的重要因素。因此，选题策划人在进行选题策划时，要根据图书的性质、内容思考是否需要及如何提供数字资源，时刻提醒自己要遵循融合出版的原则，融入数字出版、融合出版的大流，做预流的策划人。

融合出版的关键是一开始就要优化内容生产体系，在内容建设上讲垂直化、专业化，不能走纸质出版的老路。

2.2 图书选题策划的策略

2.2.1 文化品位策略

从某种意义上说，图书是一种文化象征。但我国在改革开放初期，片面强调经济的发展，忽视了文化建设，特别是公民文化素质的培养，导致改革开放以来我国社会中出现了一定的"道德滑坡"现象。社会主义市场经济不断深入发展，选题策划人应该具有高度的文化责任感，将文化责任作为选题策划工作的本职责任，坚持文化传播、文化建设和文化引导的基本方向和目标。从市场经济的角度来说，图书是一种商品，在选题策划过程中，选题策划人必须考虑经济效益因素。但图书有着强烈的文化内涵，代表着一定的文化思想与文化品位，因此图书是一种不同于普通商品的特殊商品，它不仅具有物质价值，还具有文化价值。诚然，选题策划人在进行图书的选题策划工作时，要考虑图书的经济效益，但更要考虑图书的社会效益。图书选题策划活动是图书出版发行的基础。

选题策划人在选题策划活动中的文化责任主要体现在以下几个方面：①选择、传播和积累优秀文化成果。选题策划人应当具备辨别优秀文化成果的能

力,能够认识大众需要什么样的文化成果,了解文化建设和经济建设需要什么样的文化成果等。显然,选题策划人的辨别能力需要日常的积累,并形成一种文化上的积累。经过选题策划人的选择、编辑和加工后,文化成果最终面向大众,经过传播后才能得到大众的认可。经过大众认可的文化成果不仅会带来经济利润,而且能够促进社会文化体系的建设。②成为建构社会文化体系的中坚力量。选题策划人既是文化的策划者,也是文化的创造者,因此必须学习国家关于文化建设的文件,了解社会实践的优秀案例,关注社会文化体系的建设等问题。③传播主流价值观,服务社会主流意识。选题策划人策划的图书不应与社会主流价值观相悖,要向读者传达正确的文化价值取向。

2.2.2　内部协调策略

无论是传统出版,还是数字化出版,图书的选题策划始终是图书出版的核心。选题策划工作的内涵丰富、外延更广,主要涉及怎样合理地选择与配置所有的图书出版资源等。实践证明,选题策划工作是一个系统工程,必须统筹思考才能达到最佳效果。选题策划的内部协调策略主要体现在以下方面。

(1)图书选题的发现环节。图书的选题策划想要成功,需要选题策划人的长时间思索,不可能是临场发挥和神来之笔。在现实生活中,一项政策的实施,一种制度的改革,一条经验的推广,一次活动的开展,都可能蕴藏着丰富的选题资源,需要选题策划人去发现、去挖掘。这就要求选题策划人进行深入的社会调查研究,与专家学者广泛探讨国际和国内形势,并从理论和实践两个层面了解、总结和展望国家的重要战略和重要项目,以职业的直觉从中捕捉优秀的图书选题,创造图书的出版价值。

(2)图书选题的总体构思环节。选题策划人的构思需要具有鲜明的特点,即新立意、新内容和新特色。其中,新立意是指选题策划的根本立意要新颖,这就要求选题策划人必须考虑图书内容所涉及领域的新发展,敏锐察觉图书所涉领域的前沿和制高点,在认真思考上述问题的基础上提炼出新的图书立意。新内容来自新立意。在全面考察选题涉及领域最新发展的基础上,策划编辑需要与作者一道,就作者熟悉的发展前沿与制高点撰写图书提纲,并逐渐丰富内容,形成一本具有创新内容的图书。新特色除了体现在内容创新上之外,还体现在形式创新上。图书的形式,包括开本、装帧等摸得到的形式,也包括从纸书上延伸出来的数字资源这种摸不到的形式。

(3)图书选题与读者需求和社会发展的契合环节。选题策划人进行图书选题策划时,应当考虑我国经济的发展态势和新时期内读者需求的新变化,只有保证选题策划与读者需求、社会发展的契合度,才能保证图书选题的经济效益和社会效应。

(4)图书选题的质量论证环节。选题论证是保证图书选题质量的重要环节。因此,图书选题的论证应该坚持较高的价值标准和预期目标,尤其是在选题的精神文化价值和社会影响,以及图书能否具有较大的经济效益和社会效应方面,都需要一个全面、系统和科学合理的质量评价标准。

(5)图书选题方案的实施环节。出版社的选题策划是图书编辑出版工作的源头,从选题策划到出版发行和营销是一个整体性的系统工程,选题策划方案的实施在其中至关重要。在该环节中,出版社和选题策划人必须反复甄选图书的作者,合理安排图书的交稿、发稿和出书时间,慎重选择图书的内容和形式,采取实用的图书宣传和营销计划,还要及时并系统地总结选题策划方案的优势和缺陷等。最重要的是把图书选题转化为书稿,并取得预期的经济效益和社会效益。

在科学技术飞速发展的当今世界,出版业的各方面随之发生巨大变化,尤其是数字出版巨大地改变着人们的阅读习惯,因此选题策划的重要性越发凸显。出版社和选题策划人只有重视选题策划的内部系统性,制订科学的选题策划计划,有效地组织协调和调整控制选题策划的合理性,做好选题策划的内部协调工作,形成尽可能周密详尽的选题策划方案,才能不断推出深受广大读者喜爱的品牌图书,并在激烈的图书市场竞争中立于不败之地。

2.2.3　细分读者对象策略

目前我国社会已进入快速转型期,现代读者已经不再是传统意义上的读者了。这些读者中有工人、农民、军人、知识分子,也有政府官员、企事业单位的工作人员。他们所处的经济文化生活环境也不相同,他们对图书的需求也有很大差异。例如,按照消费水平的标准,目前可将农民读者分为贫困型、温饱型、温饱向小康过渡型、小康型四种类型,其消费水平层次明显、差别较大,从而直接导致了在图书需求上的明显差异。因此,选题策划人在进行"三农"图书的选题策划时,必须对农民读者进行细分,而不能选择看上去普适的市场目标。从整个社会的经济发展来看,目前我国社会呈现出复杂化的生产经营局面,社会生产逐渐专业化,生产经营方式正向现代规模生产方式过渡。加之新技术并没有得到均衡的推广应用,使得各类图书的需求出现分化和较大的差异。选题策划人必须根据上述复杂化的社会生产经营状况,区分不同类型读者的不同需求,策划符合不同读者需求的图书选题。

在新的数字出版环境下,图书内容的传播方式发生了巨大变化。大多数读者已经摒弃了将传播内容灌输给大众的"泛播",并逐渐接受针对目标群体或个人需求而设计传播内容的"窄播"。例如,有关湖南省农民的抽样调查就反映了读者对象细分的必要性和重要性:18～30 岁这一年龄段的农村青年大部分进城务工,留守农村的比例很低,而留守比例比较高的是 30～39 岁、40～49 岁这两个年龄段的农民,因此他们有可能成为当前和今后很长一段时间内"三农"图书的主要读者。又如,从"三农"图书的出版实践来看,中国农业出版社的《幼儿园多元智能开放活动课程》一书把目标锁定在县城和发达乡镇的儿童身上,因为这些地区的父母对孩子的培养期望值比传统农村地区要高得多,瞄准了这个目标,图书市场的定位就清晰多了,针对性也更强了。又如,金盾出版社通过深入调研,在了解城郊农民与传统农区农民致富需求差异的基础上,策划出了"城郊兴村富民丛书"16 种,市场反应较好。这些都是重视"三农"图书读者对象细分的成功案例。

此外,职工岗位培训图书的选题策划也要重视读者对象的细分,切忌泛化和不确定性。当前,各行业职工的日常工作十分繁忙,整体培训和自主学习除了有限的上课时间,多是依靠业余时间完成,泛泛而谈的职工培训图书并不适合职工的学习,职工也不方便随身携带。因此,对于不同的职工、岗位、文化水平,要策划相应的图书。对于工作专业性比较强的职工,应策划岗位技能培训、职业技能鉴定考试方面的选题;对于领导干部、技术管理人员,要侧重国家产业政策、安全管理、生产技术等方面,在管理和技术层面上满足其需求;对于生产一线的工人,职工培训图书的重点是解决做什么、如何做的问题,可以组织问答、图解等形式的选题,这类选题直观形象,职工易于学习掌握。随着社会经济的发展,有条件的企业都建有职工教育网站和手机学习平台,职工培训图书的策划要抓住这个机会,坚持"传统出版＋数字出版"的立体化产品开发理念,推进职工教育的数字平台建设,通过微博、微信、小程序等"微媒体"提高职工教育的灵活性,让职工"随时想学,随时能学",使"大教育"出版成为可能。随着国家"人才强国"战略的实施和社会对高素质人才的重视,职工岗位培训图书出版大有可为。专业编辑应有一种使命感和紧迫感,依托出版社的品牌效应,积极贴合国家政策导向,努力开拓策划思路,坚持立体化、专业化策划,细分读者对象,为企业和职工提供优秀的品牌图书。

2.2.4　选题开发的多样性策略

图书的类型多种多样,有工具书、学术专著、教材教辅图书、科普读物、大众图书、职工岗位培训图书等,这些不同类型图书的规范化要求差别较大。例如,学术著作出版的规范化要求不同于职工教育图书,后者的选题策划具有较大的灵活性,因此职工教育图书可以针对企业和职工的不同需求,采用不同的选题开发模式。特别是与全行业基础性培训相关的图书选题,选题策划人应当依靠行业职工教育主管机关,进行选题策划的整体设计,准确把握图书的适用性、读者需求和读者购买力等关键因素,快速建立图书策划和出版体系,从而形成图书品牌。同时,出版社在合理测算成本并保证利润的基础上,应当及时掌握反馈信息,总结策划经验。例如,依据《中华人民共和国劳动法》和国家职业技能鉴定的有关规定,铁路行业各工种每年都有职工参加职业技能鉴定的考试,但在市面上没有系统的培训教材,也没有适合鉴定考试模式的辅导题库。针对这种情况,可以联合铁路职业技能鉴定的主管部门,共同策划组织编写"铁路职业技能鉴定参考丛书"。又如,中南大学出版社组织出版的"湖南省专科护士规范化培训新形态教材"充分考虑了一线护士的文化水平和业务水平,以条款的形式清晰地列出专科护士职业技能鉴定考试必须掌握的知识点,并且录制配套的教学视频课程及临床实操视频课程,组建配套题库,开发和运维在线学习、考试平台等,形成了一套各医院组织护士鉴定考试前的培训、检测和护士人员的自学、自测的必备用书。

　　此外,在职工培训图书的选题策划中,可以做定制策划的工作,专门策划个性化的职工培训图书,以满足不同企业职工的差异化培训需求。一般来说,定制策划分为两种情况:①专家作者专门编写培训教材。选题策划人调查了解企业的真正需求和培训计划,物色合适的专家作者为该企业专门编写培训教材。这里的关键是选取作者,因为职工教育图书既不同于学术著作,也不同于学历教材,对作者有很高的要求,不仅需要作者具有过硬的专业知识和写作水平,更要求作者了解现场实际和职工需求,从而保证职工教育图书的质量和实用性。②整合现有材料,出版培训教材。选题策划人还可以联合企业自己编写培训材料,使其转化为正规出版物。企业自编材料往往质量不高、不规范,编辑可以在征求企业意见的基础上,以其自身的编写人员为主,邀请专业作者、其他企业的人员加入编写团队,联合编写,确保质量。有一定代表性、通用性,值得推广和借鉴的个性化职工规范培训图书,可以直接向其他企业进行推荐,也可以说动其他企业编写适合自身情况的同类图书,形成新的选题。

2.2.5　资源整合策略

　　中国图书走向世界需要运用包括图书资源、版权资源、作者资源、信息资源、资本资源在内的多种类型资源,这些资源同样具有一般意义上的资源所具备的经济性、稀缺性和用途可选择性三大特点,它们的运用必然要受到一定程度的限制。在这种情况下,就需要政府部门站在战略的高度运用一定的策略对中国图书走向世界的过程中所涉及的资源进行整合。一般而言,这种资源整合策略主要体现在以下几个方面。

　　(1)图书资源整合。即整合国内近年出版的高质量精品图书,采取图书出口、市场销售、政府捐赠等方式把它们以成品图书的形式集中推向国外市场,扩大中国图书的海外影响。如 2004 年,国务院新闻办公室等部门推行中国图书对外推广计划;2009 年,新闻出版总署启动经典中国国际出版工程;2014 年,中宣部批准立项丝路书香出版工程。这些计划和工程整合了我国的图书资源,将我国的优质图书推向了世界,在世界范围内产生了重要的影响。

　　(2)版权资源整合。即整合国内出版社出版的优秀图书的版权,以版权贸易的方式集中推向国际图书市场,鼓励海外出版机构翻译出版此类图书。如

2005 年 10 月中宣部、新闻出版总署首次代表中国政府整合国内版权资源组团参加第 57 届法兰克福书展，取得版权输出 198 项（是 2004 年书展的 3.14 倍）的优异成绩后，又继续整合国内优秀的版权资源连续参加了此后的历届法兰克福书展，成效相当显著。在 2023 年举办的第 75 届法兰克福国际书展上，中国展团阵容空前，近百家出版机构设置了独立展台，参展的中国出版机构有 260 多家，不少未设展台的出版机构也派人员参加了展会。中方不仅带去千余种精品图书和出版物，而且举办了多场精彩活动。

（3）作者资源整合。本着立足国内、放眼全球的思想，在世界范围内整合作者资源，邀请那些立场客观、态度友好的海外知名专家和学者撰写中国主题的图书。如"外国人写作中国计划"，这一计划是新闻出版"走出去"的一项重点工程，以北京语言大学作为秘书处，由中国文化译研网（CCTSS）为平台执行落实，面向"一带一路"沿线及全球其他重点区域，广泛联系和积极培养对我国友好的海外汉学家、作家、媒体人、学者和社会知名人士，让他们用亲身经历讲述自己的"中国故事"，鼓励并支持他们创新对外出版话语体系，面向国际市场和海外读者客观介绍中国。国外的这些专家和学者能以世界视角，用外国人的眼光和外国人乐于接受的方式来书写中国，客观公正地介绍中国，很容易得到外国人的接受和认同。

2.2.6　"走出去"策略

中国出版"走出去"战略，是指政府部门利用自身优势为中国图书走向世界搭建和提供一个高效、统一、畅通的信息交流平台，更好地推动中国图书走向世界。目前，这种平台建构主要包括书展类平台建构和网站类平台建构两种类型。书展类平台是指国内、国外的各种图书展览和图书博览会，它的建构有两层含义。一是政府在国内举办大型书展，组织国内外出版机构展出自己的精品图书，为中国图书走向世界和世界图书进入中国搭建相互交流的平台。这一策略较为典型的实践是国务院于 1986 年正式批准创办的北京国际图书博览会，它的宗旨是"把世界优秀图书引进中国，让中国图书走向世界，以促进国际科技文化交流，增强各国人民的相互了解和友谊，扩大中外合作出版和版权贸易，发展图书进出口贸易"。目前，北京国际图书博览会已成为亚洲最大的国际书展，并跻身于世界最具影响力的四大国际书展之列，成为推动中国图书走向世界的重要平台。另一层含义是政府组织国内出版机构携带自己出版的精品图书参加有影响的国际书展，为参展单位提供尽可能的方便和资助。目前世界范围内著名的国际书展有法兰克福国际书展、美国书展、东京国际图书博览会、伦敦书展、博罗尼亚儿童书展、澳大利亚国际书展、莫斯科国际书展和北京国际图书博览会等。其中，创办于 1949 年，由德国书业协会组织的法兰克福国际书展是世界上规模最大的国际图书博览会。中国政府自 2005 年开始每年都组织大批国内有影响的出版机构和精品图书参加这个占全球图书版权贸易 75% 份额的国际书展，在推动中国图书走向世界、扩大中国文化海外影响方面发挥了极其重要的作用。

　　网站类平台是指在互联网上创建的主要用于展示与国内出版机构出版的图书信息相关的网页的集合。这类平台的建构主要是指政府利用自己在信息和资源上的优势，整合目前现有的同类型的网站资源，创办一个全国性的、统一的、信息全面而权威的、为中国图书走向世界提供专项信息服务的网站。目前，这一策略已在一定范围内、一定程度上得到了运用。

　　实际上，政府在中国图书走向世界过程中运用的策略，有的取得了明显的成效、产生了积极的作用和影响，有的则效果不显著，需要进一步改进和完善。政策的运用是一个永无止境的过程，相信在中国图书走向世界的过程中，政府部门能够充分发挥自己的智慧，在政策的制定和实施上不断地推陈出新，为中国图书走向世界发挥更大作用。

第 3 章

选题策划的流程与组织

对于出版社来说,选题策划就是图书的种子,只有选好了种子,才会有好的图书。出版社要保持发展特色,就要出精品、创品牌,就必须精选好的选题种子,持续走好选题策划之路。因此,图书选题策划人必须在众多领域中找到符合市场需求的选题,依据科学的流程、依托高效的组织,策划并出版高层次、高水平、有价值的图书。

3.1　选题策划的流程和组织概述

选题策划是图书谋略的一个表征,是对整个图书出版过程实质性的把握,是从出点子到实现点子的过程。选题策划表现为对图书全方位的筹划,表现为对图书结构的调整与优化,表现为对在中国特色社会主义市场经济条件下参与出版竞争的主动权的控制。选题策划意味着对图书生长点的定位和文化物化形态突破性的进展,它是一种创新性的工作。图书的策划是编辑、作者、读者之间的有机对接。图书选题策划不仅要把图书作为文化产品,更重要的是要将其作为文化商品,在文化前沿和市场发展的背景下,通过现代特定的出版形态和出版手段,塑造整体的图书形象和内容。正是这种新型的形态和手段、整体的形象和品种,决定了图书出版越来越依赖策划及其有步骤地实施。

3.1.1　选题策划流程的概念

根据《辞海》(第七版)的解释,"流程"中的"流"字具有多种含义,其中一种意为水流动,引申为淌出或淌开,如《诗·邶风·泉水》中的"毖彼泉水,亦流于淇"；另一种含义为水道，如主流、支流，也引申为流动的东西，如气流、电流；还有一种含义为往来不定或运转不停，如流浪、流寇。"流程"中的"程"字也有多种含义，其中一种意为进度、期限，如程度、程序、日程、课程；另一种含义为道路、路途，如路程、历程，如白居易《同李十一醉忆元九》中的"计程今日到梁州"。

《辞海》(第七版)对"程序"一词的解释有两种：

(1)行事的先后次序、有序的步骤，如工作程序、司法程序、医疗程序。

(2)为使计算机执行一个或多个操作，或执行某一任务，按序设计的计算机指令的集合。

根据《现代汉语词典》(第 7 版)的解释，"流程"具有两种含义：

(1)水流的路程。如水流湍急，个把小时就能越过百里流程；生命的流程。

(2)工艺流程的简称。

《现代汉语词典》(第 7 版)对"程序"一词的解释有两种：

(1)事情进行的先后次序，如工作程序、会议程序。

(2)指计算机程序。

综合《辞海》(第七版)和《现代汉语词典》(第 7 版)的解释，我们认为，选题策划流程是指选题策划编辑进行选题策划工作的先后顺序，是一种具有逻辑性、系统性和整体性的选题策划工作次序。

3.1.2　选题策划组织的概念

根据《辞海》(第七版)的解释，"组织"中的"组"字具有多种含义，其中一种是组织、构成，如组阁、改组；另一种含义为由若干人员组成的小单位，如小组、工作组、互助组；还有一种含义为把性质相近的事物有系统地合置在一起，一般是指文学作品，如组诗、组曲。

《辞海》(第七版)关于"组织"的解释有多种：

(1)指诗文的造句构辞，如《文心雕龙·原道》中的"雕琢情性，组织辞令"。

(2)将分散的人或事安排成一定的系统或整体，如组织人力、组织互助组。

(3)按照一定的宗旨和系统建立起来的团体，如党组织。

根据《现代汉语词典》(第 7 版)的解释，"组织"的含义主要有以下几种：

(1)安排分散的人或事物，使之具有一定的系统性和整体性，如组织人力、组织联欢会、这篇文章组织得很好等。

（2）系统、配合关系，如组织严密、组织松散。

（3）按照一定的宗旨和系统建立起来的集体，如党团组织、向组织汇报工作等。

综合《辞海》（第七版）和《现代汉语词典》（第 7 版）的解释，我们认为，选题策划组织是指策划编辑安排各种选题策划工作，使之具有一定的系统性和整体性，从而使选题策划工作具有创新性和实效性。

3.2　选题策划的流程

在现代社会中，图书的选题策划是一个综合性的系统工程，因此选题策划人应当按照系统化原则进行选题策划。图书的选题策划只有建立在科学分析的基础上，才能与选题策划点子或者心灵瞬间的火花等区别开来，才能具有真正的科学意义和实践价值。因此，选题策划人在进行选题策划时，首先要用系统的思维去分析选题策划的整个流程，即用系统的方法对选题策划过程中的每一环节进行分析，最后综合集成，达到以最小的投入获得最优的产出的目的。其次，图书的选题策划要做到四个结合：外部环境与内部条件的结合、近期效益与长远效益的结合、定性分析与定量分析的结合、个体策划与整体策划的结合。具体而言，选题策划的流程可以分为以下几个阶段。

3.2.1　设计图书选题，明确目标主体

有的选题策划人认为，完美的选题策划始于"点子"或者"灵感"，即所谓问题的提出。但在图书的选题策划流程中，"点子"与"灵感"并非凭空而来，而是来自知识和信息的日积月累。选题策划人要获得选题策划的"点子"与"灵感"，不仅必须具备扎实的相关学科的基础知识和专业素质，如对基础知识的掌握、对各类相关信息的敏感度等，还应当善于抓住所涉及领域的热点和前沿，否则，设计或提出的图书选题就会失去新意，不可避免地造成重复出版，或者流于平庸。

选题策划目标是根据选题设计来确定的。在图书的选题策划流程中，选题

策划人最初提出的图书选题设想,应当基于图书市场的反应,以及相关图书在该领域读者群中的影响水平。在全球化进程不断加速的今天,科学技术的飞速发展和读者阅读水平的不断提高,使选题策划的"点子"与"灵感"有着广阔的来源。掌握了与所设计选题相关的信息和知识之后,一个朦胧的灵感就会若隐若现,选题策划人要追寻着这个朦胧的灵感,再进一步收集相关资料,挖掘相关理论的发展历史,并通过与作者的频繁沟通及互相启发,最后明确和清晰选题策划的思路,进而提出图书选题,并说明与选题相关的各方面内容,界定选题所涉及的问题,从而使目标具体化。

在竞争激烈的图书市场中,图书的选题策划来源于图书市场中的社会实践,来源于我国国民教育的需要。回顾中南大学出版社近 20 年在学术著作和教材出版领域的工作情况,总结其选题策划的成功经验,除了传统的选题策划思路之外,还非常重视选题的"点子"与"灵感"的来源。

(1)了解国家教育改革的方向,紧扣新的人才培养目标。教育部在理工科教育改革中提出发展卓越工程师培养的工学教育,在法学教育改革中提出发展卓越法律人才培养的法学教育,在医学教育改革中提出发展卓越医师的医学教育。

(2)通过多种渠道了解职业培训工作的需求。在图书市场中,职业培训用书也是教材的一个重要市场,如工程师资格考试培训用书、国家司法考试培训用书、医学卫生培训用书等。

(3)走访高等院校,及时掌握相关教学课程的需要。随着我国高等教育改革的不断深入,我国多数高校近年来纷纷进行了课程设置方面的优化改革,修订了专业培养方案,精简课程,减少总学时,增加实践教学学时。

(4)参加各种专业学术会议。了解相关学科专业人员的组成和数量,了解相关领域在研究和教育方面的主流方向等,以便建立由知名专家、教授和青年学者组成的多层次、完善的作者队伍。通过与相关领域的专家作者进行交流,了解相关学科的研究进展,以利于教材的及时修订。

(5)调查研究各种发行渠道(如书店等),密切联系市场营销人员和销售人员,累积市场信息。一些发行商将绝大部分时间、精力放在教材市场上,对某些具有市场潜力的教材或教参选题,他们往往比编辑更具有市场洞察力。加强同发行人员的联系,可以弥补编辑人员在这方面的不足。

(6)了解其他出版社同类教材的出版情况和销售情况。目前,教材种类繁多,因此在新选题策划运作之初,必须做好市场分析工作,找出已有图书的优势和不足,了解市场占有情况,明确新选题的特色在何处、市场运作的过人之处在哪里、新意如何等,使我们的产品能够真正填补市场空白,获得竞争优势。

3.2.2 收集资料,开发信息

选题策划人在策划图书选题时,要注意避免一厢情愿、自以为是的策划行为,这就要求选题策划人在策划图书的选题时,必须明确具体的选题策划目标,从而有针对性地去收集资料、搜索和开发信息。信息开发的水平决定着选题策划的水平,而信息开发过程是否具备现代化和科学化特点决定了信息开发水平的高低。互联网技术的飞速发展使电脑成为信息开发的现代化工具,信息开发的过程也需要通过人脑来进行控制和管理,并实现信息分析推理的科学化。在选题策划信息的收集、加工和处理过程中,选题策划人一方面要努力提高计算机的应用水平,因为高超的计算机应用水平能够促进选题策划过程的标准化、方法最优化和高效化。另一方面,选题策划人要在科学原理的指导下,充分发挥智力创新功能,分析和整理已掌握的各类信息,透过信息表象去探索图书市场的发展规律,最终预测图书市场未来的变化发展趋势。总的来说,一个优秀的选题策划人必须了解和学习信息论、控制论、逻辑学、创造学等理论知识,以增强人脑智能,灵活选题策划思路,进而进行信息分析与推理,提高信息开发水平。

举例来说,中华书局通过市场调研,决定组织出版一套入门者能读、研究者可用的"中华经典名著全本全注全译丛书"。喜爱这套书的读者又叫它"三全本"。这套书涉及哲学、文学、历史、地理、医学、科技、语言等方面,遴选涉及经史子集等各领域的经典著作,约请文、史、哲、语领域的专家学者,以权威版本为底本校勘原文,在此基础上,对原文中难理解的字词句、专有名词和典章制度等传统文化知识出注诠释,并对原文进行明白晓畅的今文翻译。其形式上的特点是"三全",即每种图书为完整本(全本)、为所有重点及生僻字词进行注释(全注)、为全部文言文提供白话文翻译(全译);简体和横排,适应现代读者的阅读

习惯。其实,在"三全本"出版之前,中华书局就已经出版了两套类似的丛书——"中华经典藏书"和"传世经典文白对照"。这两套丛书的市场反响都很好,但是渐渐地,中华书局听到了许多读者的共同呼声:这两套书中有的书只有选本,而没有全本;只有全文翻译,而没有重点字词的解释,不能了解来龙去脉。于是,中华书局的策划编辑针对这些意见和建议,形成了出版"三全本"的计划。策划编辑需要进行大量的市场调研工作来获得读者的建议和意见,还需要去走访各个领域的专家,获得第一手资料,为每一本书选定合适的作者。最重要的是要了解和收集出版方面的信息,即目前图书市场中同类图书的出版情况,包括国外同类图书的出版情况。这需要出版社或者图书公司尤其是选题策划人在选题策划过程中,做好资料收集和信息开发工作。

3.2.2.1　广泛获取和科学处理各种相关信息

信息是选题策划的基础。当今社会是一个信息爆炸、瞬息万变的时代,在选题策划过程中,选题策划人能否迅速把握大量信息并利用其中的有用信息,是其选题策划能否成功的关键。在日常工作中,选题策划人要注意搜集各种参考消息,主要包括:①编辑出版类的专业期刊和报纸。如《中国出版发行研究》《中国新闻出版报》《中国图书商报》《全国新书目》《全国在版图书出版周报》《新华新书目》及某些地方性的预告书目、在版书目等图书目录。②工具书。如《中国出版年鉴》《中国新闻出版机构名录》《图书出版管理手册》等。③图书市场研究报告。如北京图书市场研究所专门研究我国图书市场行情,连续跟踪和分析各类图书的销售情况,并分析预测其市场景气指数,提供各类畅销书排行情况的调查报告。上述信息都有助于出版社或者图书公司调整其图书的选题策划方案。因此,在选题策划的实践中,选题策划人要经常逛逛新华书店和图书城,参观大型书展、书市、图书订货会、博览会等,并充分利用互联网这一重要的信息搜索平台,从而成功地做好图书的选题策划工作。更重要的是,选题策划人不仅要善于挖掘信息和收集信息,还要善于分析和处理信息,做到去伪存真、择优汰劣、取其精华、剔除糟粕,从中提炼出选题策划的亮点。选题策划人更要善于充分利用各类有效信息,感受来自各方的信息触动,从而触发选题策划的良好创意,做出有价值的选题策划方案。

3.2.2.2　清楚图书选题的信息源,全面占有相关信息

信息源是信息的源头,是信息最初发出的地方。选题策划人必须清楚图书

选题的信息源,积极占有相关信息,只有这样才能成功地做好图书的选题策划工作。在选题策划过程中,信息源是指所有与图书有关的信息,主要包括以下几种信息:①政策性信息。即有关图书编辑出版的政策、法规和方针,包括国家新闻出版方面的宏观政策,以及全国性的或者地方性的出版行业行规和习惯。图书的编辑出版工作具有较强的政治性,如果不了解我们国家的政策性信息,就不能保证出版工作的正确发展方向,图书的编辑出版工作就会走弯路,甚至走错路。出版社或者图书公司不仅要关注国内的政策法规,还要关注国际社会的政治变化,以及国际图书编辑出版工作中的各种规定。②读者市场信息,就是收集、分析读者相关信息,为图书进行成功的市场定位。在选题策划的整个过程中,选题策划人应当细分读者市场,明确自己所策划图书的读者对象,选择并锁定图书的读者群,并通过深入细致的市场调研,分析和了解各种读者的消费心理、消费水平和消费习惯,探讨和研究各种读者对象的特征,包括性别、年龄、学历、职业、收入水平等。③作者信息,即与作者相关的各种信息。作者是选题策划人开发图书出版资源、策划图书选题的重要依靠力量。选题策划人只有找到合适的作者,才能充分把握选题的实质内涵和读者的实际需求,才能使作者写出适合读者心理和阅读习惯的书稿。因此,选题策划人应当了解和掌握某一领域或者某一学科的作者信息,掌握这些作者的知识领域、研究动态及地理分布情况,并与作者建立紧密的联系。④同业信息或者竞争对手的信息。在选题策划的过程中,选题策划人首先要了解与自己策划的选题相关的图书的出版状况和发展趋势,尽可能多地了解具有竞争关系的其他出版社的相关图书信息,尽可能地预测同业或竞争对手将来可能出版的图书。如果是同类题材的图书,那么自己的选题策划要做到独具特色,做到"人有我特""人特我新""人新我优"。选题策划人应当了解图书出版业的最新动态,从行业信息中发现新情况和新问题,分析竞争对手的最新想法和行为,从而避免不必要的重复劳动或者重蹈覆辙。⑤本出版社的内部信息。即自己出版社所具备的各种基础和条件。选题策划人在进行图书的选题策划时,应当了解和关注本社所具备的基础和条件,例如本社的人力、物力、财力、管理水平、运行机制和人际关系等,这些因素都可能影响选题策划人的选题策划工作。选题策划人只有准确地把握本社的内部变化,才能有效地开发和配置出版资源,提高策划的可操作性,提高选题策划的成功率。

3.2.2.3　发挥主观能动性,分析和处理各种信息

选题策划人能否充分发挥他们的主观能动性,是该出版社能否成功做好选题策划工作的关键。当图书市场中的各种信息源不断地出现时,选题策划人对这些大量而庞杂的信息,必须进行分类、分析、综合、整理和提炼,使之成为对选题策划有用的信息。在信息的处理过程中,选题策划人应当充分发挥主观能动性,识别信息的真假,辨别信息的虚假部分和非主流部分,去粗取精,去伪存真,力求保证信息的真实性和准确性。同时,选题策划人应当保证信息的有效性和及时性,及时淘汰、正确筛选并更新时效性不强的信息,避免丢弃有效信息。在进行信息筛选时,应当按各类信息进行分类、归纳、提炼和确认,及时准确地识别信息,并将之作为选题策划的依据。选题策划人在识别和筛选信息后,还需要进行分类管理,并储存到计算机中,做到不断调整和充实,从而建立起各类信息库,如学术信息库、作者信息库、读者信息库、市场信息库、同类竞争者信息库等。最重要的是,选题策划人应当在获取有效信息的基础上,进一步分析这些信息,从而产生图书的选题创意。选题创意是选题策划的核心,它的产生是选题策划人充分发挥主观能动性的结果。同时,图书的选题策划是一个复杂的系统工程,它包括选题策划人提出创意、组稿、校对、装帧设计、生产制作、广告宣传、图书营销等各个环节的策划。例如,迟子建的《额尔古纳河右岸》一书初版于 2005 年,并于 2008 年获得了茅盾文学奖。在 2023 年之前,它有 60 万册的印刷量,不可谓不多,但是自 2023 年至今,其销售量达到了 500 万册,令作者自己也感到“出乎意料”。这一切都要归功于人民文学出版社和电商直播账号“东方甄选”的合作。人民文学出版社提前布局,精准供货,成功承接住了巨大流量,推动该书成为畅销书。人民文学出版社有精装、平装不同版本的《额尔古纳河右岸》。基于价格等因素,“东方甄选”选择了蓝皮平装的版本。直播间的推荐和社交媒体的传播,形成了口碑效应,使该书不断攀升至各大畅销书的榜单之上。从这个例子中可以看出营销环节在整个图书策划工作中的重要性。人民文学出版社在新媒体营销发行方面有着与时俱进的理念。在“东方甄选”和董宇辉“火”之前,该社的发行部门与“东方甄选”团队就有合作,有专人负责对接,非常看好“东方甄选”的平台和董宇辉讲品的方式,并为其供货。

3.2.2.4 创设多种信息通道,保证信息输入的通畅

信息通道即信息接收的途径,是指各种信息源到达信息接收者的渠道。选题策划人只有创设一个畅通无阻的信息通道,才能获得大量丰富而全面的信息。反之,如果选题策划人只有单一的信息通道,那么他就接收不到很多必要的信息,而且单一信息通道的流量也很小。因此,在图书的选题策划过程中,选题策划人要想方设法开创多种信息通道,开辟多种接收途径,以传递尽可能多的信息。选题策划人应该开设的信息通道主要有以下几种:①观察通道。深入调研书店、销售点、图书订货会以及图书展销会等场所,获得第一手信息,例如哪些图书最受读者欢迎,读者想要哪些图书但市面上却买不到,哪类图书已经过度饱和甚至成了滞销品。②问讯通道。选题策划的问讯对象主要是读者、作者、图书销售商、图书馆馆员等,问讯方式主要有电话问讯、面对面问讯、形式多样的座谈会、问卷调查等。选题策划人通过问讯通道可以得到最真实、最直接的信息。③阅读通道。阅读材料多种多样,如图书报刊信息、调查报告、各种行业杂志、各种畅销书榜,以及信息服务机关、科研单位提供的资料。在开辟信息通道的过程中,选题策划人不仅要发挥接收信息的视觉功能和听觉功能,要开辟纸介质的通道,还要开辟电子介质通道,从而构成一个立体、全面的信息通道。总而言之,选题策划人应当综合利用多种信息通道,畅通无阻地接收各种有效信息。

3.2.3 组织创意,论证选题

选题创意是选题策划的核心,它与狭义上的"点子""灵感"的主要区别在于是否具有组织意识。组织创意是一种有组织的系统性工作,它是一种复杂高级的思维活动,是选题策划人结合图书市场的信息资料,运用专业知识进行的智力创造活动。图书的选题策划能否成功关键在于组织怎样的图书选题创意。例如,目前我国图书市场中有很多选题重复、内容雷同的学术著作,这不仅表明我国学术研究领域存在着一些低层次重复性的研究课题,还反映了出版行业里相当一部分的选题策划人的选题策划缺乏创新构想。一般来说,选题策划人提出图书选题之后就要进行信息开发,然后考虑该图书选题的创意,并认真调查图书市场中已有的相关图书,以此避免自己的图书选题成为同类图书的简单重

复。因此,选题策划人在设计选题创意时应当注意以下几点:①注重图书选题的知识创新点,要求比市场上已有的同类图书具有更高的知识含量;②做到内容与形式的完美统一,使图书既向读者传播知识,也给读者以美的享受,从而使图书更具吸引力;③准确定位相关读者群,把握市场需求。以上这些都是保证选题策划成功的关键。

对图书选题的论证是选题策划的基本方案形成之后必须继续进行的一个流程,要深入地分析、评价和论证选题策划中的每一个细节,动态地修正图书选题策划,从而使图书选题达到最优化。一般说来,图书选题论证的形式主要有以下几种:①会议论证方式。即选题策划人召开专题会议,与会者充分讨论,还可集中出版社其他部门的意见,其中主要包括其他相关选题策划人、出版部门、发行部门对该选题策划方案的评价。②专家论证方式。对于一些专业性较强的图书选题,选题策划人还可以征求该专业领域内权威专家的意见。③读者论证方式。针对一些实用性较强的图书选题,选题策划人可以通过调查问卷的方式,征求一些读者的意见,然后在这些意见的基础上进行自我评价,不断地修改和完善自己的策划方案,从而达到最优化的效果。更重要的是,选题策划是一个动态的过程,最后能否成功实施,关键在于出版社领导的决策结果。大多数出版社的领导往往采用经验决策法来确定图书选题,这就容易造成观察片面或者主观臆断现象的出现,导致决策结果具有很大的不确定性,甚至出现决策失误,造成出版资源的浪费。因此,出版社领导在对图书选题进行决策的过程中应注意以下几点:①正确的理论指导和科学合理的评价标准;②系统的思维方法,即考虑是否通过局部的优化达到系统整体的优化;③定量的决策手段;④严格的决策程序。

在选题策划的论证过程中,选题策划人应当整合传统的经验决策法、专家咨询法、德尔菲法等一系列科学方法,通过决策过程的科学化和制度化,保证决策结果的科学性和正确性。因此,选题策划人要提高选题策划的总体质量,达到图书选题优化的最终目的,就必须提高选题策划流程中每一个环节的科学性和严谨性。自然科学知识和人文社会科学知识丰富多彩、纷繁复杂、不断变化,因此,图书编辑出版实践中的每一个图书选题不仅是具体的,而且还有其特殊的方面。所以,在进行图书的选题策划时,选题策划人应该做到具体问题具体分析,重点把握好以下环节。

1)市场调查

选题策划人在提出选题之后,不能马上开始运作图书选题,还必须经过严格论证,淘汰那些平庸的图书选题,获得真正优秀的图书选题。图书选题论证主要论证两个方面,即图书选题的出版价值和市场价值。因此,图书选题论证不仅要判定图书选题本身的出版价值,而且必须进行深入扎实的市场调查研究,从市场的角度来论证选题的价值,所以说市场调查是图书选题论证的基础。在选题策划的实践中,市场调查主要包括两个内容:①一般性调查,即调查什么图书好卖,读者需要什么样的图书。②可替代产品的调查与分析。出版社在做出选题策划决策之前,必须经过严格的论证程序,不仅需要搜罗、整理主要的竞争产品,还必须深入地比较分析产品、出版社、品牌和营销等因素。目前,出版社的市场调查方式主要有两种:①专业市场调查公司的报告,如专业图书市场研究所的报告,它的报告是基于定量的数据分析,由研究人员撰写而成的。②出版社内部的调查结果,大部分出版社的发行部门也或多或少地承担了调查和反馈方面的工作。选题策划人要善于做市场调查,乐于研究读者阅读的需求,成功的选题策划往往来自对图书市场的正确调查和分析。

2)信函调查

为了避免因图书选题不当而造成重大损失,必须做好选题策划的论证工作,而信函调查就是一种选题策划的重要论证方式。在信函调查之前,必须认真分析图书选题的目标市场,确定读者人群,粗略掌握市场的需求量。选题策划人在确定信函调查的目标之后,可以采取各种信函调查方式,例如给高等院校或培训中心相关专业或者相关学科的专家学者和一线教师发送信函或电子邮件等,通过这些方式对图书选题的市场范围、读者对象、课程设置以及同类教材的优势和劣势等进行调查,并在此基础上进行科学的统计分析和比较研究,从而科学地评价图书选题的可行性。

3)专家论证

选题策划人在提出图书的选题策划方案后,还可聘请社外专家进行审查,请专家们公正而客观地评价该选题的科学性、教育性、独特性及学术上的价值等。从更长远的角度来说,选题策划人想要了解图书市场,不仅需要观察目前图书市场上有什么畅销的好书,哪个出版社出了什么畅销的好书、印了多少版、印刷了多少册,更需要了解这些畅销书为什么好销,这些畅销书的读者主要是哪些人群,这些畅销书的销售动态如何,这些畅销书的今后走向怎样,从而使图书的选题策划具有准确、可靠、科学的基础。

4)选题论证会

选题策划人要科学合理地论证图书的选题策划方案,需要充分发挥国内高等学校的学科优势和专家优势,以及国外相关专家的优势,采取座谈会的形式,研讨和论证选题策划人的选题策划方案。因为国内外专家具有丰富而宝贵的教学科研经验,熟练地掌握着本学科在教育、教学科研等方面的信息,他们能够站在学科发展前沿的高度来审视图书选题,因此能够对出版社或者图书公司的图书选题提出中肯的建议。集众家之长,取专家之精,会收到较好的效果。例如,北京大学出版社和高等教育出版社关于 21 世纪法学核心教材的选题,就是在对全国法学教育教材市场进行调查研究,与教育部法学教育培训中心合作,在论证会上由全国法学专家进行充分讨论的基础上确定的。

3.2.4　制定可行方案,实现图书选题

选题策划人确定图书选题的创新构想之后,就需要制定选题策划的初步方案,并着手联系作者并与作者沟通,从而实现图书选题。

3.2.4.1　制定可行方案

一般说来,一个可行性较强的选题策划方案的具体内容应当包括以下几个部分:

(1)图书的名称。选题策划人在确定图书的名称时,必须注意图书的名称应当简单明确、立意新颖,尽量避免一般化,并且要做到名副其实。

(2)图书的内容概要。选题策划人在考虑图书的内容概要时,应当建议作者注意作品内容必须突出该图书选题的知识含量和创新之处,并对图书的字数有个大概的估计。

(3)图书的作者。选题策划人提出好的图书选题构想之后,还必须进行组稿,即寻找和联系高素质的作者,完成图书写作任务。在选题策划的实践过程中,不同类型的图书选题需要适配不同类型的作者队伍。例如,对于理论性较

强的学术著作,联系名家执笔,图书的影响范围自然就会大得多;但对于实用性较强的应用型著作,如果由高层次的理论研究者担任作者,成功的可能性不一定就必然很高,因为普及读物的作者不仅需要具备相关的理论素养,还必须具备较强的实务能力,能够向读者通俗易懂地介绍相关理论和实践知识。

(4)图书的读者对象。实践调查结果表明,不同层次或者不同类型的读者对同一图书选题的内容在需求上是不一样的。因此,选题策划人在进行选题策划之初,就应当明确读者定位,这不仅关系到图书内容的设计,更重要的是关系到对市场需求的把握。出版社或者图书公司只有明确了读者群,才可以预先估计图书初版的印数。

(5)费用分析。选题策划人在进行图书的选题策划时,应当准确预测图书编辑和出版的费用,列表说明实现图书选题所需各项费用的细目及依据,分析该图书选题可能获得的利润,并做出初步估计。选题策划人要做出正确的费用分析,需要本着负责的态度,收集和整合已掌握的各种相关信息,参考同类图书的出版情况及市场反应,提高选题策划方案的可信度。

(6)其他事项。除了上述选题策划的具体内容外,选题策划人还应当考虑其他相关事项,包括选题策划人对图书的装帧设计、出版时间、发行情况等方面提出的各种建议,以及完成该选题已具备的条件、尚需解决的问题等。

3.2.4.2 沟通作者,实现选题

在出版社或者图书公司通过图书选题之后,选题策划人就可以开始进行组稿工作,即与作者进行联系和沟通,组织作者撰写书稿并完成图书的写作任务。图书的编辑出版实践表明,选题策划人与作者之间的关系是一种相辅相成的关系,或者说是一种共生关系。选题策划人应当真诚地对待他的作者,善待他的作者,要在作者遇到困难或者处于逆境时支持他们,激发他们的潜力。这需要选题策划人做好以下几个方面的工作:

(1)建立一支高素质、高水平的作者队伍。读者在选择图书时,作者的知名度或者作者的品牌是一个很重要的影响因素。一个好的图书选题,如果没有好的作者,也难以成为好的图书。因而可以说,作者是出版社的"衣食父母"。

(2)慧眼识珠,一视同仁。选题策划人要具备"踏破铁鞋"和一视同仁的精神,尽最大努力找到最理想、最满意的作者。因此,选题策划人必须遵循一条重

要的工作方针,即团结和依靠老作者,支持和培养新作者。一般说来,老作者知名度高,容易受到重视,而新作者在成长过程中,其处女作很难得到出版机会,只有通过编辑的慧眼,才有可能走上成功的道路。选题策划人在选定作者后,还需要不断地进行沟通,使自己的意图能够让作者充分领会,尤其是在作者动笔前,要让作者知晓选题意向、总体设想、篇章结构,乃至语言表达、读者对象等方面的要求。因为作者只有充分了解和领会选题策划人的意图之后,才能将选题策划人的创造性意图融入自己的创造性写作中去。

(3)真诚对待,建立经常联系。在选题策划的实践中,选题策划人与作者之间应该保持经常的交往和真诚的友谊。一个热情、富有理解力和乐于助人的选题策划人自然会受到作者的青睐和信任,这对选题策划人大有裨益。或者说,如果能够与高产作者保持长期的合作关系,选题策划人就能从中获得工作的乐趣,提高工作效率,出版更多更好的图书。

3.3 选题策划的组织

图书的选题策划向来是出版社或者图书公司的重要工作内容,它对图书编辑出版过程和图书营销效果具有重要影响。策划能力本质上是出版理念的问题。如果没有出版理念,一个社的书、一个部门的书、一个编辑的书往往是在一个大门类中的杂乱堆积。出版理念是图书的灵魂,它讲清了书的内在价值,并把书串联起来。例如,21 世纪初中国的高等教育进行了两个重大变革,即高等学校本科专业目录调整和高等学校管理体制及布局结构调整。一方面,随着专业的合并及专业面拓宽,原有老专业的教材明显不能适应新专业的教学要求;另一方面,调整后高校规模不断扩大,招生人数增加,对教材的需求随之激增。因此,高校的教材建设成为燃眉之急,关于高等学校各种类型教材的选题策划成为各类出版社的重中之重。各出版社要生存,就必须转变观念,适应市场机制,主动策划和组织相关选题。

3.3.1 选题策划的成功组织是图书品牌的保证

日本著名作曲家久石让说:"演奏音乐时,究竟想要传达什么信息比传达技巧的好坏更重要。"同理,图书选题策划不仅要向人们传达有用的信息,而且选题策划人在进行图书选题策划时必须保证有效信息的传达。从选题策划的整个流程来说,图书书稿的加工制作过程涉及一个重要的技术问题,即怎样出书的问题。而选题策划的组织问题,即出什么书的问题,决定着选题策划的成功与否。在图书的选题策划过程中,追问和思考的就是"出什么书"的问题。图书能否成为畅销书,关键在于选题策划人的加工和组织水平,即要通过选题策划人的组织来提升图书的品质,保证图书对读者的吸引力。例如,历史理论类图书很难引起多数读者的兴趣,这就需要选题策划人具有坚实的学科知识背景和丰富的书稿组织经验,因为这类图书通常会涉及大量历史文献,图书想要成为品牌,需要选题策划人仔细校核史实、历史年代及引文等内容。

在 21 世纪的今天,图书的出版周期变得越来越短,图书的出版数量一年比一年增多,有些选题策划人往往急功近利,片面追求经济效益,只注重书稿的表面处理工作,仅对图书稿件的标题层次、文字、标点、注释及参考书目的著录格式进行修改。其最后结果是,在编辑加工制作出版的整个过程中,选题策划人自始至终都没有完整地阅读过书稿的内容,因而无法针对稿件中的具体内容提出建设性的修改意见。诚然,"文责自负"这块挡箭牌可能是部分选题策划人的借口,但这并不能掩盖其不职业的行为。实际上,"仁者见仁,智者见智",作者需要全权负责的是其学术观点,而作者的主要观点是书稿的核心内容。虽然选题策划人不能擅自修改作者的观点,但在不颠覆作者学术观点的前提下,选题策划人不仅应当进行规范化和表面上的纠错处理,更应该积极思考,全面提升图书稿件的质量和品质。

根据多年来的选题策划和编辑工作经验,我们逐渐认识到选题策划人在选题策划流程中的作用就好像电影导演对影片的指导作用一样。一方面,选题策划人应当是图书稿件的第一读者。如果想对作者的书稿提出建设性的修改意见,帮助作者全面修订和完善书稿,选题策划人就必须反复阅读作者的书稿,要由表入里、由浅入深,多遍加工,精雕细琢,改出精品。另一方面,选题策划人需要对图书进行整体的定位,明确图书的内容和装帧形式。总而言之,选题策划人只有通读图书全稿,准确地表达出自己在封面、装帧设计和印制等方面的建议,群策群力,精益求精,才能使图书的内容和形式配合得天衣无缝、完美无缺。

3.3.2　做好选题策划的整体设计工作

选题策划人应当做好选题策划的整体设计工作,目的是带给读者以阅读的享受。众所周知,图书内容是图书的灵魂,图书内容的好坏决定了选题策划工作的成败。一般说来,选题策划工作的整体设计就是图书内容的视觉表达。诚然,一本内容平庸的书并不能因为优良的设计而成为经典,但好的整体设计却能够引发读者的阅读兴趣,甚至可以在销售过程中吸引读者的注意力。因为优良的整体设计可以反映出选题策划人精益求精的工作态度,能够反映出作者新颖奇特的创作思路,能够让读者享受阅读过程,从而打动读者并引发读者的购买行为。在一定程度上讲,图书的有些设计看起来好像是一些细节问题,或者好像都是一些无关全局的小问题,但这些细节或者小问题却不容忽视。例如,图片的修饰、纸张的选择、版面构图的推敲、印刷工艺的选择、字体字号的确定以及不同字体间的协调搭配等,都必须精心考虑、整体设计、充分协调,因为在这些细节上的出奇制胜可以在不经意间牢牢抓住读者的心。

选题策划人除了精心完善图书的内容和整体设计之外,还应当慎重考虑图书的装帧设计问题。图书的装帧设计虽然是为了给图书锦上添花,但这"花"需要"添"得恰如其分,尤其是历史理论类图书的装帧设计更是如此。与普通图书相比,历史理论类图书显得更加严谨、厚重和沉稳,因此历史理论类图书的封面用色和设计风格必须能够体现出这种气质特征。一般说来,历史理论类图书的篇幅较大、文字较多,有些图书的插图丰富多彩,因此选题策划人在设计历史理论类图书的版式时,需要综合考虑各种因素。例如,选题策划人在设定图书版心的尺寸、设置文字的分栏时,不仅需要考虑到读者的阅读舒适性,还要考虑图书成品的尺寸。尤其是以文字为主、插图不多的理论图书,其版式设计必须采用适当留白、化整为零的手法,这样不仅能够破除版面的拥塞之感,使读者在阅读时产生良好的节奏感,更能给阅读过程中的读者提供思考与回想的时间与空间。

有人说,当今社会的文化是一种快餐文化,在阅读习惯上,人们已经进入了一个读图时代。诚然,图片具有文字不可比拟的优势,因为图片更容易吸引人的眼球,图片的内涵也更容易被读者所感知,如历史理论类图书插图的精美程度就能够彰显图书制作水平的高低。在国外图书市场中,各国出版社或者图书公司都非常重视图书的图片效果。它们为了保证图片的品质,大多聘请专业摄影师拍摄图片,或请专业人员绘图。所以,国外的品牌图书不仅在内容上具有较强的吸引力,还能够使图书的版式格外精美,做到图书的内容和版式方面的完美结合,这些都会经常让参加国外大型书展的选题策划人感到惊讶和意外。目前,我国在版权保护方面相对落后,人们的文化消费水平也相对不高,我国的图书定价远远低于国外,所以采用国外的做法可能很难做到收支平衡。但是,我们应当在现有条件下尽可能地选择效果更好的图片,更加细致地处理图片。

3.3.3　做好选题策划的宣传推广工作

选题策划的宣传推广工作是实现图书传播效果的关键步骤,也是出版社应当专心设计和全力推进的工作。因为图书是否畅销直接决定了图书能否获得较大的经济效益,而图书的经济效益是出版社或者图书公司生存和发展的一个重要影响因素,这又取决于是否做了准备充分的宣传推广工作。

在选题策划的整个流程中,图书的市场销售是一个非常重要的环节。一般来说,在图书的印装过程结束时,选题策划人的工作就已经完成了大半部分,但这时图书还没有进入市场销售环节。在图书市场中,图书的营销发行是最终实现图书传播效果的关键一环。选题策划人本身应该具有较丰富的学科知识背景,因此从选题策划阶段起,就应当开始全盘思考图书的定位,配合发行人员针对不同图书的市场定位,制定完备的营销方案。特别需要注意的是,选题策划人在策划不属于畅销书的图书选题时,必须恰当地设计宣传推介方案,以此扩大图书的影响力。以中南大学出版社策划的《诗话桥》为例,该书主要通过介绍中外经典电影中的桥,科普中国古桥的发展历史和建筑技艺,提炼古典诗词中桥意象的审美价值,带读者欣赏古桥建筑的美学风貌与艺术价值,品读古典诗词中桥意象的精神意蕴,厚植文化自信,获得"更基本、更深沉、更持久"的力量。该书本属于对桥进行的文学与工学的交叉研究文化科普图书,不是那么大众,但选题策划人利用新颖的视角,着重推出宣传推广方案,采用新书首发仪式配合讲座,再加上网络、报纸、期刊上的书评和内容介绍等多种模式并行的营销宣传方案,在图书出版之后的较短时间内大大提升了读者对此书的认知度,很好地带动了图书的销售,这一宣传推广工作获得了出奇制胜的效果。从长远目标来说,无论是在图书的选题组稿、设计制作环节,还是在图书的营销宣传环节,出版社做出的一切努力,都是为使策划的图书成为畅销书,从而能够真正地展现经久不衰的学术魅力。

3.3.4　做好选题策划的管理工作

现代管理学理论认为,现代企业最基本、最主要的职能是财务会计、技术、生产运营、市场营销和人力资源管理。这些最主要的职能都或多或少地涉及运营管理,即对运营过程的计划、组织、实施和控制。从选题策划的整个流程来看,运营管理是与图书选题、编辑出版、印刷和营销服务密切相关的各项管理工作的总称。对于出版社或者图书公司来说,运营管理是现代企业经营活动的重要环节,而对选题策划的管理则是运营管理的基础,是出版社或者图书公司经营管理的重中之重,是整个图书编辑出版活动的出发点,也是创造社会效益和经济效益的出发点,它主要包括以下几个方面。

3.3.4.1　选题策划的立体化管理

随着数字出版技术的迅猛发展,图书的形态已经大大改变,出版社要根据媒介体系和出版环境的变化,调整图书的选题策划战略,而不能单纯考虑纸质图书这种介质形式。在计算机技术日新月异的网络时代,出版社或者图书公司应当重视图文音画的有机整合,应当充分运用多媒体编辑手段,更应当进行跨媒体策划。因此,所谓选题策划的立体化管理就是出版社或者图书公司根据自身优势,重视图书选题的深度发掘和优化配置,从而使本出版社或者公司形成一个系列化的图书选题结构,推出许多板块化的图书出版品种,并通过不断的积累,形成一个连贯性较强的选题策划体制,使本出版社或者图书公司的图书选题形成一种浑然天成的立体感,从而满足不同层次读者的文化需求。

在图书出版实践中,选题策划的立体化管理强调创意和品牌。一个出版社或者图书公司要想做到经营有方,必须根据自己的专业优势来策划图书选题,使本出版社或者图书公司具备"人无我有""人有我优"的特色,并集中全力实现该图书选题的出版,这样的图书才能脱颖而出并成为畅销书。出版社或者图书公司有较强的市场竞争力,才能在图书市场中占有一席之地。而出版核心竞争力的外在表现是市场抢占能力,品牌竞争力是出版社市场竞争力的突出表现。因此,树立品牌意识、强化图书品牌建设是出版社或者图书公司选题策划的方向,而适应市场需求的精品图书和品牌图书是出版社或者图书公司参与图书市场竞争的制胜砝码。

在出版社或者图书公司对于选题策划的立体化管理中,创意和品牌是重中之重。有了创意和品牌之后,再以品牌图书为中心,才能向其他领域拓展,最后形成一种立体化的选题策划走势。一般说来,图书品牌管理包含两层含义:一是出版社或者图书公司必须策划重点图书,从而提升图书的品牌效应,获得良好的社会效益和经济效益;二是出版社或者图书公司需要策划符合其原有品牌风格的图书,不断巩固和强化品牌的影响力。图书品牌管理的目的是出版社或者图书公司梳理自己的图书选题,明确自己的特色,并成规模地出版某一领域的图书,从而引发轰动的品牌效应。为了达到这一目的,出版社或者图书公司必须采用立体化的方式管理自己的图书品牌,利用多种媒介强化读者对图书品牌的认同度,并通过图书品牌的辐射性影响,在多种选题领域和出版形式中强化自己的图书品牌优势,从而提升出版社或者图书公司的整体经营水平。

3.3.4.2　选题策划的信息化管理

在各种信息纷繁复杂的今天,出版社必须重视选题策划的信息化管理。从某种意义上说,图书的选题策划过程是一个思维不断创新的过程,需要整合与交融各种信息,从而达到良好效果。因此,选题策划的信息化管理包含两方面的含义:①在图书的选题策划过程中,需要充分利用多种信息化技术,拓宽图书选题思路,有针对性地筛选出有价值的信息,提高选题策划的工作效率。②从图书的选题申报、论证到审批、实施,都必须运用信息化手段对图书的选题策划进行系统性的管理,从而做到信息整合和信息共享,科学地统筹规划图书的选题策划。在选题策划的实践中,出版社或者图书公司必须建立选题策划的信息化管理机制,并在此基础上逐步建立以选题策划为核心的现代出版体制,减少选题策划管理的中间环节,加快选题策划的实施进程,全面提升出版社的核心竞争力。

3.3.4.3　选题策划的整体化管理

出版社或者图书公司的选题策划应当与其整体经营保持一致,从整体的角度来管理其图书的选题策划流程。出版社或者图书公司在选题策划的这个流程中,要从整体的角度出发策划其所经营的所有图书产品,并对个别的图书品种进行系列的全面策划。在图书的编辑出版实践中,选题策划的整体化管理包括源头管理和后续管理。选题策划的源头管理是指选题策划人在图书市场调查和收集整理信息过程中进行的优化管理;而选题策划的后续管理则是在确定图书的选题之后进行的一系列管理工作,如编辑出版、市场销售、营销推广等工作。在选题策划的整个流程中,出版社或者图书公司应当采用科学合理的多种形式,组织选题策划人和图书出版主要职能部门的相关人员,集思广益,分工合作,发挥团队优势,创造经济效益和社会效益。从实质意义上来说,选题策划的整体化管理就是建立科学合理的图书选题评价机制和图书选题决策体制,在市场调研的基础上,从年度选题到长期规划,从单本书到系列书的开发,从学术专著到教材教辅,从一般选题到重点选题,从整体运营角度提出出版社或者图书公司的选题策划实施方案。从出版社的层面来看,选题策划的整体化管理可以整合自身的各种资源,有效地避免选题策划的个体管理存在的局限性和狭隘性。事实上,选题策划的整体化管理既有利于集中和优化选题,有利于提高图书的质量和品质,也有利于提高选题策划人队伍的整体水平,为促进出版社的健康发展提供强大的凝聚力。

3.3.4.4　选题策划的成本化管理

从经济效益的角度出发,出版社或者图书公司的成本管理是经营管理的关键环节。因此,抓住了图书编辑和出版的成本,也就抓住了成本控制的核心。在图书市场中,高质量的图书选题能够带来较好的经济效益和社会效益,选题策划的成本管理是最重要的图书成本管理,所以出版社或者图书公司必须加强选题策划的成本管理。在现代出版产业的飞速发展过程中,图书市场中的竞争越来越激烈,出版社或者图书公司要想在图书市场中占有一席之地,应当在图书编辑出版发行的整个过程中贯穿图书的选题策划意图。这个过程不仅包括图书出版印制前的选题策划,还包括编辑加工、校对、印制、发行、图书宣传、市场回馈等环节。因此,出版社或者图书公司在图书编辑出版的整个流程中应当注重选题策划的成本化管理。首先,选题策划人在进行选题策划时应当具有战略眼光和成本意识,有意识地研究市场的潜在需要,了解读者的潜在需要,从而掌握最佳的出书时机,一举占领图书市场。选题策划的成本化管理不仅可以降低出版社的固定成本,更能使出版的图书适销对路,从而降低库存成本。其次,现代社会的图书出版是一个系统工程,一个图书的选题策划方案要达到优秀的水准,必须要有与之相辅相成的营销方案。因此,出版社或者图书公司在选题策划阶段进行选题策划管理时,必须紧密结合后期的市场营销管理,并从经济成本的角度充分考虑宣传营销计划。例如,读者阅读时最喜欢、最易于接受的图书开本和篇幅,图书适宜的面世时机,最适合营销推广的包装形式和设计等,都需要选题策划人在成本化管理方面进行思考。总而言之,出版社或者图书公司如果在图书的选题策划阶段做好成本管理,就能为后期的图书出版工作打好基础,从而有效地精简图书的编辑出版流程,降低图书的市场营销和推广成本。

3.3.4.5 选题策划的动态管理

在图书出版的市场实践中,出版社或者图书公司应当重视选题策划的动态管理,因为其选题库的规模通常比较庞大。一般来说,图书选题经过论证之后,出版社都会明确图书选题的交稿时间和出版时间,这种时间上的要求是为了适应选题策划的动态管理。因此,出版社或者图书公司应当从以下两个方面实施选题策划的动态管理:①重视图书的生命周期。在选题策划的实施过程中,出版社或者图书公司在策划出版、营销和推广等活动时,应当遵循图书的生命周期规律,从而更好地实现图书的经济效益和社会效益。②关注市场反馈信息。选题策划人在选题策划的实施过程中,应当密切关注和跟踪市场的反馈信息,并根据市场情况的变化及时调整图书选题,自始至终动态地完善选题策划的整体方案。因此,出版社或者图书公司在实施选题策划的动态管理过程中,应当规定不同类型图书选题的交稿、发稿和出版的有效期限。例如,教材教辅的有效期限必须符合学校的课程设置和使用时间,考试用书的有效期限必须参考考试大纲的修订情况和考试日期等。同时,出版社或者图书公司必须定期清理过期的选题,因为在选题策划的整个流程中,图书的选题状况会随着读者和市场需求的变化而不断发生变化,有些图书选题会失去出版价值,有些选题则需要适当增加新的内容。选题策划人要与作者进行充分沟通,确认图书选题是否具有出版价值,充分考虑不同专业领域图书选题的特点,制定行之有效的图书选题清理方案,最后多部门协同论证,审核图书选题的出版价值,从而保证图书选题的质量。

总而言之,选题策划的管理是出版社或者图书公司在出版运营管理工作中的一项系统性工程。图书市场的长期实践表明,成功的选题策划管理是集体智慧的结晶。因此,出版社或者图书公司要科学合理地管理图书的选题策划工作,有效安排和协调出版社或者图书公司的各项工作,从而促进出版社或者图书公司的成本控制工作,提升出版社或者图书公司的市场意识、营销观念和品牌形象,最终使出版社或者图书公司在风云变幻的图书市场中立于不败之地。

第4章

选题策划中的定位策略

21世纪是一个"定位的时代"。出版产业作为典型的内容产业更是需要定位,大到出版方向,小到图书定价等都需要精准的定位。出版单位的领导层一定要很清楚一段时期内本单位的"专业定位、专业目标、出版理念、细分市场",同时要让全单位上下也清楚,并使专业定位和专业目标处于与时俱进、完善创新的状态。当前,我国的图书品种每年都呈递增状态,同类同质产品很多,跟风现象盛行,各出版社为了增强竞争力,开始越来越重视选题策划中的定位意识。在出版的定位意识中,垂直化是其核心,专业化是其内涵,市场化是其目标。出版定位是由出版社内在的人力、财力、物力等要素资源的稀缺性决定的,也是由外在的细分市场和用户服务需求决定的。一般来说,以市场为导向的选题策划必须把握好两个关键定位——市场定位和读者定位。

4.1 选题策划中的市场定位和读者定位概述

4.1.1 市场定位的界定

图书的市场定位也叫图书的营销定位,顾名思义,是策划编辑在图书市场中的读者和潜在读者的心目中塑造图书、品牌或组织的形象或个性的营销技术。一般说来,一种图书的定位是指潜在的购买者如何看待该种图书,即某种图书产品在图书市场中所处的位置。显然,"定位"与竞争者的"位置"相关。1969年,杰克·特鲁特在《产业市场营销》杂志上发表了他的文章《"定位"是人们在当今人人参与的市场所进行的一场博弈》,该文中提出了"定位"的概念。一方面,品牌图书或者畅销图书具有经济效益和社会效益上的双重出版价值,反映了社会实践的最新动态,代表了社会生产力的进步,必将促进社会的发展,图书出版机构作为传播精神文明的阵地与窗口,对宣传这些成果负有不可推卸的责任;另一方面,与一般的图书相比,品牌图书或者畅销图书因为具有较高的社会价值和较高的知识"含金量",有可能成为图书出版机构的经济增长点,因此也值得图书出版机构投入资本,使其在出版市场中占有一席之地。出版单位要明确具体的出版门类,找准市场定位,集中优势资源,集中关注力,将有限、稀缺的资源投入自己擅长的出版领域。

4.1.2　读者定位的界定

读者是图书产品的消费者。图书出版机构要想找准读者定位,其首要前提是策划编辑要事先进行充分的市场调研,仔细分析和研究调查数据,从而明确读者群的位置和数量。这就要求策划编辑在进行某类图书的选题策划时,做到心中有数,即该类图书出版后的主要关心者是谁,读者大概有多少,应当如何扩大读者的范围? 这样,在图书的出版过程中才能有的放矢。然后,选题策划编辑可以采用发散性思维,寻找边缘读者,挖掘潜在读者。目前,图书市场竞争日益激烈,图书的出版状况不容乐观。如何让图书出版实现经济效益和社会效益的双丰收,是每个图书出版机构应该思考和解决的问题。一般说来,想要脱离图书出版的两难处境,应从图书的选题策划这一源头抓起。选题策划的读者定位,就是在调查研究的基础上,细分图书读者,明确图书的使用对象,从而为确定图书的框架和基本内容等提供依据。图书的质量直接关系到图书的营销和社会影响。一部高质量的图书必须明确使用对象,反映社会需求,内容针对性强、适用性好。在图书市场竞争日趋激烈的今天,选题策划的读者定位显得尤为重要,如何更好地满足和回应不同行业、不同层次或不同类型读者的需要,策划出版针对性强的图书,得到社会各行各业人士的认可,这是需要选题策划编辑认真思考的问题。

4.2　选题策划的市场定位

4.2.1　图书市场定位的前提

策划编辑在进行某类图书的选题策划前,一定要确定目标市场,对目标接受人群进行归类分析。例如,在我国,未成年人是一个数量很大的群体,他们是国家和社会的未来力量,是教育行业关注的重点人群,也是图书读者年龄分层的开端。少儿图书市场十分广大,少儿图书在做选题策划时必须重视少儿的知识需求特性。由于少儿读者的世界观、人生观和价值观都还很不成熟,处于被动受教阶段,需要开发他们的综合智力、培养他们的良好习惯、提高他们的基础素质,所以,图书出版单位必须着力策划这方面的选题。更重要的是,少年读者处于人生的黄金时期,精力旺盛、思想活跃、求知欲强。他们除了需要常规的教育图书外,还渴望了解更多的关于社会、人生、艺术、亲情、友情、爱情等方面的知识,需要养成自己的世界观、人生观和价值观。因此,策划编辑在进行选题策划时,需要对少儿读者市场进行细分,确定目标读者,并进一步研究读者市场的分布,分析市场容量,摸清市场特征。只有这样,才能知道打算策划的图书选题有没有市场,市场有多大,竞争有多激烈;才能把握替代市场、竞争市场以及潜在市场;才能根据自身情况选择正确的市场定位,以确保图书选题的成功。

4.2.2 图书市场定位的战略

一个图书出版机构市场营销能力的强弱取决于其识别市场机会能力的强弱,取决于其市场定位战略是否成功。成功的市场定位战略根植于图书产品的可持续竞争优势。在纷繁复杂的图书市场实践中,最常见的图书市场定位战略如下:①以产品特征进行定位;②以收益、需求或者解决方案进行定位;③以使用类别进行定位;④以用途场合进行定位;⑤针对另一个产品进行定位;⑥以通过产品聚类分解进行定位;⑦以文化信号进行定位;等等。

图书出版机构想要制定正确的图书市场定位战略,通常必须考虑以下因素:①图书产品将要参与竞争的市场(相关的购买者是谁);②图书产品的"空间"属性(也称作"维度");③收集客户样本对每种图书产品的相关属性的感知信息;④决定每个图书产品的计划份额;⑤产品的位置、自有图书产品的位置、理想向量的位置是否合适。

4.2.3 图书市场定位的分类

21世纪的国际图书市场展现了显著的时代特性,即图书消费的多元化趋势增强、图书消费总量的增长和图书消费群的分层程度提高等。图书市场的这些特性充分反映了当前图书出版业生存环境的复杂与艰难。与其他行业在改革年代的境遇相同,挑战同时带来了机遇,适者生存法则在此同样适用。图书作为文化用品或文化符号,在本质特征之外,还凸显出了商品属性,表现为价格、选题和功能的市场性。图书的市场价值,除以基本内容为核心价值外,还表现在样式、装帧、印刷、装订等方面。同时,信息技术的发展,使图书印刷出版的速度也成了构成图书商业价值的要素之一。例如,党的十八大提出了"中国梦",国内一家出版社在很短时间内就推出了同名的图书。书推出后,不仅社会影响极好,而且市场效益相当可观。图书的消费者是否愿意购买某种样式与内容的图书,最根本的原因在于需求。从出版社的角度来说,一本书或一套丛书能否被消费者所购买,首先取决于其市场定位是否准确。因此,从选题策划开始的图书出版活动,就必须抓住市场定位不放。图书的市场定位主要有以下几种类型。

4.2.3.1　超强定位

图书的超强定位是指依据出版社自身的条件,图书选题可在若干领域进行突破,实行超强发展战略,即进行大手笔、高投入、高速度、高标准、高文化含量和大规模的图书制作,或走多种产品、多种经营的集团式发展道路。超强定位强调的是创造学术制高点、科学制高点、历史性及权威性。要实现这一目标,关键要看出版社的经济实力和组织能力,当然还要解决一个观念问题。超强定位可以形成鲜明的权威性,充分体现高层次理论研究的特点。这一形式的图书一旦问世,将会在国内外形成一个新的社会关注的焦点,并成为具有导向功能的历史性研究成果。超强定位具有鲜明的感召力,可以整体性地推广出版社的形象。由于此类图书的作者群的地位比较高、影响比较大,可在社会产生深层次的影响。然而,图书出版机构想要做好超强定位,必须面对以下问题,即人力物力投入大、资金需求量大、组织作者难度大、选题内容规模大、编校工作量大等,但正是因为能解决这些难题,才有可能实现真正意义上的超强定位,从而成为市场上强有力的竞争者。

4.2.3.2　空隙定位

图书的空隙定位是指针对图书市场中某些大的出版趋势,采取空隙定位战略,构建新的图书系列,从而创造图书出版机构的新的生命力,这也是图书出版机构发展壮大的源泉。有时,市场中的图书选题可能会达到饱和状态,增大空隙定位的难度。因此,要确立适当的空隙定位方向,选题策划编辑应该做好以下工作:①进行空隙定位前,应该对图书市场进行科学的调查;②对社会文化发展的总体趋势要有比较科学的把握;③对选题的整体布局要有一个中长期的结构性构建;④对图书消费群体的文化需求进行调查;⑤要进行超前的研究,获得超前的认识。

空隙定位还需对图书市场进行科学分类。目前民营的文化工作室或文化公司在空隙定位上要比国有出版机构更具特色,也更下工夫,因而其策划的选题更有市场前景。图书出版机构必须考虑自己的整体特色与形象定位,而这往往是由图书出版机构出版的图书决定的,它体现在编校印刷质量、装帧设计、图书包装、广告宣传、图书销售活动等方面。这些是图书出版机构占领图书市场、获得图书消费者认可的直接形式。

4.2.3.3 设计定位

俗话说"人靠衣装,马靠鞍",因此,图书设计可以成为图书出版时的神来之笔。不同读者群体对图书的需求具有不同的特点,选题策划编辑在进行选题策划时,必须考虑各类图书的整体设计这一关键因素。从一个图书选题创意被采纳,到图书市场调研的数据收集,选题策划编辑必须考虑的因素中少不了图书的形式,也就是设计理念的构想。一本书的封面设计、内文排版、采用的工艺、图片的运用、开本的选择、印张的计算等,都要"向读者靠拢"。例如,青少年天真烂漫的个性使得他们比较关注那些色彩艳丽、形式奇特、造型富有新意的读物,图书设计能否得到孩子们第一眼的青睐,直接关系到图书的价值是否能够实现,因此图书的设计是决定选题策划成功与否的关键因素。所以说,各类图书的内容是关键,但图书的第一印象也很重要,不仅要雪中送炭,还要锦上添花。

图书的装帧设计不但要符合并且引领读者的口味,更要成为反映图书质量的风向标,可以吸引读者,给读者留下固定的印象,这样下次购买时就能轻而易举地辨别出同一类型的图书,从而帮助读者完成自主购书。因此,图书的装帧设计有助于丰富各类图书选题,顺利实现选题策划的目的,满足不同读者的需求。大量的图书出版实践表明，要做好图书的设计定位工作，必须多角度多方位地进行图书选题的全程策划工作。例如，中南大学出版社策划出版的"儿童能读懂的"系列包括《儿童能读懂的"一带一路"》《儿童能读懂的"人类命运共同体"》《儿童能读懂的"乡村振兴"》等图书，把儿童益智书这个种类的图书做成了典型，给小读者带来了视觉、触觉上的第一波冲击。这些都是使书籍锦上添花的创意设计，是经过市场考验的优秀作品形式。

4.2.3.4　品牌定位

21 世纪是全人类的信息时代，而品牌就是这个时代最有价值的标签之一。品牌图书的出版不仅是出版社实力的象征，而且是出版社软实力和硬实力的"形象代言人"，对塑造和展示出版社的竞争力和外在形象具有非常重要的意义。因此，图书出版机构必须把高端图书的选题策划确定为本单位的重要任务。虽然畅销是品牌图书的必要条件，但畅销书并非都能成为品牌图书。而畅销书只有成为具备品牌特色的精品书，才能具有长期的生命力，使得畅销和品牌相得益彰。可以说，品牌图书是出版社最重要的财富资源。例如，童趣出版有限公司与广州原创动力文化传播有限公司合力打造的"喜羊羊与灰太狼"系列品牌丛书，是由同期热播的同名动画片衍生出来的，之后出版社获得了这个品牌的图书出版权，并在低幼启蒙、少儿手工、游戏益智、少儿卡通、少儿文学等方面创作出了许多适合不同阅读特点、不同年龄段的少儿读者需求的图书作品。知名度很高的开卷数据在网上给出了这一策略取得成功的丰富证据。虽然，在这部动画热播过后，"喜羊羊与灰太狼"品牌的系列读物创造的效益有所下滑，但是在其他种类方面，如早教认知类、游戏益智类图书的销售方面，"喜羊羊与灰太狼"品牌仍占据着畅销榜单的首要位置。又如，"赛尔号"和"摩尔庄园"系列在青少年读物市场的多个细分领域里斩获颇丰。可以说，这些鲜活的实例都体现出了出版经营者品牌推广营销思路的重要性，在同一品牌下开发多个子系列，朝着各自的方向不断延伸，不仅可以将产品线构建得更加立体饱满，同时也能进一步提升品牌在业界的创新能力和自我营销方面的知名度。

在儿童图书畅销榜的榜单中，有时还会有这样一种情况，即少儿社策划的少儿图书一旦依托有整体规划思路的品牌，就会长期占据畅销榜。例如，浙江少年儿童出版社的"冒险小虎队"系列、童趣出版有限公司的"喜羊羊与灰太狼"

系列,都是专业的少儿出版社策划的经典畅销品牌。少儿图书品牌有自己的特性,对品牌的诚信度要求很高,相应的品牌稳定性也就表现得很高,一个品牌一旦建立起来,其持久力就会很长久。

4.2.3.5 营销定位

选题策划最重要的目的就是充分发挥一本图书的使用价值,其最重要的手段就是促使该图书进行价值增值,而想要完成这种增值活动就需要进行营销定位。因此,在图书市场实践中,要进行科学合理的图书营销定位,就要按照受众和目标细分的具体情况,从渠道管理开始做起,整合、拓展渠道,对受众进行营销引导,向受众进行品牌宣传,促使图书产品在商品交换过程中实现价值。所以,图书出版机构在进行各类图书的选题策划过程中,应当注意运用到位的图书营销手段把控全局,最终完成选题策划所要达到的目标,这就要求图书出版机构做好以下工作:

1) 科学地选择图书的营销渠道

图书出版机构要实现图书的经济效益和社会效益,对图书营销渠道的选择非常重要。转企改制之后,受市场和营销渠道变化的影响,出版业的整体发展开始出现集团化和集约化趋势。在此期间,各地销售图书的商城、购物中心、图书经销包销批销中心等大型图书发行机构涌现出来,并出现了纷繁复杂的地面渠道和空中渠道,如新华书店、民间资本经营的书店、机场超市开设的书店、大型图书集团开设的读者分享会、街旁书报亭等图书发行终端。由于这些图书发行终端的出现,出版行业开始呈现新奇异动的特征。但与此同时,出版行业所面临的风险也不可避免,并且开始显现出高风险的趋势。因此,选题策划编辑在开始进行各类图书的选题策划工作时,需要研究整理细分市场特征、受众特征及图书本身的特征,挑选出最好的、最能创造价值的销售渠道和终端,然后整合优质资源,产生最优效益。只有顺利沟通以上各个节点,才能做到以较低的销售成本完成图书产品的最大销售目标。

2) 确保图书营销渠道的畅通

选题策划目标的实现,不仅取决于图书营销渠道的好坏,还取决于图书出版机构能否确保图书营销渠道的畅通。这就要求对图书营销渠道进行严格的监管和实时监控。一般来说,图书营销渠道的提供者通常与多家出版社都有合作关系,负责这些出版社图书营销渠道的拓展。而这些渠道成员不会主动与某一出版社合作并推广其图书产品。特别是有些出版社出版的图书在某些经销商发行的图书类目中居于劣势地位,如果不能采取一些推广营销的手段,就很难使得本社的图书快速、直接地与读者见面。由此可见,出版行业图书营销活动的重中之重,就是对图书营销渠道进行严格监管和监控。因此,图书出版机构在进行图书的选题策划时,必须制定一些相应的、必要的终端管控和渠道激励政策,需要建立起与图书营销渠道相关的资料库,实时监控图书营销渠道的有效性,按照发行商的营销成果给予他们适当的折扣,认真评估渠道参与者的工作并实行奖惩有度,还要定期召开相关发行实体参加的会议并总结沟通发行体验,给予绩效优良的渠道以额外奖励,等等,这些都可以有效地实现图书营销推广工作的任务。

3) 加强图书营销的推广力度

图书出版机构要完成图书选题的全程策划工作,就必须加强图书在营销推广方面的力度。在出版物的选题策划、营销推广过程中,图书营销渠道的作用十分关键。但在某些情况下,图书营销渠道的这种作用并不能直接决定图书的市场表现,只有读者才是决定图书市场表现的关键因素。所以,图书出版机构在图书的营销过程中,必须加强对读者的宣传和引导,从而提高他们对于图书的认知度和认可度。一般来说,图书营销的推广手段包括地面宣传、作者卖场签售、全媒体策划宣传、社交媒介话题营销和经销商活动等。

图书出版机构在选择图书营销渠道时还要考虑各类图书的独特性。例如,我国非教辅类少儿图书的销售受季节的影响非常大。每年的寒暑假、六一儿童节期间,都是这类青少年读物销售的关键时期。在这段时间里,非教辅类少儿图书的销量会大幅增长,但这段时间过后就会出现大幅下滑。由此可见,在图书市场中,除了教辅教材,各类选题策划的时间是十分紧迫的。所以在进行选题策划的前后,出版方、发行方都要做好充分准备,在有限的可控的时间内,针对可能出现的临时情况,安排好流程时间表,并留有余地。对于我国的非教辅类青少年读物来说,如果编辑在选题策划阶段不进行仔细的市场调研,将无法实现出版物的价值和进一步增值。

总而言之,图书的营销定位就是在合适的时间、合适的地点,用合适的方式让读者方便地购买到所需要的图书。①合适的时间。图书市场有其自身规律，不同时间段有不同的销售重点。如：寒暑假期间是销售中小学教材和教辅类图书的最好时间，书店的宣传重点、卖场的布置都要围绕这一主题。其他图书的出版销售档期最好避开这一时间段。各种图书订货会召开时是出版图书的较好时机，既方便集中宣传，也便于书店选购。对于需要造势宣传的单本图书，则应根据图书的读者对象选择出版销售的时机。就像放映电影大片一样，图书出版也需考虑档期。②合适的地点。随着图书市场经营方式趋向集团化和销售渠道多元化，一大批图书中心、书城、图书批销中心等大型图书发行机构，以及个体书店、超市书店、机场书店、车站书店、网上书店、读者俱乐部等图书销售终端涌现出来了，这就需要图书出版机构根据读者对象选择铺货的场所。另外，我国幅员辽阔，各地差异较大，各地的经济发展状况不同，图书的销售特点也会不同。所以，在进行选题策划时，必须综合市场特性、读者特性以及图书自身的特性，选择合适的售卖地点。

4.2.3.6　装帧定位

策划编辑在进行选题策划时，必须考虑的一个重要问题是如何使图书的整体装帧设计符合内容要求，即必须考虑装帧定位问题。策划编辑在确定图书的装帧定位时，应当考虑以下三个问题：

1) 装帧定位要与读者定位相适应

图书出版机构在进行图书的装帧设计时，需要充分考虑读者的审美心理。图书的装帧设计不仅反映了图书的质量层次，而且好的装帧设计还能引发读者选购图书的兴趣或者动力。因此，图书的装帧设计必须适合读者的阅读口味。一般说来，图书的装帧要素主要包括以下几个方面：①意象语言，即切合身份的市场亮相；②开本语言，即破除常规的立体展现；③色彩语言，即视觉冲击的个性张扬；④文字语言，即简洁明了的导购视点；⑤材料语言，即理性选择的亲密触感；⑥工艺语言，即精心物化的品质体验。所以，图书的装帧定位要考虑的根本问题是"适度"：如果装帧设计"过度"，就会给读者产生华而不实的感觉；如果装帧设计"欠度"，就会让读者感受不到美感。因此，选题策划编辑在考虑图书装帧的各种要素时，只有精心选择、合理安排，才能符合读者的心理需求、行为习惯和兴趣爱好，才能体现读者的层次特征。

2）装帧定位要考虑读者的购买力

图书出版机构在确定图书的装帧定位时，要考虑读者购买图书时的价格弹性。即选题策划人在选择装帧形式时，要考虑读者可接受的价格，由此确定图书的开本、装订方式、纸张材料和印制工艺等。在图书的市场实践中，图书出版机构必须根据图书的价格弹性为图书的整体装帧形式进行定位，这一点非常重要，任何过度的装帧都是一种浪费。例如，在确定了图书定价后，图书出版机构就可以用不同的开本、版心尺寸、插图、纸张的克重等来调整图书的厚度；采用不同的封面工艺、装订方式、环衬用料等体现图书的档次，让读者感到物有所值。同时，在采用这些工艺的同时，图书出版机构还必须考虑性价比，让读者在比较中，发现某类图书的优势。只有这样，读者在购买时才会有买得称心的感受。

3）装帧定位要适应图书的内容

图书出版机构在确定图书的装帧定位时，还必须考虑的一个重要问题是图书的装帧材料一定要适应图书的内容。通常情况下，图书的装帧材料及装帧工艺成本约占图书码洋的 20%，选择稍有不慎，将直接导致图书毛利的减少。所以，一定要针对具体图书选择合适材料、使用有效工艺，从而达到较高的性价比。其中，正文用纸是最重要的一块：经管类图书通常可用书写纸、胶版纸；消遣类图书可用胶版纸、轻型纸；有保存价值的图书、礼品书可用高档的纯木浆胶版纸；有创意的、标新立异的图书可用带色的特制纸等。此外，还可以采用不同的辅助材料降低正文纸的用量，如插入其他品种的纸，或改变印刷工艺，通过比较选择可以降低成本的材料和工艺。

4.2.3.7　作者定位

图书出版机构要出版一本符合市场需求的图书，就必须重视图书的作者定位。一般说来，一个合适的作者必须具备以下特点：

1）良好的市场观念

图书出版机构确立作者定位的关键是作者既要有一定的专业理论知识，又要有很好的市场观念，即知道读者想看什么样的书，想获得哪些知识。作者在他自己的专业领域有很好的素养，在写作时，往往考虑的是自己想表达什么，容易忽略了读者的需求。写一本理论性很强的图书，对专业作者来说还比较容易,但把一些理论性很强的观点写成通俗读物就比较难了。因此,选题策划编辑在进行图书的选题策划时,一定要与作者进行充分的沟通,就读者定位问题交换意见,针对编写提纲和样章反复进行研究与讨论,确保书稿内容符合图书的读者定位。

2) 恰当的写作方式

在图书的写作和出版过程中,策划编辑必须找到最合适写作某本具体图书的作者,这是一件高难度的工作。一般而言,最专业、最权威的作者不一定就是最好的作者,最合适的作者才是选题策划编辑要寻找的最好作者。例如,央视《百家讲坛》推出了一系列讲座——刘心武解密红楼、纪连海讲清宫秘史、易中天品读三国,由《百家讲坛》衍生出来的一系列图书先后畅销市场。图书市场的实践证明,这些书的作者不一定是最专业、最权威的,但其写作方式却是最合适的。

3) 如何寻找合适的作者

策划编辑确定了图书选题后,就必须重点考虑怎样寻找合适的作者,因为这很可能决定着一本图书的成败。一般说来,策划编辑可以通过以下途径寻找合适的作者:①利用作者资源库。在已经合作过或拟合作的作者中寻找合适的作者,他们最好在该学科领域有一定的造诣。选题策划编辑应当与作者交换选题思路,并在以后的写作过程中全程进行监督。②参加学术活动。积极参加有关的学术会议等活动,以此结识合适的作者,并建立合作关系。③关注学术研究动态。查阅学术期刊及学位论文,关注学术研究的动态、前沿,挖掘有潜力的作者。④借助媒体渠道。可以通过在网站上发布征稿启事等手段,在回应者中挑选合适的作者。通过这些途径,基本可以找到合适的作者。策划编辑找到合适的作者只是第一步,接下来必须指导和督促作者完成书稿的写作。在作者的写作过程中,策划编辑应该明确思想,始终不背离选题初衷,与作者保持密切联系,如告诉作者图书的写作目的,与作者商议、确定图书的写作风格,与作者定期交流,协助其解决困难,按照图书选题的设想修改、完善书稿等。

4.2.3.8 价格定位

图书出版机构在确定图书的市场定位时,还有一个必须考虑的问题,即价格定位问题,该问题直接影响着图书的销售,决定着图书出版机构能否实现经济效益目标。随着我国经济体制改革的深入,各大出版社早已是自收自支、自负盈亏的经营性单位。在这种大环境下,出版社要生存发展,就必须获取一定的经济效益。而图书的低价位很容易使出版社的经济效益降低乃至亏本,长此以往,出版社就难以承受,有好心也无力办好事。因此,出版社追求的最佳境界是既保持图书的低价位,又获得较好的经济效益。

例如,大众科技类图书的销售对象是身处城乡基层的中低收入读者,他们的购买力较差,因此大众科技类图书的定价必须注重价廉性,使广大的低收入读者负担得起。从理论和实践的角度来看,做到"四多四少"是通向这一最佳境界的路径:①多出小薄本,少出大部头。如读者购买大众科技类图书是为了学习掌握其中的知识和技术,重在实用,不是搞理论研究,因此要坚决挤掉书稿中的"水分",留下精练、管用的"干货"。②多出系列单行本,不出那种"大全"式的图书。例如,农民家庭种植、养殖类图书,要多出专一性的小册子,不出种植或养殖"大全"。③多出平装书、简装本,少出精装本、豪华本。平装书、简装本本子薄、内容实,价格自然就低了。④多种措施降成本,少些"泡冒滴漏"。出版社要加强核算,努力降低成本,在排版、用纸、印刷、装订等各个环节遴选价低质优的厂家。同时,出版社要加强财务监督和自律,不吃纸厂、印刷厂、装订厂等业务合作伙伴的回扣,否则,"羊毛出在羊身上",吃回扣的结果必然是成本的直接上升,还有可能触犯法律法规。

4.3　选题策划的读者定位

选题策划的读者定位,就是在调查研究的基础上,细分图书的读者,明确图书的使用对象,从而为确定图书的框架和基本内容等提供依据。图书是文化传播的主要工具,图书的质量直接决定了读者的接受程度。一般说来,一本高质量图书的使用对象明确,内容针对性强、适用性好,能够及时回应读者的需求。在图书市场竞争日趋激烈的今天,选题策划中读者定位显得尤为重要。如何更好地满足和适应不同专业、不同层次或不同类型读者的需要,策划出版针对性强的图书,得到各种类型读者的认可,这是图书出版工作者和选题策划编辑必须认真思考的问题。

4.3.1 读者定位的考量因素

1）图书选题的内容反映社会对个体的素质要求

策划编辑在进行图书的选题策划时，必须抓住时代发展的脉络。近年来，我国国民经济快速发展，改革日益深化，针对企业管理者渴望做强做大的心态，中信出版社策划的《基业长青》《从优秀到卓越》《六西格玛》等图书成了畅销书。在全球化和竞争激烈的市场环境下，企业需要优秀的领导者、强有力的管理团队，因而《沉静的领导》《执行》《细节决定成败》等占据了经管类图书排行榜的前列。此外，随着就业压力的增大，职场励志逐渐成为人们关注的重点话题，《你为谁工作》《工作中无小事》等图书也随之热卖。由此可见，只有抓住时代发展的脉络，顺应读者需求进行图书的读者定位，才能为图书畅销打下良好的基础。21 世纪是个知识经济时代，更是个信息化时代。在当今社会，读者的生活节奏快、工作压力大。在日常生活中，读者亟须利用短暂的空闲时间补充新知识。在此背景下，"快餐文化"应运而生，励志、管理类快餐图书成为近几年的主打畅销书。例如，《被讨厌的勇气》《遇见未知的自己》《人生没什么不可放下》等励志类图书十分具有影响力，涵盖了个人成长、自我管理、心理学、教育等多个领域。读者通过阅读这些图书，可以拓展知识，激发内心的潜能，找到生活的意义。

2）图书选题的内容回应组织对个体的素质要求

现代社会的就业压力越来越大，各行各业的员工越来越把岗前培训、在岗培训视为自我充电、增长才干的重要渠道。同样，企业为了不断提升自己的企业文化水平，也在不断强化着组织的学习能力。针对这种需求，图书市场上出现了团购书，其独特之处在于购买者与读者产生了分离：购买者往往是作为组织者的企业，而最终的读者是员工个人。策划这类图书选题时就特别要注意图书购买者的意愿，因为企业购买这类图书往往是为了提高员工某些方面的意识和工作能力，图书的核心内容必须符合企业领导者培养企业文化的意图。例如，从《从偶然到必然：华为研发投资与管理实践》到《卓有成效的管理者》，从《复盘＋：把经验转化为能力》到《底层逻辑：看清这个世界的底牌》等，都是选题策划人根据企业发展的不同阶段，根据企业领导者文化建设的意图精心策划而成的。可见，在策划这类图书选题时必须注意一个基本的定位，就是按购买者的需求进行图书选题策划,还要以策划的图书引导购买者的需求。

众所周知,图书出版活动必须为读者服务,编辑策划出版的图书必须符合读者的阅读目的,因而图书的选题策划必须紧密结合读者的需求范围、需求层次和需求内容而展开。衡量图书的选题策划是否可行,其标准并不由出版社制定,而是取决于读者。如果没有准确的读者定位,即使图书的内容是健康而科学的,也得不到读者和市场的认可,整个图书选题策划和出版活动必将遭遇失败。

4.3.2 读者的类型定位

第七次人口普查结果显示,我国总人口 14.4 亿,全国共有家庭户 4.9 亿户,0~14 岁人口 2.5 亿,城镇人口 9.0 亿。[①] 图书市场的容量非常巨大,但有着不同年龄、职业、教育背景、文化结构、心理特征和价值取向的读者,其购买和阅读图书的方向很不一样,所以策划编辑在进行选题策划的时候,需要细分读者市场,以确定目标读者,并进一步研究读者市场的分布,分析市场容量,摸清市场特征。只有这样,才能知道图书选题有没有市场,市场有多大,竞争如何;才能把握替代市场、竞争市场以及潜在市场;才能根据自身情况选择正确的市场策略以确保选题的成功。

1)工作性质标准

以工作性质这一识别标准来分,读者可分为职工读者、干部读者、学生读者、专业人员读者和农民读者。职工读者更多地需要能够提高劳动技能、增强竞争能力的书;干部读者更多地需要能够提高政治素质、思想观念、改革意识、市场意识,增强决策能力、管理水平和改善知识结构的书;学生读者更多地需要各种教材、教学辅导图书,以及各种课外读物;专业人员更多地需要有利于其专业研究或教学工作的图书;而农村人口有 5.1 亿之多[②],很多农村居民需要学习科学的致富技术、提高思想文化水平、了解依法维权知识、改变陈旧思想观念。所以,这方面的图书是其所需。

如上所述,读书之人遍布各行各业。读者中有干部、教师、工人、农民、学

---

① 数据来自第七次全国人口普查公报。

② 数据来自第七次全国人口普查公报。

生、解放军战士、商人、科研人员和其他专业人员等。读者从事不同行业和不同性质的工作,需要有意识地学习掌握本行业的专业知识和基本技能。如果读者的工作调动引起了职业变更,其阅读需求也会随之发生相应变化,从而导致书籍消费结构的变化。例如,一位曾是学校教师的商人恐怕不太可能在从商后还将自己的阅读兴趣放在教育学、教育心理学等方面,而会更多地购买、阅读一些有关市场营销、经营管理等方面的书籍。

2) 年龄特征标准

以年龄特征这一识别标准来分,读者可分为少儿读者、青年读者、中年读者和老年读者。少儿读者是社会之未来,是家庭和社会教育关注的重点,也是图书读者年龄梯度的起点。由于少儿读者的世界观和价值观都还很不成熟,处于被动的受教育阶段,所以家长和社会需要为其提供综合智力开发、良好习惯养成、基础素质提高方面的图书。青年读者处于人生的黄金时期,精力旺盛、思想活跃、求知欲强,是未来社会主流的生力军。他们除了需要常规教育图书外,还渴望阅读关于社会、人生、艺术、亲情、友情、爱情等方面内容的图书,需要在世界观、人生观和价值观等方面补充知识。中年读者在知识方面已经有了丰厚的积累,其事业、生活和思想等方面的认识也已基本成熟,但随着社会竞争的不断加剧以及家庭责任的加重,其在处理社会关系、调理家庭生活、进行家庭教育等方面的知识需求也将进一步地扩大。老年读者一般都已经完成了自己的社会使命,有大量的时间阅读更多的图书,以弥补因为过去的忙碌生活而未能尽读感兴趣的图书的缺憾。我国有 2.6 亿多老年人[1],他们中的很大一部分在以往的经历中形成了买书、读书和藏书的习惯,由此必然形成一个很大的图书市场空间。

以上不同年龄段的读者在心理特点、认知水平、文化背景、兴趣爱好,甚至阅读习惯等方面均存在差异,他们对图书的需求也各不相同。某高校出版社曾特邀自己学校文学院的资深教授担纲组织编写了一套儿童文学故事丛书,图书的编写水平和出版质量均无可置疑,但图书出版后并未达到预期的市场效果。究其原因,是该丛书的语言风格太过成人化了,与儿童的生活实际相差甚远,在故事的选择上也没充分把握住儿童的兴趣爱好,缺乏吸引儿童读者的"卖点"。

―――――――――

[1]   数据来自第七次全国人口普查公报。

3）文化程度标准

以文化程度这一识别标准来分，读者可分为高层读者、中层读者和低层读者。高层读者指知识面较广，对特定领域有深入认识的专家读者，他们人数较少，对介绍新理论、新进展、新技术、新成果、新方法的图书较为关注；中层读者一般接受过高等教育，人数相对较多，比较喜欢思想性、知识性、技能性较强的图书；低层读者人数最多，比较喜欢普及类、实用类、生活类以及消遣娱乐类图书。

4）地域标准

以地域这一识别标准来分，读者可分为城市读者和农村读者、经济发达地区读者和经济落后地区读者、国内读者和国外读者。读者的差别不仅存在于年龄和职业上，也体现为城乡差别、经济发达地区与落后地区间的差别、国内国外的差别等。城市是一定地域内的经济、政治、文化中心，工商业和文化教育水平相对比较发达，居民的受教育程度和经济收入水平等也高于农村地区，因而城市读者与农村读者的图书品味就会显现出不同的特点。同理，经济发达地区与落后地区之间、国内国外之间，其读者的品味也有不同。研究掌握不同地域的读者在阅读需要、购买能力、受教育水平等方面的差别，对于做好选题策划工作具有重要意义。

4.3.3　读者的结构定位

确定目标读者的结构是选题策划编辑在进行策划时的必要程序，只有明确目标读者的结构，才能做好图书市场营销的前期工作。选题策划编辑在确定目标读者的结构时，既要重点考虑目标读者的文化水平，也要考虑目标读者的不同类型和层次，更要考虑目标读者的社会分布，从而明确界定目标读者的结构。

1）潜在读者与现实读者

图书市场上的实践表明，凡是具有一定文化水平、有阅读需要和购买动机的人都是图书的潜在读者。而图书的现实读者就是在阅读需求和购买动机的驱使下，将购买书籍、阅读书籍的想法付诸行动的人。因此，选题策划编辑在进行图书选题策划时，必须考虑一个重要问题，即如何将潜在读者转化为现实读者。

2）基本读者与随机读者

在图书市场的实践中,有些读者在去书店或图书馆前就已经有了明确的阅读目的和阅读需求,他们往往会主动寻找自己所需要的图书,甚至清楚自己将要购买阅读的图书的名称、作者、出版社等,这类读者是图书的基本读者。然而,更多的人事先并无明确的阅读目的,也无明确的购买阅读对象,他们购买和阅读行为的产生大多是随潮流而动,或是受到了一些偶然因素的影响,这类读者是图书的随机读者,他们的购买、阅读行为缺乏自觉性、计划性和稳定性。

3）理想读者与市场读者

通过以上分析,在研究了潜在读者与现实读者、基本读者与随机读者之后,选题策划编辑就可以确定所策划图书的理想读者了。这是选题策划的出发点,也是选题策划的根本,因为图书的选题策划正是基于理想读者而做出的。选题策划的最终成败决定于能否将理想读者转化为市场读者。严格地讲,只有在市场上完成了购买行为的读者才是真正意义上的读者。经过图书市场上的交换,读者获得图书的使用价值,出版者则获得图书的出版价值,这样才能实现图书的经济效益和社会效益。

以上对读者的划分可能未必精确,上述各类读者间也并不是"非此即彼"的关系,现实中的读者其实是多元性的,策划编辑只有在实践中综合应用这几种划分方法,具体情况具体分析,才能准确地对读者进行定位。只有通过这种定位分析,策划编辑才能明确什么样的出版物适合什么类型读者的需求,什么类型的读者需要什么样的出版物。图书出版机构也可通过读者定位优化自己的图书选题策划工作。当然,要想准确地对读者进行定位不能仅靠纸上谈兵、坐而论道,需要策划编辑走出书斋,到书店、书展、订货会上去了解相关信息,到学校、机关、企事业单位去调查,通过与读者、书商面对面的接触和交流才能在真正意义上完成准确的读者定位。例如,2023 年 3 月,《我在北京送快递》由湖南文艺出版社·浦睿文化出版,该书迄今印刷 12.3 万册,发货 11 万册,更一举登上豆瓣 2023 年度图书榜榜首,取得了良好的社会效益和经济效益。这本书能够取得如此好的成绩得益于策划编辑准确地进行了读者定位工作。这是一本平凡人讲述自身经历的书。作者送过快递、做过保安、开过小店等,在 20 年间换过 19 份工作,但最重要的是,他通过写作,将个人经历记录下来,有了被看见的可能。而策划编辑的职责,就是投入职业热情,发挥专业能力,将这样优秀的作者发掘出来,并将相应内容与读者及当下的阅读需求连接起来,形成有效的传播。

4.3.4　不同类型图书的读者定位

4.3.4.1　教育图书的读者定位

教材教辅的读者定位,就是在调查研究的基础上,细分教材读者,明确教材教辅的使用对象,从而为确定教材教辅的框架和基本内容等提供依据。教材是教学的主要工具,教材的质量直接关系到教学水平。一部高质量的教材,一定具有使用对象明确、反映教学要求、内容针对性强、适用性好等特点。在教材市场竞争日趋激烈的今天,如同其他图书选题一样,对教材的读者进行定位显得尤为重要。如何更好地满足不同专业、不同层次、不同类型人才培养的需要,策划出版针对性强的教材,得到各院校师生的认可,这是需要编辑等出版工作者认真思考的问题。

1) 同一层次,不同专业

我国高等教育改革的实践表明,社会各行各业对专门化人才的需求越来越高,高等教育新开设的专业逐渐增多,这给教材的编辑出版提出了新的要求。那种专业少、教材品种单一或一门教材多个专业共用的状况早已成为过去。因为在教育的同一层次上,不同专业有不同的教学对象,各自具有相应的专业培养目标,其教材内容和教学方式应有所不同,所以一门教材显然难以满足多个专业的教学需要。目前,有的教材特色不明显,针对性和适应性不强,主要原因是使用对象不明确,片面强调学科的完整性和系统性,忽视了专业培养的目标要求。因此,应当针对不同专业,策划编写不同的教材。

2) 同一专业,不同层次

所谓同一专业不同层次,是指相同专业应有适合专科、本科、研究生等不同教育层次学生的不同教材。针对同一专业不同层次的教育,如何编写深浅度适宜和针对性强的教材,也是编辑在策划教材时必须准确把握的问题。过去,有的师生对部分教材的评价是,专科生教材是本科生教材的压缩版,本科生教材似乎是研究生教材的压缩版,这反映了教材缺乏针对性、适应性差的问题,从而导致老师难教、学生难学。分析其原因,主要在于缺乏对同一专业不同层次的教学对象的深入分析,仅在教材内容上做简单的加法和减法。专科教育的对象是专科生,无论是培养目标,还是学生的基础知识水平,与本科生相比均有一定的区别,所以其教材内容的难度应相对降低。专科生毕业后从事的主要是应用性工作,因此教材中的纯理论性知识需要适当地减少,而实践操作类内容应适当增加。专科学制比本科学制少一年,所以教学内容总量上应减少约五分之一。考虑到部分专科生毕业后还有进一步深造的要求,有关基本知识也不能缩减过多。综合考虑,相对本科生的教材而言,专科生的教材应在保留最基本的理论、知识的基础上,减少有难度的学习内容,压缩纯理论性的知识,同时适当扩充实践操作类知识,将教材的总体难度降低。因此,在策划编写专科教材时不能只在本科教材的基础上进行简单的增减,而需要认真分析,以决定增减的内容,从而突出重点。依照这种策划思路编写的教材,其针对性、适应性才能得到保证。

3) 同一专业层次,不同教学形式

我国的高等教育体制改革使各种类型的高等教育形式如雨后春笋般涌现,如普通高等教育、职业技术高等教育、成人学历教育以及自学考试等。虽然专业和层次相同,但教学形式的变化也会给培养目标和教学内容带来改变。接受高等职业教育的学生应侧重应用性知识的学习和操作技能的训练,毕业后主要面向生产一线,所以高等职业教育教材的理论性内容不能过多,应当以知识性及应用性内容为主,增加实践操作的内容。例如,与普通高等教育药学专业的教材比较,高等职业教育药学专业教材应针对接受职业教育的学生进行必要的调整,方能具有针对性和适应性。图书出版机构在策划高等职业教育的药学、生物制药技术、化学制药技术、药物制剂技术等专业的教材时,在内容和结构上,必须坚持以上思路与原则。成人学历教育采取的是课堂教学和学生自学相结合的教学形式,相对在校普通教育,课堂教学时间更短,实践操作训练也会受到教学条件的限制,所以即便是同一专业同一层次,成人学历教育的教材在理论知识和实验内容方面应适当减少,并相应地降低教材的难度。

综上所述,在进行教材的选题策划工作时,必须首先细分教材的读者对象,依据不同对象和专业的培养目标,构建教材的主体内容。只有如此,教材的内容才能充分体现专业的培养目标和专业特点,具有自身特色,才有针对性和适应性,成为教师教学和学生学习的挚友良师。

4.3.4.2　大众图书的读者定位

大众图书的内在要求和特色以及它的读者对象,决定了在为其进行读者定位时必须牢牢把握"三性"原则,即实用性、通俗性和价廉性,只有突出和把握这"三性"原则,大众实用图书才能赢得市场,受到大众读者的广泛欢迎。

1) 实用性

图书具有特殊性,但它本质上还是一种商品,同样具有一般商品的双重属性,即价值和使用价值。特别是对于大众实用图书来说,实用性更是其核心价值,是它的生命之所在。那么,选题策划编辑怎样才能更好地突出图书的实用性呢? 笔者认为必须在以下几个方面下功夫。

(1)围绕大众读者的生产生活需要,帮助读者解决实际问题,科学技术就是生产力,可以发展生产,提高经济效益。为此,图书出版机构多出高质量的实用图书是其义不容辞的重要职责和使命,也是落实为人民服务、为社会主义服务出版方针的必然要求。例如,金盾出版社从 1983 年建社以来,出版了一批又一批的实用科技图书,不仅满足了部队基层官兵的需要,还受到人民群众,特别是农民朋友的热烈欢迎。金盾出版社在建社初期就明确提出了"三个为主"的出版定位,即以实用性科技图书为主要出版范围,以具有初中文化程度的读者为主要服务对象,以部队基层和广大农村为主要图书市场。这"三个为主"的读者定位,不仅充分体现了出版实用科技图书的内在规律和要求,还为金盾出版社获得了广阔的生存和发展空间,使其走上了创造特色、创立品牌的正确道路。为了满足部队基层官兵改善生活的需要,金盾出版社建社后出版的第一本书就是实用生活用书《美味豆腐制作 100 法》。这本小册子不仅在部队受到欢迎,而且在全国的广大城乡也颇受关注,第一次就印刷了 17.1 万册,令人惊讶的是,该书一上市就很快销售一空。针对广大群众生活水平提高,诸如糖尿病、高血压、高血脂等富贵病发病率明显上升的情况,金盾出版社又推出了"富贵病早防早治系列丛书",对常见的富贵病从饮食、锻炼、治疗等诸多方面提出了防治措施,既简便易学又能包含许多新知识、新技术。因此,选题策划编辑要及时根据图书市场的发展变化以及读者的新需求,了解新情况、研究新对策,不断丰富自己的出版理念、找准读者定位,做到与时俱进。

(2)善于用实例说明理论性问题。由于广大基层读者绝大多数都没有深入学习过专业知识,不了解专业理论,策划编辑还要善于用大众化的语言讲解科学知识和技术,做到深入浅出、通俗易懂、简单易学。否则,内容再好,技术再先进,也不易被大众读者所掌握。生产生活中的实例不仅鲜活亮丽,易于让人接受,而且能比较形象地说明理论性问题,把抽象的概念具体化。例如,新世界出版社的《世界历史长卷:手绘年表》一书并不像我们想象的那样厚重和枯燥。它是一幅长度为 6 米的长卷,是一座浓缩的历史博物馆。在这本书中,历史不是抽象地、割裂地被讲述,而是呈现出一种流动性和整体性。你可以一眼看到一个文明和国家何时出现,又在何时被其他文明征服或取代,以及一个横跨亚欧非的大帝国如何急遽地吞并众多国家,却又如彗星扫过般地迅速陨落,它的短暂与它的煊赫形成的强烈反差在长卷上一目了然。此书的开本极大(8 开),其中有丰富的插图和简介的语言。有读者评论道:"叹为观止的长卷,了解历史的好帮手,比书本更吸引人,换一种方式看世界。孩子看此长卷有 N 个为什么?提醒家长注意自己的知识储备,以便更好地帮助孩子阅读、答疑、互动,让此长卷物有所值!"[①]

(3)善于用图表展示图书内容。内容决定形式,形式影响内容。因此,图书出版机构在出版大众实用图书的过程中,要尽量采用读者喜闻乐见的大众化形式,开门见山,形象直观,使大众图书的实用性、通俗性完美统一,增强读者的购买欲望。从图书市场的走势来看,读者已不满足于教材式的介绍与灌输,而是越来越喜欢图说式、图解式、通俗概括式及拟人化的讲解方式。例如,关于农作物、果树、家畜病虫害防治的图书,不能单靠文字介绍,因为病虫害的学名与地方土名可能不一致,南北各地的叫法不同,所以读者看了书也不知讲的是什么,更无法对症下药。针对这种情况,图书出版机构就需要采用大量照片,用图谱的形式介绍种植农作物、养殖家禽家畜时遇到的病虫害,从而使讲解内容形象直观,读者一看图就知道是什么虫害、病害,并按照书中的方法来采取防治措施,从而达到理想的效果。

---

① 当当网某"无昵称用户"的评论。

2）准确性

图书出版机构要做好大众实用图书的选题策划工作,必须通过价值分析及判断对目标读者进行准确定位。例如,同样是医疗保健类图书,策划编辑需要知道这是给医务专业人员编写的,还是给普通患者看的;是给已经患病的人看的,还是给没有患病的人提供预防知识的。读者对象不同,同样内容的书,在内容结构、难易程度、语言表达等方面就应该有所区别。总之,考察分析某一图书选题的出版价值时,必须把它同特定的目标读者联系起来。同一本书与不同的读者相联系时,会表现出不同的价值,不同的图书对同一特定读者来说也有不同的价值。离开具体的图书选题,出版价值就失掉了"载体",读者需要就不能对象化、客体化;而离开读者的需要,图书选题的价值就不能主体化、具体化。因此,策划编辑只有准确地做好图书的读者定位工作,才能实现图书的经济效益和社会效益。而要做到读者定位的准确性,必须考虑以下决定图书选题价值大小的要素。

(1)能够满足读者需要的人数。一般说来,一个图书选题满足读者需要的人数越多,满足的程度越高,其出版价值也就越高。例如,同样都是介绍养殖技术的书,养猪的书就比养马的书市场广阔、更好销售。因为在中国的广大农村中,从南到北,从东到西,养猪是很普遍的,它是农村中的一个重要经济来源。而能养马的农户则主要分布在我国的西北地区,从养殖户的数量来看,比养猪的要少很多。因此,不同的图书选题有自己的特定内容,它能满足的读者数量的多少决定了自己的出版价值。所以,在图书出版的工作实践中,图书出版机构总是特别关注自己服务的那些特定读者的利益,如农业类的出版社就特别关注农民的利益需求,所出版的大众读物必须能帮助农民运用科技知识提高农业生产效益,增加农民朋友的收入。

(2)能否符合读者的实践需要。一个图书选题在内容上越能满足读者的实践需要和时代发展的要求,其出版价值就越大。在社会生活中,大众图书具有很强的指导性、实践性,任何一本大众图书所介绍的知识和技术,在被读者学习掌握并运用到自己的生产生活实践中去之后,可以通过人们的实践来实现图书的价值,给实践的主体即读者带来实惠。反之,如果一本图书的内容与人们的社会生产实践毫无关系,不能对人们有任何积极的影响和帮助,这样的图书自然就不具有出版价值。因此,一本书介绍的知识越是符合读者的实践需要,其出版价值就越大。例如,金盾出版社积极关注农业生产实践的发展和农业科学技术的进步,紧密贴近农业、农村和农民的生产实际需要,及时策划出版符合农民现实需要的图书,形成了自己的品牌特色。

(3)能否紧密贴近读者生活。图书选题与读者越接近,其出版价值就越大。实践证明,具体读者的生活空间有限,任何人都不可能也不必要去掌握所有的知识和技术。人们最关心、最需要学习掌握的是那些与自己的工作、学习、生活等现实需要直接相关的知识和技术,因为这样可以提高自己的生产能力和生活水平。因此,一个图书选题与其服务的读者的生活越接近,其出版价值越大。图书出版机构千方百计地开发那些与读者生活相接近的选题,正是从满足读者的需要这一点出发的。所谓接近,主要包括地理、职业、年龄等方面的接近。例如,农业生产方面的图书,其知识性再强、技术再先进、再通俗易懂,城市居民也往往视而不见,因为他们从事的职业决定了他们没有这方面的需求。同样是农民,种粮食作物的不会去购买、阅读蔬菜种植的图书,搞养殖的专业户不会去看种植技术的图书。从地理环境上看,北方的农民不会去买讲解南方农作物种植技术的图书。

(4)能否符合目标读者的普遍兴趣。图书选题越符合读者的普遍兴趣,其出版价值越大。无论哪个图书出版机构都无法也不能强迫读者购买、阅读自己出版的图书。要使读者喜欢自己出版的图书,就必须符合读者的兴趣。怎样才能引起读者的兴趣呢?首先,图书的内容必须符合读者的需要,必须有利于读者的生产生活。其次,图书的表达方式、版面设计等也会影响读者的兴趣,只有通俗、简练、形象、直观、易懂、好学的大众图书才容易激起读者的购买、阅读兴趣。

青少年图书的目标读者主要有两类:一类是家长,一类是少年儿童。此类图书的选题策划将这两类人群作为直接受众有着重要的特殊意义。但是,青少年图书的现实之处是真正进行阅读是孩子,而阅读行为的准入者是长辈,他们之间差异极大。在现实生活中,购买的权利还是紧紧掌握在长辈手中。在青少年图书真正被少儿读者拿到手里之前,是需要经过长辈这一关的。再者,青少年时期的读者喜欢与身边的同龄人分享交流阅读经验,他们会将喜欢的、不喜欢的都直接地表露出来,这很可能直接影响图书的销售情况。因而,对于青少年读物的选题策划工作来说,做好目标读者定位工作,同时兼顾实际需求,才能取得不错的策划效果。细分目标读者市场以后,要在目标读者的年龄、受教育程度、阅读习惯、家庭支出等方面了解其购买潜力和趋势。在确定这些因素之后,还要进行大面积的实地考察、访问,建立受众数据库,把内在的相关因素联系起来,从最符合目标读者的实际情况出发,更多地反映青少年的内心世界、所需所求、活动维度,以此为原则创作出优秀的作品。做好目标读者的准确定位,并做好相应的调研工作,才能为青少年图书的选题策划提供更加可靠的参考。

将目标读者确定为少年儿童及其家长后,还要从工作性质、年龄结构、受教育程度、当前流行趋势等方面研究少年儿童及其家长购买和阅读的需求状况、心理特征、行为习惯和兴趣爱好。少年儿童及其家长是挑剔的,尤其是在选择空间越来越大的今天,他们可以从几种、十几种,甚至上百种图书里选择符合自己个性的图书。少年儿童及其家长读者又是善变的,今天感兴趣的样式,明天未必还感兴趣;今天喜欢的色彩,明天可能会不再喜欢。但少年儿童及其家长又是可塑的,尤其是在潮流影响越来越深刻的今天,每一次个性的选择都可能有时代和潮流背景。所以,这就要求我们在做选题策划工作的时候,对少年儿童及其家长的主流意识、流行趋势以及结构属性有非常充分的了解,并且把这些潜在的和附带的感性需求体现在图书之中。

3）价廉性

除了实用性和准确性外,大众读者还十分关注大众图书的廉价性。因为对于大众读者,特别是消费水平较低的读者来说,买书可能是一种"计划外"消费。读者在考虑图书的实用性和准确性的基础上,还要考虑这本书在价格上是否具有廉价性。只有将图书的定价尽量降低,最大限度地靠近读者的心理价位,读者才有可能做出购买的决策。否则,读者可能看一眼封底就被高于心理预期的定价而"劝退"了。策划编辑在保证大众图书的廉价性时需要全面考虑图书的篇幅、开本、装帧、印制工艺等方面的要素,在确保内容质量和印制质量的基础上,压低图书成本,为定价提供一个宽裕的空间。

4.3.4.3　专业图书的读者定位

专业图书的读者通常是指那些对特定学科或专业领域有深入了解和兴趣的人群。这些读者可能包括:

(1)学术研究人员:在大学、研究所或其他研究机构工作的专家学者,他们通常需要专业图书来获取最新的研究成果和理论进展。

(2)行业专业人士:在特定行业工作的专业人士,如工程师、医生、律师等,他们可能需要专业图书来提升自己的专业技能或了解行业动态。

(3)学生:高等教育阶段的学生,尤其是硕士生和博士生,他们可能需要专业图书来支持他们的学习和研究。

(4)自学者:对特定领域有浓厚兴趣的自学者,他们可能通过阅读专业图书来深化自己的知识和理解。

(5)政策制定者和管理者:政府或企业的决策者,他们可能需要专业图书来辅助政策制定或管理决策。

(6)技术爱好者:对新技术或特定技术领域有特别兴趣的个人,他们可能通过阅读专业图书来跟踪技术发展和创新。

针对这些读者,专业图书的策划和出版需要考虑以下因素:

(1)内容的深度和广度:确保图书内容能够满足专业读者对深度和广度的需求。

(2)作者的权威性:选择在特定领域有影响力的作者,以提高图书的可信度。

(3)实用性和应用性:专业图书应具备一定的实用性,能够为读者解决实际问题提供帮助。

(4)更新和时效性:专业领域知识更新迅速,图书内容需要跟上最新的研究和发展趋势。

(5)易读性和可访问性:尽管内容专业,但图书仍应保持一定的易读性,使得更广泛的专业读者群体能够理解和应用。

(6)多渠道可获取性:鉴于专业读者可能通过多种方式获取信息,图书应通过线上、线下等多种渠道进行分发。了解专业图书读者的特点和需求,对于图书的选题、编写、营销和分销等各个环节都至关重要。

第5章

选题策划人的素质与能力

在建设文化强国的征程中,出版社和出版人负有重大的文化使命,它们对社会的主要贡献和真正价值是为社会文化的积累、沉淀与传播出版高质量、高品位的图书。而这种神圣使命的完成离不开选题策划人,尤其是职业选题策划人的辛勤工作。

5.1 选题策划人的内涵

5.1.1 选题策划人的界定及职责

1)选题策划人的界定

图书选题策划人是指在文化传承中从事选题策划工作的劳动者。图书是作者根据某一社会领域的研究成果而撰写的作品,它或在理论上有创新见解,或在实践中有新的发明,或具有重要的文化积累价值,图书的出版对社会经济文化的建设和发展具有重要的推动作用。选题策划是图书选题策划人开发出版资源的一种创造性活动,包含确定选题、内容规划、开发作者、读者定位、市场分析等要素。针对不同类型的图书,选题策划有不同要求,而且在新形势下面临着诸多挑战。

2)选题策划人的职责

选题策划人必须在众多领域中找到符合市场需求的选题,策划并出版高层次、高水平、有价值的图书,这需要做到以下几点:

(1)及时捕捉图书信息。获取图书信息的主要渠道有国家政策、新闻媒体、国家级重大科研项目的申报指南及资助名单,以及网络、电视、报纸等。此外,还要注重参加学术会议、与专家学者进行沟通等。

（2）努力开发作者资源。确定好图书选题之后，最重要的就是找到合适的作者。一部畅销书不仅要求作者有多年的写作经历，还要求作者在该领域获得绝大多数同行的认可，并能积极主动地出版和推广其研究成果。

（3）多渠道地与作者沟通并为作者服务。确定好目标作者后，选题策划人必须与作者建立起友好互信的关系。除了通过邮件、电话、社交软件等方式进行联系之外，还应尽可能地与作者多见面交谈，取得作者的信任，保持经常联系。图书的出版有益于社会经济的发展和进步，有益于提高人们的素质，弘扬优秀文化，促进国际文化交流。因此，选题策划人有责任和义务策划并出版更多的优秀图书，为进一步提高我国图书的出版质量，推动图书出版事业的繁荣发展贡献力量。

5.1.2　选题策划人的分类

1）图书出版单位的编辑人员是选题策划队伍中的主力军

在我国大陆，出版单位的设立实行的是审批制，图书出版单位都是国有的，还没有民营的出版社。图书出版单位的编辑经过正规的培训，学历普遍较高，整体文化素质较高，其中有许多长期从事编辑工作、经验丰富的人。出版社的选题策划编辑是指在各类出版社中从事选题策划工作的图书编辑。根据学科的分类，可以将出版社的选题策划编辑分为人文社科类图书编辑、理工类图书编辑和医学类图书编辑。根据图书的类型，可以将出版社的选题策划编辑分为专业图书策划编辑、教材教辅策划编辑和大众读物策划编辑。

无论是从选题的数量上还是整体质量上，编辑都起着选题策划主力军的作用。譬如，明天出版社文学编辑室的徐迪南于 2006 年策划推出的"笑猫日记"系列丛书（作者杨红樱），至 2020 年 3 月底，共出书 26 种，总发行量突破 7000万册，多年来一直居于国内儿童图书销售榜首，成为一套超级儿童畅销书。广东教育出版社出版的《健康忠告——洪昭光在中直机关所作健康报告的最新读本》（总策划陈俊年），湖南科学技术出版社出版的《科学的历程》（策划人李永平），春风文艺出版社出版的"布老虎"系列丛书（策划人安波舜），湖南文艺出版社出版的《鲁豫有约》（策划人金丽红）等，都是由出版单位的编辑或社领导策划的很有影响力的畅销书。目前,大多数出版社的编辑既是策划编辑,又是文字编辑。有的出版社也尝试由一部分编辑专职从事选题策划,将责任编辑(文字编辑)与策划编辑分开。在实际工作中,有的编辑擅长于文字加工,有的编辑擅长于选题策划,有的编辑则两者都擅长。鉴于选题策划工作的重要性,出版社在利益分配机制上,一般都根据选题策划实施后产生的经济效益采取给选题策划人提成的奖励政策。

在新的形势下,出版领域的竞争日益激烈,选题策划工作的水平能够反映出出版社的核心竞争力。出版社核心竞争力的强弱取决于其出版的图书是否能够反映先进的教育思想和文化成果。优秀的图书在传播先进文化思想的同时,也可以树立出版社的品牌形象,增强出版社的核心竞争力。因此,如何进一步提高图书选题策划工作的水平,是出版社和图书编辑不可回避的问题。图书编辑应当快速领会和把握教育改革的发展方向,通过网络、报纸、学术会议等平台,经常和参与政策决策的权威专家进行沟通,从各个角度了解国家高等教育的发展趋势,积极主动地将一批权威专家和优秀作者组织在一起,形成具有实践意义的研究成果,从而成为先进教育思想的领会者、转化者和宣传者,完成图书的选题策划工作。

2) 民营书业策划者是选题策划的重要生力军

民营书业策划者和出版经纪人也策划图书选题,但他们没有独立的出版资质,不能独立申报图书选题,所以,他们的选题策划只有通过与出版单位合作才能完成。民营书业早在 2005 年就已占据我国图书发行市场半壁江山。民营书商形式上只参与图书的发行,但是实际上他们也参与从选题策划到编辑加工、排版印制、销售的出版全过程。只是由于体制的限制,还需要由出版单位终审把关、控制印制。民营书商首先要考虑的是自身的生存与发展,因而他们进行选题策划时最注重的是贴近市场,最重视的是进行市场调研与预测,最关心的是市场的需求,具有对于市场趋势的敏锐观察力和对于市场机会的果断捕捉能力。

由于民营书业市场化程度高、机制灵活、反应快,可以根据实际情况快速调整经营策略,几乎没有历史包袱,具有正规的出版单位所不具有的优势,所以,他们在策划选题和实施选题方案方面,比出版单位更具有活力。有一种说法,当前出版物市场上出现的畅销书中,有三分之二的选题来自书商,而其中又有三分之二的品种是由民营书商独立地全程运作的。也有人说畅销书有四成来自民营书业,亦有人说畅销书有九成来自民营书业。还有人说,如今,在每一本有名的畅销书背后,很可能都有一个或一些民营书商在进行策划、运作。这些说法也许不那么精确,但是可以肯定的是,畅销书中有相当比例的选题是由民营书商策划和运作的。在中学教辅市场,民营书商王后雄的"王后雄系列",卫鑫的"5·3"系列,任志鸿的"优化设计"系列,熊辉的"X 导航"系列和"教材完全解读"系列等,显示了民营书商在高考、中考教辅图书市场选题策划的优势与活力。2019 年,教辅贡献了中国出版业 60％的收入,年销售额超过 400 亿元。此外,像《富爸爸 穷爸爸》《谁动了我的奶酪》《九州》《小团圆》《杜拉拉升职记》《盗墓笔记》《藏地密码》《明朝那些事儿》《求医不如求己》《黄帝内经使用手册》《后宫·甄嬛传》等这些超过百万销量的"畅销中的畅销",几乎都是由民营书商策划和运作的。2018 年,北京磨铁图书出版公司出品新书 500 余种,年动销品种 5000 余种,发货码洋突破 16 亿元。出版单位的编辑和领导,在畅销书选题策划及其实施方面,确实应该向民营书商学习。

3) 出版经纪人是选题策划方面很有发展潜力的新生力量

出版经纪人是从事出版中介活动的人,是版权所有者的代理人,代理作者向出版者推荐书稿和选题,是作者和出版者之间的中介。在国外,出版经纪业的发展已有百余年的历史,其发展经历了三个阶段,从起初的出版中介人,到作者利益的代言人,再到作者事业的策划师。《达·芬奇密码》《哈利·波特》等风靡世界的畅销书的背后,都有出版经纪人的身影与辛勤劳动。在我国大陆,出版经纪业还处于萌芽阶段或初步发展阶段。20 世纪 80 年代末出现了事实上的出版经纪人,1992 年夏天,国内第一家出版经纪事务所在西安成立。现在,少数作家已经有了自己的出版经纪人。目前,我国出版经纪人多以工作室的形式从事选题策划活动,公开以出版经纪人的身份出现的很少,民营书商与出版经纪人的界限模糊。整个出版经纪业还没有得到足够的重视和发展,因而也还谈不上对出版经纪业的规范管理。市场的不成熟,导致了出版经纪人发育的不完善。但是,人们有理由相信,随着我国出版业的发展,出版经纪业必定会得到相应的发展,西方出版经纪业的发展历程已经为我们昭示了我国出版经纪业发展的路径。因此,我们可以推测,出版经纪人在不久的将来可能成为我国选题策划的颇具潜力的新生力量。事实上一部分具备出版经纪功能的机构和个人正从中酝酿而生,比如说目前被业内人士所普遍认可的扮演出版经纪人角色并做得比较出色的春风文艺出版社原总编安波舜,其经纪业务主要是文学小说类书籍;还有自由撰稿人丁东,雨淋霖文化信息咨询中心总经理王炜等。

5.1.3　优秀选题策划人的特征

优秀选题策划人的基本特征总体来说表现在文化能力、文化理性和文化责任感三个方面。

1) 文化能力

选题策划人的文化能力包括两种:一是对民族传统文化的保护力,二是对先进文化的洞察力。中国是一个有着悠久文化传统的文明古国,但到 21 世纪,许多新生代对民族文化的关注少了很多。例如,美国前总统奥巴马与我们对话时,讲了一句中华古诗词:"山径之蹊间,介然用之而成路。为间不用,则茅塞之矣。"但大部分中国人却不知其出处,更不要说知其意了。作为优秀传统文化传播者的选题策划人,应当担负起保护与传承民族优秀传统文化的责任,通过选题策划来传播先进文化。选题策划人应当具有敏锐的洞察力,刻苦学习和研究相应的文化知识,了解读者的精神需求,通过选题的策划和出版实践培养厚实的学术素养,策划出反映并影响当代人精神生活的作品。

2) 文化理性

选题策划人应当注意培养文化理性。文化理性包括以下几个方面:①文学感性。即选题策划人应当喜爱文学,善于借助文学贴近生活、发现生活并洞察生活。②艺术灵性。虽然选题策划人不一定必须具有艺术创造力,但至少应该具备艺术鉴赏力。③哲学悟性。选题策划人应当具备辩证思维能力,能够领会基本哲学命题的意旨,能够理解苏格拉底、康德、黑格尔等哲学家的核心观念。④史学智性。选题策划人应当坚持历史唯物主义态度,冷静、清晰地认识历史现象的复杂性和历史运动的规律性,并能够客观、公允地评断这些历史现象和历史运动。⑤科学真性。选题策划人应当具备基本的科学知识、科学素养及科学精神。⑥伦理德性。选题策划人应当坚持真理,修正错误,恪守职业道德,保护他人成果。

3）文化责任感

在社会主义市场经济条件下，选题策划人应该将文化责任作为工作中的本位责任，坚持文化传播、文化建设、文化引导的基本方向和目标。选题策划人应该有高度的文化责任感。虽然图书是一种商品，选题策划人必须考虑经济效益问题，但图书并不是普通商品，而是一种具有物质价值和文化价值的特殊商品，因为图书具有深厚的文化内涵，代表着一定的文化思想与文化品位。从某种意义上来说，图书是一种文化象征。因此，选题策划人在进行图书选题策划工作时，既要考虑图书的经济效益，也要考虑图书的社会效益。策划活动是图书出版发行流程中的基础环节。选题策划人在选题策划活动中的文化责任主要体现在以下几个方面：①选择、传播和积累优秀文化成果。选题策划人应当具备辨别优秀文化成果的能力，能够分辨出大众所需要的文化成果，了解文化建设和经济建设需要的文化成果。选题策划人的辨别能力需要日常积累养成。经过选题策划人的选择、编辑和加工后，文化成果才能面向大众，经过传播后得到大众的认可。经过大众认可的文化成果不仅会带来经济利润，也能够促进社会文化体系的建设。②成为建构社会文化体系的中坚力量。选题策划人既是文化的策划者，也是文化的创造者，因此必须学习国家关于文化建设的相关文件，了解社会实践的优秀案例，关注社会文化体系的建设问题。③传播主流价值观。选题策划人策划的图书不应与社会主流价值观相悖，而应向读者传达正确的文化价值取向。

5.2　选题策划人的素质

从事任何一种职业都需要特定的职业素养，即特定职业的规范和内在要求，尤其是职业技能，从事出版行业亦如此。选题策划人必须具备多方面的职业素质，包括政治洞察力、市场敏感力、文字运用力、审美力、人际交往力和市场操作能力等，以下几种素质是值得我们注意并加强培养的。

5.2.1　思维素质

选题策划人的思维素质主要包括以下两个方面：

(1)超前性思维。选题策划人在进行选题策划时,首先要具有超前性思维,即敏捷的思维和敏锐的眼光,要在目前编辑出版的客观条件下,缜密思考和冷静分析,善于通过多种渠道了解、跟踪图书市场发展的新动向,善于在丰富多彩的社会经济生活中捕捉富有时代影响力的信息,并在广泛调查研究的基础上,通过对大量信息的综合分析和评估,科学地预见图书市场的发展趋势,超前地把握和运作,不失时机地策划出适销对路的优秀图书。对图书市场发展方向的预见、对出版时机的把握是策划工作成功的关键。因此,选题策划人应增强超前意识,超前地预见和把握编辑出版行业的发展走势,争取在竞争中获得主动权。

(2)创造性思维。选题策划人必须具备有特色的知识结构,这是创造性思维的重要来源,它具体包括两方面:一是与编辑对象相关的专业科学知识,二是完成编辑任务的技术技能。从不同的专业视角进行观察,可以透过事物的表面现象洞悉事物的本质,发现差异性事物之间的必然联系,多层次思考问题,可以提出独辟蹊径的解决办法。

5.2.2　信息素质

信息是选题策划的源泉,选题策划活动一刻也离不开信息。选题策划的依据是充足的信息,这就要求选题策划人必须具备信息素质,能够广泛搜集、分析和处理各种信息,为图书选题的总体策划做准备。选题策划人必须掌握的信息主要有以下几种:

(1)政策信息。即国家的法律法规和政策中关于文化市场的规定。选题策划人要正确理解并贯彻落实国家最新的出版工作方针和政策,学会观察和研究最新的法规政策对整个文化市场的影响,深度解读政策信息,并将其作为选题策划的原动力。

(2)行业信息。即出版业及相关行业的情报和消息。《孙子兵法》云:“知己知彼,百战不殆。”选题策划人在选题策划时,必须了解自己的优势以及自己在选题观念、视野上存在的不足,洞悉本行业的发展态势、了解本行业的最新动态,知道竞争对手对图书市场的想法和行动,从而做出特色,打造自己的核心竞争力。

(3)作者信息。编辑出版活动是社会精神文化的创作活动,它是连接读者与作者的桥梁。离开了作者,任何编辑活动都是无源之水。因此,选题策划人必须掌握不同学科的作者人选,与作者保持良好的人际关系,善于与作者交朋友,尊重作者对选题的意见和看法。知名作者的优秀作品是图书畅销的良好保证,因此选题策划人在进行相关的选题策划时,还应不断发掘新的好作者,从思想、学识、文字水平、工作经历等方面衡量优秀作者,从而选择学识高、见解深、写作能力强的作者。

(4)出版单位的内部信息。选题策划人在进行选题策划时,应当具备选题策划的整体观,应充分认清本出版单位的品牌特色、具备的基础和条件及整体的选题计划,并结合自己的专业、个性及风格,使自己的文化品格符合业务活动的需要,扬长避短,发挥个性特长,形成发展优势。

5.2.3　市场营销素质

选题策划人必须具备市场营销素质,因为只有通过市场营销,才能实现图书的社会效益和经济效益。图书在市场上的表现是选题策划水平的试金石,也是检验图书出版价值的重要标准。选题策划来源于市场,最后又返回市场。因此,选题策划人在进行选题策划时,要有意识地关注市场、调研市场,树立市场观念,正视市场需求,掌握市场规律,把握市场动向,进行市场预测。选题策划人要研究读者的阅读心理,了解读者的需求倾向,了解广大读者对某种或某类图书的需求量,分析社会文化环境的发展变化,发掘图书的市场空间,以最佳的选题角度推出读者真正需要和喜爱的图书作品,实现选题策划的社会效益和经济效益。

5.2.4　综合素质

选题策划人的综合素质体现为其自身的实力和优势,具体包括政治敏锐性、广博的知识面和阅读兴趣、宣传营销意识、对选题策划的热情、人际交往能力等方面。

(1)政治敏锐性。新闻出版行业是重要的文化舆论阵地,肩负着重要的宣传和引导功能,具有重要的政治职能。因此,选题策划人必须时刻关心国际和国内重大事务和社会热点问题。政治一直都是选题策划工作中的重中之重,很多优秀的图书选题都存在于"政治"之中,因为政治类选题不仅能带来丰厚的经济效益,还有较大的社会影响,具有很高的社会效益。

(2)广博的知识面和阅读兴趣。从本质上来说,优秀的选题策划人都应该是涉猎广泛的"杂家"。所以,选题策划人必须具有广博的知识面和阅读兴趣。选题策划人只有拓宽知识面,交叉综合,广泛联想,才能抓住机会,辨别有价值的选题。

(3)宣传营销意识。图书的选题策划离不开宣传营销意识,宣传营销工作的好坏直接影响到图书的销售,没有好的宣传营销,再好的图书选题也无法实现自身价值。选题策划是一种争夺读者关注的活动,选题策划人在选题策划过程中,必须重点考虑宣传营销方面的投入、针对性和方式。

(4)对选题策划的热情。选题策划人只有热爱选题策划工作,寓选题策划工作于生活之中,将工作中取得的成绩当作人生价值的实现,才有可能在编辑行业中取得骄人的成绩。一个优秀的选题策划人首先必须热爱编辑行业,热爱图书这种文化产品,只有将兴趣放在这上面,才有可能使生活中的所见所闻、所思所想与之关联起来,才有可能进行琢磨、联想,才有可能激发灵感。

(5)人际交往能力。选题策划的实现,需要选题策划人具有敏锐的洞察力、缜密的思维能力、较强的人际交往能力。选题策划工作中的重要一环就是物色作者、寻求约稿,不同类型的选题要求不同风格的作者,这就要求选题策划人具备一种整体人格上的情商,具有与不同风格的作者打交道的能力。

5.3　选题策划人的能力

选题策划人的能力对于出版社的发展至关重要。选题策划工作是出版社的核心工作,是促进出版产业发展的重要组成部分。选题策划人必须广泛调查研究市场,正确判断社会文化的发展走向和文化市场的需求,从而设计和决定出版活动的具体方案,监督实施并保障最大限度地实现出版目标。图书的选题策划工作是一项系统工程,贯穿于图书的组稿、编辑、设计、印刷、宣传及发行等各个环节。选题策划人的能力主要体现在以下几个方面。

5.3.1 采集和处理信息的能力

图书的选题策划工作是基于对读者的需求信息、市场信息、社会和技术发展信息、作者信息等众多信息的采集、融合而进行的创造性的发现选题的劳动。选题往往始于策划者在接触信息的过程中产生的某种意向和愿望,选题策划人在此基础上采集信息,并对这些信息进行分类整理、综合研究,然后通过对读者需求、市场前景、自身条件等诸多因素的考查,形成选题策划方案。因此,收集充足的信息对图书的选题策划至关重要。选题策划人在进行图书的选题策划时,不仅要搜集和分析与图书选题相关的市场信息,并还要预测和分析图书的市场前景,从而最大限度地降低出版的风险,使出版社所出的图书在市场竞争中始终处于有利地位。

1)选题策划必须掌握的信息

图书具有经济属性和政治属性。因此,选题策划时所需的信息主要有经济与社会文化信息、政策和法律信息、科学技术信息、图书市场(读者)信息、同行(竞争者)信息、作者信息等。其中,政策和法律信息至关重要,它在很大程度上影响和约束着选题策划活动,因为政治形势和法律法规影响并规定着图书的内容,各国政府都会鼓励出版有利于政治稳定、社会和谐的图书。出版社在设计图书的选题策划方案时,必须与社会政治制度和法律法规保持高度一致,否则就难以实现选题策划的目标,甚至可能产生严重的不良后果。同时,选题策划人在进行选题策划活动时,也必须掌握社会经济与文化发展的信息,时刻关注各类重大事件、社会热点、经济动态、文化教育发展状况,明确社会经济条件和文化因素的发展趋势,了解当前社会上的文化教育、价值观、宗教信仰、道德规范、风俗习惯和生活水平,掌握国民经济长远的发展规划、经济动态等方面的信息,尤其是那些与图书相关的学科的发展情况,从而使选题策划跟上社会发展的步伐,紧跟社会经济与文化的发展状况。此外,科学技术信息直接影响着图书的选题策划工作,选题策划人要关注科技发展的特点和趋势,使选题策划具有前瞻性,从而加快图书的出版速度,适应科学的动态发展,满足读者需求。

选题策划人还必须关注图书市场上的信息,因为这是出版社了解读者需求并确定出版方向的依据。图书市场信息主要有购买力信息、读者需求和潜在需求信息、图书市场分布信息、图书市场反馈信息等。其中,购买力信息反映了社会购买能力、读者年龄、读者的职业分布等。读者需求和潜在需求信息反映了读者的现实需求和读者需求的变化趋势。图书市场分布信息反映了各种图书产品的市场占有率。市场反馈信息反映了图书对市场的适应程度。同行(竞争者)信息反映了出版社的经营活动所面临的竞争与挑战。作者信息则反映了出版社之间的人才竞争和作者队伍竞争。选题策划人必须及时掌握各种信息,有效地调整图书的选题策划思路,出版满足市场需求的图书。

2) 选题策划对信息的质量要求

图书的选题策划能否成功,关键在于发挥信息的重要作用。选题策划对信息的质量要求很高,因为质量不高甚至不真实的信息会给出版社造成巨大损失。因此,选题策划时所收集的信息需要满足以下要求:①快速及时。在进行选题策划时,要尽可能地提高信息的搜集和分析速度,因为信息都有一定的时效性,一旦产生就会以各种方式扩散出去。加之图书市场形势和环境的变化十分迅速,信息资料的搜集与分析也需要一定的时间,所以客观上要求选题策划人同时进行搜集和分析信息的工作。②准确全面。准确是指信息的真实性和精确性,全面是指信息的系统性和细致性。在图书的选题策划过程中,选题策划人必须真实而精确地搜集、处理和分析所获取的信息,尽量降低误差和模糊性,全面客观地反映图书市场的变化和需求,系统地反映出各种复杂现象和规律。③经济适用。信息的经济性是指图书选题策划人必须从最大限度地降低成本的角度来搜集、处理、分析信息,以较少的费用获取尽可能多的有效信息。信息的适用性是指选题策划人必须从实际出发,有目的、有针对性地搜集、处理和分析信息,从而形成适当的分析、判断和预测结果。

选题策划人想要策划出好的选题,必须掌握充分的与选题相关的信息。比如读者需求信息、出版市场信息、作者信息、发行信息等。信息是选题之源,是保证出版产品达到精品标准的前提。如《讲给孩子的故宫里的明清史》入选2023 年的“中国好书”,全书以朝代为纲,以人物为引,讲述了明清两朝重大的历史事件、故宫建筑、珍贵文物等内容,是孩子“时看时新”的文化之书。书中还配有精美的手绘插图,细节严谨考究,力求还原。这本书在策划时就充分掌握了读者的需求信息、出版市场信息、作者信息等,从而才选定了合适的作者,确定了明确的读者对象。

5.3.2 创新能力

选题策划上的创新不仅是内容的创新,也是功能的创新、载体的创新、流程的创新,创新的方式是多样化的。创新是选题策划的灵魂和成功的关键。选题策划创新必须满足下面几个方面的要求。

1) 有足够的知识储备

知识储备在编辑工作中非常重要,它要求编辑具备成分多元的知识结构,这种知识结构应该既专且博。"专"是要求编辑人员了解和掌握出版行业的发展规律,对出版物市场有准确的判断、对热销产品走向有较准确的预测。在"专"的同时,还要对专业知识以外的知识多加涉猎,比如社会学、自然科学、军事科学等,这就是"博"。

2) 培养读者的创新能力

在进行图书选题策划时,选题策划人应当关注图书的趣味性,更应当考虑培养读者的创新能力,尤其是在策划学生的课外科普图书时。科普图书在介绍科学知识的同时,还应当承担起培养学生的观察能力、思维能力和创新能力的重要责任。科普图书应该通过直观的画面介绍大千世界的千奇百怪,引导学生分析、观察和准确判断真实的物质世界,最重要的是要培养学生的观察能力和创新能力。图书内容的新颖、语言的形象、插图的精彩,既能表现图书中的科学内容,又能引起学生的好奇心,引导学生去发现、去挖掘、去创造。除图书的内容外,选题策划人还要有精心策划、精心组织、精心制作图书的整体意识,认真选择封面设计、装帧材料、印刷工艺等,使科普图书的内容与形式达到完美的统一。

3) 培养创新思维

编辑的创新思维指职业的敏感性和识别力,具有良好职业敏感性的编辑能够预测读者需求和市场走向,在分析信息的基础上捕捉新的增长点,从而正确地策划选题,然后进行组稿。在正常的敏感性思维之外,编辑还要有逆向思维和求异思维,即超越常规的、创造性的思维习惯,能针对一些问题变换思考角度,在比较中发现问题,综合地发现联系,并提出独到见解,创造出新的内容。

选题策划人要在求异思维的基础上，在总结前人经验的基础上，运用自己的敏感性、观察力、想象力、逆向思维等能力，找出不同的亮点和难点，进而做出优秀的图书策划方案。选题策划人敏锐地发现问题后，还要善于多侧面、多角度、新颖地解决问题，制订切实可行的出版计划和实施方案，以满足图书市场的需求，此时就要求选题策划人具备创造性思维。"创造性思维"是指人类在探索未知领域的过程中，充分发挥认识的能动作用，突破固定的逻辑轨道，不断以新颖的方式和多维的角度来寻求获得新的成果的思维活动。编辑工作是一项需要不断创新的工作，选题策划是一项需要创造性思维的行为，创造性思维是选题策划生命力的根本，它体现在选题策划的全过程。因此，选题策划时要求有新意、有特色。这要求选题策划人不断地、创造性地发掘新颖的、原创的、高品位的选题。因为只有富有新意的选题才富有生命力，也才具有竞争力。

在选题策划的过程中，最核心的东西就是创意。创意是选题的灵魂，没有创意的选题只能亦步亦趋，在市场上占据不了先机。体现创意的方式是多样化的，既包括内容上的，也包括载体上的、流程上的、功能上的。我国图书市场中的竞争越来越激烈，如果还只停留在低层次的竞争水平上，只能使得总体发展水平停滞不前。创意是保证选题"独特"的前提，对于看似普通的社会事件，如果选题策划人发挥创造力和想象力，就能将之变为视角独特、令人过目不忘的选题。除了创意之外，策划的选题还需要有价值，所谓的价值就是"卖点"。有创意的东西并不一定能成为卖点，因为一些天才式的创意并不见得能被大众接受；或者创意难与市场因素相结合，因为图书最终要以商品的形式出现在市场上，所以它必须要具有被消费者接受的理由，也就是价值。

在培养创新意识的过程中，一定要注意两个结合：创新和实用相结合、科学和艺术相结合。在图书选题策划工作中，有一句非常经典的话，即选题策划是充满激情的，市场是无情的。选题策划人如果缺乏激情，灵感就难以产生，更谈不上思想和思路。但是如果没有进行深入的研究，对图书市场没有透彻的了解，就会出现自以为是、闭门造车的现象。市场是无情的，图书出版以后如果不能得到市场的认可，就会不可避免地遇到退货，就会给出版单位带来巨大损失。因此，真正的创新必须与实用相结合，必须符合市场需求，从而使所谓的创新成为真正的创新，成为实用的创新，这样才能真正解决问题。选题策划人还需要重点关注科学和艺术的结合度。品牌图书或者畅销图书不仅要保证内容科学正确,还必须具有精美的图书形式(包括排版、封面设计、装帧、印制等)。因为只有形式上受读者欢迎,才能让读者更乐意接受图书的内容。所以,选题策划人在进行选题策划时,不仅要考虑图书的艺术性和美观性,还要考虑图书的可接受性。

5.3.3　选题运作能力

好的图书选题不等于畅销书。将一个好选题运作成一部成功的畅销书,是对选题策划人运作能力的考验。选题策划人的选题运作能力表现在以下几个方面:

1) 强调话题的独特性,确定图书定位和目标读者

例如,《月背征途:中国探月国家队记录人类首次登陆月球背面全过程》融科学性、人文性、创新性、可读性于一体,其最大的特色是书中有着读者无法从其他任何渠道了解的发生在科研工作一线的真实细节。书中引用的大量月背实拍高清照片都是第一次公开。这就是这本书的独特性,据此可以确定图书定位和目标读者。由于有着鲜明的独特性,这本书获评2021年度"中国好书"。

2) 突出内容,编创出新

内容是图书的核心。畅销书一般具有内容引人入胜、观点鲜明、文字流畅优美、风格风趣幽默等特点。策划人应通过对书稿的内容和编创,发掘选题的"畅销潜质"。如《羁商——殷周之变与华夏新生》是一本考古学和历史学方面的著作,它借助考古材料和传世文献,梳理了上古人祭风俗产生、繁荣和消亡的全过程,使我们对华夏文明的起源有了全新的认知。作为一本比较专业的学术著作,它与其他同类图书最大的不同是文字流畅、引人入胜、观点鲜明。正是因为有着这些特点,《羁商》才在读者中引发了热烈的反响,并获得了第十八届文津图书奖等荣誉。

3) 注重包装形式

现代的商品经济更多地表现为"眼球经济"或者"注意力经济",任何商品都非常讲究包装,图书作为特殊的商品,当然也不例外。为了引起读者的阅读兴趣,选题策划人必须在书名和包装上下功夫。书名犹如书的"眼睛",而新颖的

包装形式则可与内容相得益彰。如《梁思成的作业》一书获评 2021 年度"中国
最美的书"。这本书是梁思成先生学习西方建筑史的课堂笔记和作业。书籍的
设计者从装订结构、材料选择、色彩系统、文字的灰度、字体的应用等给读者一
种真实的历史代入感,展现了梁先生从一个学生成长为一代宗师的历史片段。
书中所夹的仿真照片及家书使整本书更加温润亲和,封面、腰封内敛的文字构
成与不张扬的内页设计相得益彰,并与那一时代的文人气质相吻合。从书中的
课堂笔记内容、建筑图片、摘录以及书尾所附图表的条理性,也可看出编辑所花
费的心力,这是设计师与编辑珠联璧合的佳作。

5.3.4　文化传播能力

目前,出版社的选题策划主要从市场出发,强调对市场的顺应性,以此形成
竞争意识和经营意识,从而忽视了图书的文化内容和文化含量。图书出版产业
作为一种文化产业,具有独特的性质与机制,传承优秀的传统文化也是图书出
版行业不可推卸的社会责任。因此,选题策划人在进行图书的选题策划时,必
须着重考虑图书的社会文化功能和传播功能,增强自己的文化传播能力。

1) 文化引导力

关于文化,《中国大百科全书·社会学》中的解释是,狭义的文化专指语言、
文学、艺术及一切意识形态在内的精神产品。它主要指哲学和其他具体科学、
宗教、艺术、伦理道德以及价值观念等,其中尤以价值观念最为重要,是精神文
化的核心。根据马克思的精神交往理论,凝结着精神文化的精神产品也必然凝
结着人的劳动,具有价值和使用价值,这是精神产品和其他物质产品的共性。
但精神产品与物质产品相比,具有明显不同的个性,即精神产品的消费具有无
形性和可复制性,而物质产品的消费具有有形性和不可复制性。一般物质产品
的消费是其本身,并且大多是一次性的,而精神产品的消费却是其精神内容和
精神文化,并且一般是多次性的。实际上,精神内容的生产与一定的思想道德、
意识形态、政治法律、宗教信仰等意识因素相联系。因此,作为精神产品的图书
的质量是一个社会精神文明发展水平的标志。所以,选题策划人在进行选题策
划时,必须明确文化与图书之间的本体—载体关系,保证图书内容健康、主题积
极向上,摒弃那些不利于社会进步的、腐朽的消极文化。

　　图书是大众文化传播的媒介，在现代信息社会中的影响至关重要，效果相当明显。1972 年，美国传播学家麦克姆斯提出了议程设置理论。该理论认为大众传播往往不能决定人们对某一事件的具体看法，但可以通过提供信息和安排相关的议题来有效地左右人们关注哪些事件及谈论这些事件的先后顺序。大众传播虽然无法影响人们的思维方式和思考过程，但可以影响人们的思考内容，即大众媒介可以为公众设置议事日程。在进行选题策划时，选题策划人应当充分利用图书的这一功能，影响人们的思考内容，以文化为导向，走出被市场左右的阴影，为读者设置新的焦点话题，增强自身的引导力，而非一味地迎合大众的口味与猎奇心态。如中华书局出版的《发现三星堆》一书获评 2021 年度"中国好书"。它是一部科学、系统反映长江上游古代文明中心——三星堆文化研究成果的优秀读物，图文并茂、深入浅出地展示了三星堆文明的内涵，对诸多未解之谜提出了妙趣横生的独到见解。这本书的出版能够引领读者关注我国上古时期灿烂辉煌的多元文明，体现了选题策划人很强的文化引导力。

　　2）文化融合力

　　关于文化融合力，不同国家的不同学者有不同的看法。英国人类学家拉德克利夫·布朗认为，文化是一定的社会群体或社会阶级在与他人的接触交往中习得的思想、感觉和活动的方式，是人们在相互交往中获得知识、技能、体验、观念、信仰和情操的过程。法国人类学家克洛德·列维-斯特劳斯则从行为规范和模式的角度阐释了文化的融合力："文化是一组行为模式，在一定时期流行于一群人之中，并易于与其他人群之行为模式相区别"。英国人类学家弗思在1951 年出版的《社会组织的要素》一书中指出："文化就是社会。社会是什么，文化就是什么。如果认为社会是由一群具有特定生活方式的人组成的，那么文化就是生活方式。"美国文化人类学家克罗伯和科拉克洪在他们 1952 年发表的《文化：一个概念定义的考评》一文中指出，文化存在于各种内隐的和外显的模式之中，借助符号的运用得以学习与传播，并构成人类群体的特殊成就，这些成就包括他们制造物品的各种具体式样。文化的基本要素是传统思想观念和价值观，其中价值观最为重要。事实上，国家和社会的发展十分需要多元文化的融合，如大众文化与精英文化、高雅文化与流行文化、本土文化与外来文化等。因此，选题策划人在进行图书的选题策划时，应该以国家和社会的需求来进行定位,策划具有高文化含量的精品图书和品牌图书,以之凝聚和浓缩最新的文化成果,体现某一领域的最新高度,并将其逐渐普及,直至为广大读者所接受,从而提高领域内的文化水平,提升全社会的文明水平,最后还可能成为历史上的文化坐标而被载入史册。

世界文化是由多元文化组成的。选题策划的实质是通过融合多元文化,形成图书雅俗共赏的文化品质。其中,最复杂、最应被重视的是跨文化交流,即要正确对待外来文化的影响。跨文化交流是指不同国家或民族之间,拥有不同文化感知和符号系统的人们进行的文化交流。众所周知,在全球化的背景下,不同文化之间的交流、沟通和互动已经成为人类文化发展的重要动力。为了促进各个国家和民族文化的共同繁荣,选题策划人应该具有开阔的国际视野,以开放的态度对待外来文化,吸收外来文化的优秀成果,并使之与中华民族优秀的传统文化相融合,如人民文学出版社的中外文学名著、商务印书馆的汉译世界学术名著等就是这样的作品。同时,还要坚持"走出去"的方针,发展和弘扬中华民族优秀文化,让民族文化走向世界,如北方妇女儿童出版社于 2023 年 6 月在北京举办了"讲好中国故事,让世界了解中国——中华优秀传统文化系列图书"版权输出签约仪式。北方妇女儿童出版社出版的中华优秀传统文化系列图书从不同维度展现了中华传统文化,其中包括四大名著、四大发明、名画鉴赏、饮食服饰、传统文化、传统节日、风景名胜等方面,已累计出版 300 余个品种。这套图书将向美国和欧洲、日韩、东南亚市场推出。

3）文化价值转化力

作为大众传播的社会组织,出版社从事经营活动的经营目标应当是将文化价值转化为市场价值,并在此过程中弘扬文化正能量。然而,当前大多数出版社侧重将图书的文化价值转化为市场价值,而忽视了对文化价值正能量的弘扬,从而导致选题策划中的盲目跟风现象愈演愈烈。畅销书的影响力应当是一种自然运作的结果,并且要以发挥自身文化价值的正能量为前提。一般来说,出版社规划了其具体的年度经营目标,特别是经济效益方面的目标,是因为其面临着巨大的市场压力,因而才在进行图书的选题策划时不可避免地以市场为中心。在很大程度上来说,市场是检测大众图书出版价值的标尺,大众图书应市场的实际需求而产生。出版社在选题策划过程中往往容易本末倒置,颠倒了市场需求与图书内容的主次关系，甚至把两者对立起来。实际上，这两者应该是相辅相成的。文化价值可以转化为市场价值，因为文化含量高的图书有助于丰富读者的知识和内涵，而读者阅读素养的提高更会对图书的质量提出更高的要求。这种消费要求必然反作用于图书市场，从而充分地体现出文化的价值。例如，商务印书馆出版的《辞源》、"汉译世界学术名著丛书"、《新华字典》《现代汉语词典》，人民文学出版社出版的《鲁迅全集》、"外国古典文学名著丛书"、《莎士比亚全集》，中华书局出版的《古今图书集成》《二十四史》《康熙字典》等具有深厚文化底蕴的著作都一版再版，成为名副其实的"常销书"，为出版社带来了稳定的收入。反观所谓美女作家或者少年作家的"作品"，多数在内容上不乏煽情和媚俗之处，图书的文化属性淡漠，容易成为昙花一现的"畅销书"。出版这种图书的出版社必然也是过眼云烟，因为常销书的厚积薄发才是文化价值的根本所在。所以，在选题策划的过程中，出版社应该具有长远的眼光，着重推出富含文化价值和内涵的常销书，把畅销和常销有效地结合起来，凭借文化价值实现最大的市场价值，在实现这种文化价值转化的基础上实现文化的正能量。

5.3.5　市场预测和营销能力

1）市场预测能力

市场预测能力是指把握社会热点和读者阅读兴趣最新变化的能力。畅销书必然紧跟社会热点、关注民生。选题策划人应时刻关注国内外的大事及社会热点、图书市场的发展趋势和读者兴趣的最新变化，像新闻记者对最新事件保持敏感、抢抓新闻眼那样，锻炼自己的出版敏感力，提高识别和判断具有畅销书潜质的选题的能力，在不经意间抢抓别人抓不住的东西。

近年来，"素人写作"一词在文学创作和出版领域热度不减，典型例子有胡安焉的《我在北京送快递》、王计兵的《赶时间的人》等。"素人"作者们从事着和文学毫不相关的工作，但依然坚持用文学这种古老形式书写时代发展和身边的故事，展现着民间社会的众生相。"素人"写作的作品用丰富的生活经验和真实的生活细节，呈现出了生命中的质感和人与社会的种种关联。这种创作具有鲜明的时代特色，展现出了当下人们的生活方式、价值观念。但是，如何抓住这些有价值的"素人"作品呢？这就需要选题策划人具备市场预测能力，时刻关注市场、读者的动态,同时关注新兴的潜力作者,将搜集到的最新消息综合起来,以此判断图书市场的发展走向,策划出领先于同行的优秀选题。

2)市场营销能力

选题策划人在进行选题策划时,应当借助名人效应推动图书的发行。例如,董宇辉自从担任"东方甄选"直播间的主播以来,以双语直播、吟诗作赋等充满知识含量的直播方式而走红网络,成了新媒体直播领域的名人。在他的直播间内,也有许多图书产品,如迟子建的《额尔古纳河右岸》等。通过董宇辉的推荐,这些图书都取得了十分惊人的销量。甚至连年发行 10 万套都非常难的《人民文学》在董宇辉的直播推动下,在 4 个小时内卖出了 8 万套。这就是借助名人效应推动图书销售的典型案例。

5.3.6 实践控制能力

1)与时俱进的能力

一般说来,我国大多数出版社在组织图书的选题策划时,往往过分注重图书的市场价值带来的经济效益,忽视了人们的文化价值需求以及社会发展带来的新需求。例如,选题策划人在进行科普图书的选题策划时,倾向于迎合家长和学生们的需要,侧重于向学生们灌输基础知识和基本技能,强调知识的系统性和逻辑性,因而往往将本应生动有趣的科普知识编成一种简单机械的知识积累,这种老套的科普图书显然不符合当代中小学生的阅读心理,因为他们是现代思想最活跃、思维最敏捷的读者。目前教育部关于全面实施素质教育的改革还在继续,国家实施新课程标准改革以推行素质教育,选题策划人应当直面这一现状,在进行学生课外科普图书的选题策划时,充分考虑学生这一读者主体的实际,研究不同年龄学生的兴趣爱好和阅读心理,充分了解不同年龄学生的知识水平,了解教育部颁发的中小学课程标准和教科书内容的要求,准确把握学生的知识结构,开展细致有效的调研工作,延续或拓展课本内容,展现大千世界的丰富多彩,根据学生的不同年龄层次配之以生动有趣的形式,策划出版不同类型的优秀的课外科普图书。

2)促进兴趣培养能力

选题策划人在进行图书尤其是科普图书的选题策划时,必须考虑图书的趣味性,因为对于读者来说,科学性是图书的生命,而趣味性则是图书的魅力。尤其是对于学生来说,科普图书的趣味性是开启他们心灵的一把钥匙。例如,我国现代天文学的开拓者之一张钰哲先生,他是发现小行星的第一个亚洲人。张钰哲先生年轻时去美国留学,开始学的是机械专业,后来改学建筑专业,一个偶然的机会,他阅读了一本科普书《天文》,书中描写的神奇奥妙的宇宙激起了他浓厚的学习兴趣。为了去发现天空的奥秘,为解开心中的疑团,他毅然放弃了其他专业的学习,从此踏上了天文研究之路,并在天文学领域取得了辉煌的成就,为中华民族在世界上争得了荣誉。可见,学习兴趣的培养是多么重要。学生科普图书的趣味性是吸引学生阅读、激发他们科学兴趣的重要手段。要增加学生科普图书的趣味性,首先要善于挖掘科学知识本身的趣味,寓趣味于科学知识之中,这才是科普图书吸引学生阅读的基本途径。

3) 传统卖场与网上销售相互配合的能力

与传统的卖场销售相比,网上销售图书的种类更全、价格更低,完全以消费者为主导。越来越多的人钟爱"鼠标轻轻一点,心仪的图书便会送上门来"的购买方式,网上图书销售大有后来者居上之势。选题策划人在与营销编辑一起制订销售计划时,应将卖场销售与网上销售相结合,以扩大图书销量。

在新媒体发展迅猛的今天,对于越来越多的读者来说,通过短视频、直播新媒体方式去了解图书内容,挑选感兴趣的图书,已经逐渐成为日常生活中的一部分。在"全民阅读"社会氛围的推动下,越来越多的出版社希望在新媒体营销领域有所作为,积极布局新媒体营销渠道。选题策划人需要具备独到的眼光、高超的做书水平、连贯的宣传造势及娴熟的营销技能,并让它们共同发挥作用,才能使优秀选题转化为成功的畅销书。

第6章

选题策划中的常见错误与防范

图书选题策划是一项系统性很强的工作,选题策划人员具备了一定的能力和素质,才有可能策划出优秀的图书选题。但是,由于图书选题策划涉及众多方面,有着众多的要求和环节,任何从事选题策划工作的人员都有可能出现错误,造成选题策划的失败。本章将要阐述的问题就是选题策划中的常见错误与防范,拟先讲选题策划错误的类型,再讲专业图书、教育图书、大众图书选题策划中的错误,最后讲如何防范选题策划错误。

6.1 选题策划中的常见错误

6.1.1 常见的错误类型

图书的选题策划是一项复杂的系统工程,稍有不慎,就可能出现某些错误,最终导致功败垂成。一般说来,选题策划过程中的常见错误主要有以下几种类型。

1) 定位错误

选题策划中的定位错误主要是指策划编辑把握不准图书出版单位的出版定位和所策划图书的市场定位,从而导致所策划图书的读者对象不明确、写作风格不明朗、书名语义含混、卖点不清晰。有些图书号称可以满足大众需求,但大众其实是一个可以在多种意义上细分的对象,如果图书定位不准,就很有可能被大众抛弃。

2) 多元化错误

选题策划中的多元化错误,是指选题策划编辑没有经过充分的调研就贸然进入陌生的图书领域,但因为缺乏必要的知识学养和充分的图书资源,虽然勉力进入,但往往很可能铩羽而归。不仅选题策划编辑个人如此,图书出版单位亦可能如此,因此图书出版单位也应该充分防备出现多元化错误。有些图书出版单位往往在大举扩张图书业务时,陷入多元化错误,陷入图书积压、资金周转不灵的困境。

3) 规划错误

现在流行的项目负责制使很多策划编辑过分看重眼前利益,热衷于"短、平、快"的选题。这就陷入了选题策划上的规划错误。从表面上看,这些选题在短期内可赢得一定的经济效益,但长此以往,就可能使得有创新意识、有文化积累价值的精品选题大幅度减少,这对图书出版单位的品牌建设和长期可持续发展是很不利的。

4) 经验错误

选题策划中的经验错误,是指选题策划编辑片面相信自己过去的选题策划经验,对新的选题策划项目不做充分的市场调研和周密论证。古人云,"智者千虑,终有一失",一个选题策划编辑即使成功地策划了 10 个选题策划方案,也不能保证第 11 个选题策划方案一定能够获得成功。实行选题策划编辑负责制的图书出版单位或者主要依赖社外选题策划人的图书出版单位尤其应当注意避免经验错误。

5) 作者错误

选题策划中的作者错误,是指图书出版单位或者选题策划编辑为特定选题选择了不合适的作者。一是过分迷信作者的学历,对写作风格和内容把关不严,容易导致作品的内容与计划面向的图书市场不衔接;二是盲目推崇作者的知名度,沉迷于虚幻的图书市场号召力,从而设计出不切实际的营销推广方案,这也会导致图书产品销路不佳。

6) 出版时机错误

选题策划中的出版时机错误,是指图书出版单位或者选题策划编辑在进行图书选题策划时,未充分进行图书市场调研,错误预测图书市场的发展趋势,没有把握图书的最佳推出时机。一本图书不能按时出版,过度超前或滞后,便会陷入超前出版错误或滞后出版错误。例如,图书市场中有着不少的跟风出版、片面追逐社会热点、炒作主题出版行为,实施这些行为的出版者经常遭遇书未出而风已过、书上市而热点移等状况,这都属于出版时机错误。

7) 审美错误

选题策划中的审美错误,是指选题策划编辑注重文字表达能力、沟通能力、市场策划及营销能力的同时忽略了审美能力。有的选题策划人认为图书的版式设计、装帧设计是设计师的事,策划人不需要关心。从"中国最美的书"的评选标准可以看出,设计、构图、工艺、印刷等都是审美要素,"最美"体现在图书内容和形式的完美结合上。策划编辑是图书的整体设计师,应与设计师精诚合作,将自己的设计理念、对图书内容的理解、视觉表达上的审美观,提前与设计师进行沟通,将书籍装帧设计工作流程前置,打造出读者心中最美的书。例如,在生活节奏日益加快的今天,时间碎片化和碎片化阅读已然成为常态。大众读者希望在有限的时间内获取精准、实用的知识,因而在策划大众图书选题时要有碎片化思维,使图书更加符合当下读者的阅读习惯,提高信息的传递效率,提升读者对图书的认可度。以科学技术文献出版社 2022 年出版的图书《抗炎生活》为例,在该书的目录中,最小一级标题的字数平均超过了 10 个字,具有很强的功用性和指导性。这种做法在国内的大众图书中并不多见,值得参考和借鉴。这就是一种目录碎片化处理的体现。在内容的碎片化处理方面,可以按照主题或知识点,借助丰富的设计形式,如图片、表格等,将内容划分为多个章节、主题或段落,方便读者在短时间内快速获取所需信息。在装帧设计上,在单页或对页上排上一个主题的全部内容,使其保持相对的独立性和完整性,便于读者随时中断或继续阅读。这种设计方式可以将复杂、庞大的知识体系拆分成若干个独立、易于理解的知识单元,可以降低读者阅读的难度,提高图书的阅读体验。

8) 纸上谈兵错误

选题策划中的纸上谈兵错误,是指选题策划编辑在脱离图书市场的实际,凭空设想读者的图书需要,从而使得做出的选题策划方案不具有实际可操作性。一般说来,选题策划中的纸上谈兵错误主要有两类:一类是设计完美、方案华丽,然而好高骛远、脱离现实;另一类是谈到某个话题时头头是道,似有无尽的奇思妙想,但到了实际工作中,却拿不出方案来,找不到合适的作者。策划编辑要避免犯纸上谈兵错误,切实提高在实际工作中的执行力。

9) 宣传推广错误

选题策划中的宣传推广错误,是指策划编辑在进行选题策划时,认为宣传推广是发行的事,与图书的选题策划无关。但实际上,选题策划是图书出版活动的龙头,是图书营销活动的开始,而且图书的营销活动贯穿于整个图书生产活动,因此选题策划编辑须具备营销观念。有些策划编辑认为宣传推广就是花钱,要么大肆花,要么舍不得花。在图书的市场实践中,宣传推广图书时肯定要花钱,它是图书销售成本中的一项,但在市场条件下,就要考虑投入产出比的问题,要有合理的预算和预期目标,在可能的条件下尽可能地降低成本。

10) 个人英雄主义错误

图书选题策划虽然是一种实行项目负责制的工作,强调项目管理人(即选题策划编辑)的作用,但是选题策划还必须倚重集体和团队协作。编辑劳动是一种知识密集型的创造性劳动,市场竞争日益激烈,对策划编辑的要求也越来越高,策划编辑要成为全才,熟悉图书生产各个环节的内容,但这并不意味着策划编辑要包办所有工作。我们要避免陷入策划编辑单打独斗、团队合作精神不强的错误。在选题策划的开始阶段,编、印、发等环节的人员应相互沟通和支持。策划编辑在装帧设计等问题上要与美编和制作人员及时沟通,提出自己的设想,虚心听取建议,不能一意孤行,将自己的意见强加于人;策划编辑还要及时从发行人员那里搜集相关选题的市场信息,对市场变化迅速地做出反应。

6.1.2 专业图书选题策划的常见错误

研究者在某一知识领域进行探索,并以图书的形式展示最新的研究成果,这就是专业图书。新出版的专业图书一般反映了某个科学领域的最新研究成果或最新发展的技术。在市场经济的条件下,专业图书的读者群体较为狭窄,营销范围也十分有限,产出与投入似乎并不成比例,图书出版单位似乎难以实现经济效益。这些困难意味着图书出版单位若出版专业图书,很大可能冒着亏本的风险。由于这些问题的存在,一些图书出版单位要么不出版学术专著等专业图书,要么要求作者资助出版规避风险。其实,学术专著等专业图书同时具有经济效益和社会效益的出版价值,然而目前这类图书的出版现状却不容乐观。

学术专著等专业性强的图书与"市场书"或者"畅销书"不同。但是,这些专业图书又处于图书市场之中,不能脱离图书市场生存和发展,在策划专业图书时常会出现以下几个错误:

(1)跟风出版。图书市场的实践证明,专业图书不同于畅销书,不能走跟风出版路线,独创、新颖是其生命力所在。跟随畅销书之风出版专业图书,会降低其学术、技术价值,改变了出版专业图书的初衷。

(2)脱离市场,孤芳自赏。专业图书是图书出版单位的图书产品,没有图书市场就没有竞争力,也就不能生存下去。因此,适应图书市场是专业图书生存发展的必经之路。

(3)编辑主内,营销主外。如果图书出版单位的编辑与营销人员分工泾渭分明,那么他们各自知识的盲区很可能将有价值的专业图书扼杀在襁褓之中。因此,选题策划编辑只有做到内外兼修,充分考虑市场因素,才能策划出有价值的专业图书。

总而言之,在专业图书的选题策划阶段,选题策划编辑应在保证专业性的前提下,充分考虑图书市场的需求,有意识地培养、提高专业图书的市场特质,让它在孕育期就朝着适应图书市场的方向发展。在竞争日益激烈的图书市场中,选题策划编辑应当想方设法地寻找学术性、专业性与市场性之间的平衡点,并在图书选题策划的实践中勤于思考,总结探索,从而策划出好的专业图书选题。

6.1.3　教育图书选题策划的常见错误

1) 同质化策划

"同质化"是指同一大类中不同品牌的商品在性能、外观,甚至营销手段上相互模仿,以至逐渐趋同的现象。选题策划的同质化就是选题策划的图书产品在内容层次、典型特点上是同一类型图书产品的品种重复,其内容替代性强、差异小,不易分清。例如,在中国国家图书馆的搜索页面输入"大学语文"这个教材名称,可找到相关结果约 48000 个;同样,搜索"高等数学",找到相关结果约 32000 个;搜索"大学英语",找到相关结果竟高达 120000 个。这说明在高校教材选题策划方面,同质化现象是比较严重的。我国的高校根本用不了如此之多的同类教材。

教材选题策划同质化的形式有很多,如不同的图书出版单位出版同一学科的教材,不同类型、不同水平的学校联合教师编写同学科的教材,区域性的教材风靡一时,甚至还有同一作者同时为不同图书出版单位编写同一教材的现象。同一种学科、同一种知识体系却拥有如此多版本的教材,可想而知,其结果必然是教材质量良莠不齐、出版资源严重浪费。更令人担忧的是,很多教师在编写教材的过程中只是对以前教材内容的复制粘贴,教材内容东拼西凑的现象特别严重。除此之外,高校教材同质化的另一种隐性表现是对国外教材的改写。在现在的教材中,往往有中文版和原版,中文版又分为翻译版和原创版,其中就有外国教材的中国改写版。这类教材以"原创教材"或者"著作"的面貌出现,但其内容却大多是对一到两种同类教材的改写和拼凑嫁接。显然,国内教材低水平重复出版的现象非常严重,大学的公共课教材更是泛滥成灾。

2)内容陈旧

教辅内容的质量对学生有着最直接的影响,其质量的好坏直接决定着能否达到教学目标,能否满足学生的学习要求。但在如今教辅大繁荣、大发展的背后,隐藏的却是令人担忧的内容质量。进入 21 世纪以来,为响应国家号召,各大学出版社争先以"21 世纪教材"为选题,出版了各学科各类别的教材,这无疑是一步好棋,推动了高校教材的创新,值得肯定。但是,这大批量的"21 世纪教材"当中不免有滥竽充数之书,虽冠以与时俱进的头衔,但其内容却让人担忧。例如,某出版社出版的教材引用的参考文献有一篇竟然是 1976 年的外文资料,其余的中文文献除了一本 1997 年出版的和一本 1999 年出版的外,余下的全部都是 20 世纪 80 年代出版的。在知识更新速度如此之快的今天,还在参考几十年前的资料来编写教材,纵使它的外包装十分精美,纵使它的头衔特别响亮,它的内容又怎么能跟得上时代步伐,引领教与学呢?又怎么能担负起培养新一代人才的重任呢?

3)脱离教学实际

一些教师对教辅类图书不太满意,认为教辅图书陈述性的知识过多、程序性的知识过少,试题重复太多、资料性的东西太少,过多地重视知识性的训练,而不注重学习方法的培养。在教辅类图书选题的策划中,这种严重脱离教学实际的情况确实存在。一些教辅图书选题策划编辑不深入教学一线,不顾教学实际需要,而想当然地策划选题。出版教辅图书的目的是满足教学需求,有效地提高学生的学习成绩。教辅图书的策划工作如果不以教学科研为支撑,不以学生的实际需要为出发点,就难以在市场上立足。

4)片面追求经济效益

图书出版单位要注重经济效益,但更应注重社会效益,在出版教辅类图书时,应始终坚持为教育服务。但有些图书出版单位迫于生存和发展的压力,片面追求经济效益,为了能在教辅图书的市场中分一杯羹,不管自身是否具备出版教辅图书的资源和能力,见到教辅类图书有利可图,便盲目进入这一领域,为出版而出版,为赚钱而出版,导致市场竞争无序化。由于教辅类图书的出版周期短、风险小、回款快,因而成为一些图书出版单位获取利润的主要产品。一些图书出版单位急功近利,片面追求经济效益,忽视了社会效益,为了多获经济效益而出版了一些粗制滥造、质量低下的教辅类图书。

针对教辅选题策划过程中的常见错误,选题策划编辑必须深入市场进行调研,明确市场的需求,掌握当前教辅的实际销售情况和销售过程中存在的难题,找出影响销售额的主要原因。封面设计不合理、知识点存在漏洞、知识难度不符合学生的学习需求都会影响销售量,知识点出现错误,会直接导致该教辅图书作废,给图书出版单位造成不可估量的经济损失,同时还会影响图书出版单位的口碑和形象,降低市场竞争力,不利于图书出版单位的稳定持续发展。

因此,选题策划编辑首先必须了解教辅行业的现状,在选题策划工作开展之前要展开全面调研,明确市场的变化情况,深入分析畅销教辅的特点,对市场的变化做出正确、全面的分析和判断,提高教辅选题策划的质量。其次,选题策划编辑应该与学校教研团队和学生建立良好的沟通交流机制,积极采纳学校老师的有效建议,明确当前教辅中存在的不足和优势,从而制定教辅的选题策划目标,解决学生在学习过程中遇到的难题,提高选题策划的合理性、准确性和全面性,满足教师教学和学生学习的实际需求。

在当前的教辅类图书市场中,由于数字技术、电子商务等新兴技术和市场模式的发展,竞争愈发激烈。为了在竞争中脱颖而出,教辅类图书策划编辑需要具备综合性的选题策划能力。但从工作实践看，一些编辑的选题策划能力不足以使图书出版单位在市场竞争中占据有利地位。例如，只熟悉单一学科领域的知识，缺乏对其他学科的了解，导致编辑难以驾驭具有跨学科属性的选题；由于创新意识和动力不足，缺乏对最新的课改和技术革新的敏感度，导致编辑在策划选题时只是固守自己以往的工作模式，难以推出受市场青睐的创新性、引领性选题；很少深入教学一线，了解师生在使用教辅图书过程中遇到的问题，导致编辑策划的选题与教育教学实践脱节，无法得到师生的认可，使得策划的产品在市场中难以获得竞争优势。对此，教辅图书策划编辑需要立足于融媒体背景下的市场竞争环境，不断提升选题策划能力，策划出具有市场竞争力的教辅图书。

6.1.4　大众图书选题策划的常见错误

作为大众图书出版的上游环节，选题策划直接决定着其内涵、品质和市场前景。编辑在进行大众图书的选题策划时主要存在以下误区：

1）"名家至上"的思维误区

一味迷信名家作品，会使得版税高涨，大大增加产品成本，致使利润减少甚至发生亏损。名气大的作者对一本图书的营销有利有弊，其利在于作者的影响力有利于图书的营销宣传，其弊在于作者的名气大、社会活动多，可能承担着多家出版单位的书稿编著任务，从而造成写稿时间较少的问题。这样一来，不仅会影响交稿时间，而且也难以保证书稿质量。"名家至上"的思维误区会使编辑的眼界变得狭窄，对很多原本很有潜力的新人作者视而不见。例如，作为一本非虚构的社会纪实类图书，《我的母亲做保洁》获得了众多的赞誉。它最初被作者发表在网站和公众号上，是出版社的策划编辑发现了它，然后做出了合适的策划方案，让它登上了热点榜单。此书的作者在后记中说："感谢我的编辑苏本。作为一名素人作者，能遇到赏识自己的编辑是如此幸运。我在春天的北京见到了她。我们之间聊天的句子，像春雨下，田里的玉米苗一样，不用经过刻意的排布，自然地冒了出来。我之前没有多么明确地意识到，这个世界上，会有成长经历跟我完全不同的人被我的写作强烈吸引，而这个人并不是我在原有的圈子里磨合出来的。她就像是夜空中的萤火虫，在我的写作过程中，时而出现，发光,照亮一下我。"如果策划编辑总是执着于名家,是不会发现如此优秀的"新手"作品的。

2) 广而博的出版范围误区

大众图书以文化、文学、生活、少儿四大类为主,兼顾政治、历史、军事、科普等领域,并包含小说、散文、人物传记、童话、绘本等多种体裁。首先,编辑要根据图书出版单位和自己的优势策划选题,不能什么类型的选题都开发。专业性较强的图书出版单位必然以专业出版方向为主,兼顾其他类型的图书;综合性出版社必然要以出版社的人才队伍结构为依据,侧重于几个主要的优势出版领域,其他领域协同并进,尽力做到"全面开花"。其次,要发挥编辑的基本功优势。编辑通常有自己擅长的学科专业,而且在编辑工作中,又积累了丰富的编辑工作知识、外语知识、汉语言文学知识、经济管理知识等,应鼓励编辑在自己擅长的学科领域,运用各种知识策划大众图书选题。再次,要充分发挥编辑与作者的沟通优势。好的选题背后必然有优秀的作者。在与作者沟通前,编辑必须做足功课,这份功课包括作者的个人情况、作者的研究领域、作者目前的研究成果、作者的兴趣爱好等。同时,还要做好选题的策划方案,包括书稿方面的各种要求,必要时可以在作者写作的过程中,协助作者完成部分工作。好的沟通能为图书出版单位争取到最优质的作者。

3) 策划缺乏原创性,同质化现象严重

市场上销售的小说或者故事书很多都结构相似、内容千篇一律,尤其是少儿图书,真正适合儿童阅读的创新作品并不多。在我国的青少年读物市场中,非教辅类的少儿选题在策划时最常见的错误就是选题雷同。每年,我国出版的少儿图书品种成千上万。在这些少儿图书中,诞生了一批又一批受到少年儿童重点关注的作品,但是并没有多少得到市场承认的经典畅销品牌传承下去。为了追求经济效益,一些策划编辑大量复制畅销图书或者品牌图书。例如,植物大战僵尸这个游戏一受到关注,大家就都去做游戏书的改编出版,图书市场上突然间就充斥了许多雷同的图书。本着专业的出版精神,认真细致地调查研究少儿图书市场的图书出版单位较少,更不用说用心去尝试把少儿出版与少儿教育联系起来,探讨两者间的内在关系了。相同类型的图书繁多,质量上乘、价格合理的图书较少,让家长们患上了"选择障碍症",很多家长摸不着头脑,无法抉择到底应该买什么书才最适合自己的孩子,而孩子们更加不懂得看什么书才能使自己的童年获得真正的快乐。以上问题反映出中国本土少儿图书市场的创作能力较为薄弱,缺乏一批专业的少儿作家。负责策划儿童读物的选题策划编辑、创作少儿读物的作家们需要感知少年儿童的心理特征和发展动向,贴近少年儿童的日常生活,用心去体验他们的情绪变化,力争以原创精神创作出更具吸引力的少儿读物。

当前,大众图书市场存在着严重的"新瓶装旧酒"现象,出现类似问题的图书主要有科普类读物、古典类读物、经典故事类读物等,如"少儿百科"有几十个版本。中国的少儿图书走过了几十年的发展历程,产生了数量可观的高质量经典原创作品,如沈石溪的动物系列、曹文轩的青春文学系列等。但是优秀的少儿图书在数量和品种上还是很有限的,只有持续不断地鼓励作者进行原创,鼓励他们创作出更多与少年儿童的心理特征相适应的读物,才能激发出少年儿童的想象力和思考力,才能得到家长和孩子们的持久关注和喜爱。

6.2　选题策划中常见错误的防范

6.2.1　优化选题流程管理

优化选题的流程管理,是防范选题策划中常见错误的重要手段。对于图书出版单位来说,优化选题的流程管理,能够帮助图书出版单位准确评估图书选题。有效的质量控制不仅可以提高选题的准确性、一致性和专业性,满足读者的期望,还能增强图书选题策划方案的可行性,更好地分析市场需求,降低出版成本与出版风险。在出版流程中,优化选题能够帮助图书出版单位选择那些有潜在读者群体的热门主题,准确把握市场需求。这样可以提高图书的市场竞争力,提高图书对读者的吸引力,增加销量。

选题决定着出版物的价值和影响力。出版单位对选题的管理很严格,有相应的管理规定。在确定图书出版的主题和领域时,要考虑到市场需求、行业趋势以及读者偏好等因素,从而确保出版的图书能够满足市场需求和读者期望,提高图书的销售额和利润。一方面,要明确选题的范围、主攻方向,把握选题的政治方向、出版导向、价值取向等,这些都要符合与出版相关的管理规定。对于特殊的选题,还要按照相关规定做好重大选题备案工作。另一方面,图书出版单位还要定期开展学习,掌握本行业当前的最新动态和要求,严格落实主管部门或国家相关管理部门的最新要求。对于专业类图书出版单位而言,还要把控好出版结构,除了社会效益较好的图书、市场图书、主题出版类图书外,最主要的还是要在专业范围内开展出版工作。只有综合把握社会效益和经济效益,才能使图书出版单位走上良性发展的轨道。

图书出版以选题申报为源头,保证源头的合理性有利于保证出版流程的规范。要保证选题方向和出版范围具有高度的一致性,保证选题结构的合理性,要对选题的基本内容、同类书的出版情况以及读书对象等具体实情进行分析。在此基础上,要根据选题制订切实可行的营销策略和发行方案,以达到图书出版之后的社会影响和市场目标。

在图书策划和开发流程中,要合理分配时间和资源,优化流程,加强协作,确保书稿的质量和撰写进度。除了常用的手段之外,还可以采用先进的技术和工具,如人工智能、大数据分析等,提高选题开发的效率和质量。

6.2.2　落实选题论证

选题论证是出版流程管理的关键环节之一,是确保图书质量和市场竞争力的重要步骤。图书选题论证不仅可以降低图书出版过程中的风险,提升读者的满意度,还可以增强图书的影响力和市场竞争力。通过合理的论证,可以为图书出版提供更好的指导和决策依据,从而提高图书的质量。

出版单位要建立完善的选题论证流程和标准,对选题提出具体要求,如选题的需要性、创新性、科学性和可行性等,以确保选题符合市场需求和读者期望。要加强选题论证的质量控制,制定选题论证的质量标准和评估机制,确保选题的质量和可行性。可以通过市场调研、读者反馈等方式,了解市场需求和读者期望,更好地确定选题的方向和内容。

现代的出版行业已经发展出了很多新技术和新方法,如大数据分析、人工智能等,可以引入这些新技术和新方法,提高选题论证的效率和准确性。选题论证是一个不断完善的过程,需要不断总结经验,收集反馈意见,及时调整和完善选题论证的关键信息。在选题论证时,应当坚持正确的政治方向、出版导向和价值取向。对于少儿教辅类图书,还要根据相关的规定要求,对插图等进行重点把关,拒绝不符合学生审美情趣的图片等。选题应该始终遵循为人民服务的标准,将社会效益放在第一位,同时也要注重经济效益,追求"两个效益"的最佳结合。

6.2.3 精心谋划格局,坚持精品出版

"精品"一词通常指的是质量上乘、制作精良、具有一定艺术价值或实用性的物品。在不同的领域,"精品"的定义可能有所不同,但通常都包含了以下几个共同特征。高质量:精品在材质、工艺、设计等方面都追求卓越,确保其品质高于一般标准。独特性:精品往往具有独一无二的特点,无论是设计、功能还是理念上,都能体现出其独特性。艺术性:在某些情况下,精品还可能具有艺术价值,比如精美的艺术品或设计作品。实用性:除了观赏价值外,许多精品也强调实用性,能够满足用户的特定需求。精致细节:精品在细节上的处理非常精致,每一部分都经过精心打磨。品牌价值:精品往往与知名品牌相关联,品牌的历史、文化和声誉为其增添了额外的价值。情感价值:精品因其精美和独特,常常能够唤起人们的情感共鸣,成为传递情感和记忆的载体。

在图书出版领域,一本精品图书可能具有以下特点:精心策划的主题和内容;知名或有才华的作者;精美的封面设计和内页排版;高质量的印刷和装订;深入的市场营销和品牌推广;良好的读者反馈和口碑。它们代表了出版领域内的高标准,是消费者追求高品质生活的象征,也是可以接受时间考验、内容和形式完美统一、可以帮助图书出版单位取得良好社会效益和经济效益的图书。我国的阅读市场潜力巨大,读者因为年龄、职业、爱好等的不同,其阅读需求也多种多样,党和政府更是立足战略高度大力推进全民阅读活动。在这种大好形势下,每个出版人都应该充分发挥自己特长,利用图书出版单位的传统优势,在自己擅长的出版领域深耕细作,为广大读者奉献原创精品。编辑在策划选题时,一定要站在读者的角度,设身处地去琢磨哪些是读者真正希望看到的书,跑市场,做调研,每一个细节都不放过,精益求精。只有这样,才有可能做出读者需要的书。而只有这样的书才会受到读者的热捧,才能得到社会效益和经济效益的双重回报。

6.2.4　多渠道创新策划，避免选题重复

选题策划的同质化有多种原因，其中最主要的原因是策划者主动跟风，这是一种短视行为。还有一种情况是，几位选题策划编辑关注的热点恰好相似，从而造成选题在很大程度上的重复甚至雷同，这一点也应该引起我们的重视。在全民阅读的大背景下，出版业充满了活力，各个选题策划编辑都在积极寻找有价值的选题，而且有些图书出版单位的出版方向大致相同，这就难免出现相似的选题。

出版重复选题是对出版资源的浪费，也会影响图书的营销。选题策划编辑要想避免策划选题重复，应该做到眼观六路，耳听八方，多了解业界动态，与出版方向相近的同行多交流、多沟通，互相学习；多接触作者和出版管理者，在策划选题时多考虑自身优势，并做出遭遇相似选题时的应变预案。

要想在种类繁多、令人眼花缭乱的图书市场中脱颖而出，唯有创新。第一，策划创新是适应受众新的阅读习惯和需求的必然选择。随着数字化阅读的普及，读者的阅读方式和习惯发生了很大的变化。他们更倾向于选择便捷、高效、个性化的阅读方式。第二，策划创新是提高市场竞争力的有效手段。在新媒体时代，信息量巨大，市场竞争激烈。一个图书出版单位的产品想在市场中脱颖而出，必须具备独特的亮点和创新点。

图书选题要创新，包括书名、内容、形式、体例及栏目等方面的创新。填补空白、翻新利用或改造旧事物，使其带来新的意义和价值等都是创新。要具有创新意识，掌握相关领域的知识是关键。策划编辑要做行家，既要熟悉、了解国家的相关规定，又要精通专业知识，并对其他相关的知识有所了解。要创立自主品牌，理念创新是前提。要勇于打破惯有的思维定式，拓展空间、扩大思路。品牌的创立不是一蹴而就的，它需要有一个过程，需要图书策划编辑沉得下心、耐得住寂寞，不图眼前利益，志存高远。

选题创新体现在以下几个方面。

一是内容创新。在策划选题之前，需要进行深入的市场调研，以了解当前相关领域的热点和读者需求。通过收集和分析各种市场数据、研究报告和读者反馈信息，可以更好地把握市场趋势和读者心理，从而为图书策划提供有力的

依据。在邀请合适的作者撰写书稿时,需要注重结合实践案例和经验总结。理论知识和实践应用是相互依存的,只有将它们结合起来,才能使读者更好地理解书本中的内容。

二是形式创新。在形式上,要使用先进的排版软件和技术,对书稿进行数字化排版和设计。通过优化版面布局、字体、颜色和图片等方式,提高读者的阅读体验和舒适度。还可以在图书中融入多媒体元素,如音频、视频、动画等,这样可以丰富表现形式,提高读者的阅读体验。例如,在讲解某种运动的技术动作时,可以通过视频的形式,展示优秀运动员的标准动作,使读者直观地进行模仿和对比。还可以加入音频解说或背景音乐等元素,增强读者的阅读感受。为了满足不同读者的需求,还可以推出电子书和有声读物等形式的图书。电子书可以方便读者在电脑、手机等设备上随时随地地阅读,而有声读物适合那些习惯听书的读者。将这些形式与传统的纸质图书相结合,可以扩大受众范围,提高市场竞争力。要利用可视化技术,将图书中的复杂数据、图表等生动地表现出来,帮助读者更好地进行阅读和理解。

三是营销创新。营销创新需要结合读者定位和市场环境的特点,制定具体的营销策略和方案。同时要注重数据分析和效果评估,不断优化和调整营销策略,以达到最佳的营销效果。可以利用社交媒体平台,如微博、微信、抖音等,进行宣传和推广。同时,要与相关领域的意见领袖或专家合作,邀请他们进行推荐或分享,提高图书的知名度。在相关领域的网站、论坛上投放网络广告,吸引潜在的读者了解图书。通过精准的定位,制定相应的广告策略,提高广告的点击率和转化率。提供个性化的推荐服务,根据读者的兴趣和需求,推荐相关的选题。可以在分析读者的购买历史、浏览记录等数据的基础上,提供定制化的推荐服务,提高读者的购买意愿,推动图书选题策划与消费链精准对接。

图书消费者的购买动机可分为三类:纯粹性阅读、功能性阅读以及娱乐性阅读。在新媒体环境下,服务对象的购买动机、对图书的需求、专业领域、阅读重心不同,导致不同选题的市场消费力、退货率、动销率也有不同。因此,选题策划时要注重选题的差异性阅读,借助大数据、互联网、新媒体等技术进行图书选题的市场分析与再加工,整合图书流通的市场数据,分析图书的出版发行数据、采取新媒体平台线上调研、举办读者见面交流会等方式,推动选题策划的精细化运营。要强化量化数据作用,通过市场分析和数据调研,对图书选题的价值和需求进行评估,撰写图书选题信息分析报告,深入了解相关图书选题的消费规律,寻找有价值、易落地的选题,因地制宜地进行选题策划,逐渐减少基于主观判断的图书选题,增强图书选题策划的客观性。另一方面,在进行图书选题的市场分析和调研之后,还要在图书出版单位内部、行业内部进行多方论证,讨论什么样的选题视角和材料组织能够吸引读者注意力、如何进行选题营销等问题,以完成对图书选题的重新架构和加工。

在新媒体时代,种种新型营销方式层出不穷,图书选题策划与消费链的精准对接也需要借力于新型的营销方式。例如,Kol① 粉丝营销就是一种新型营销方式。不同领域内的 Kol 都有自己独特的人格魅力和属性标签等,其粉丝黏性很强,会吸引到同一类型的用户。在进行图书的营销工作时,选择 Kol 进行广告投放,有利于将图书信息更精准地送达目标读者,且转化率十分可观。

6.2.5 推动选题策划的全媒体发展

图书选题不仅要满足读者的需求,还有很重要的一点是要根据读者的精神需要进行创新。因此,图书选题策划要借助数字技术,整合多元数据信息,对未来的图书市场进行科学判断,分析选题的社会效益和经济效益、作者的创作能力和认可度。

一方面,应当加强全媒体技术在选题策划中的应用。将各种线上社交平台引入选题策划的通信渠道,通过建立共享、互动的网络通信渠道,加强市场与选题策划的互动性,从而吸引更多的专业人员和技术人员加入图书选题策划的交流讨论之中。要将各种网络平台引入选题策划的舆论分析和受众信息分析工作之中,拓展图书的选题来源,为选题策划提供数据支持。

另一方面,应当加强大数据技术在图书选题策划中的应用,挖掘数据的创新潜力。大数据技术在选题策划中作用突出,可避免选题策划出现同质化、重复化问题,也可为图书选题策划提供科学的分析报告,获取市场热点、读者阅读

---

① Kol 是 key opinion leader(关键意见领袖)的首字母缩写,它是传播学、社会学中的一个专业词汇,在营销学中通常指拥有更多、更准确的产品信息,且为相关群体所接受或信任,并对该群体的购买行为有较大影响力的人。

偏好以及作者知名度等信息,指导图书选题策划朝着智慧化、创新化方向发展。可以利用大数据技术对网络中的海量阅读信息、图书消费记录、产品数据进行挖掘和分析,预测图书选题策划的市场需求,提升图书选题策划的质量。

传统的图书选题决策基于图书策划编辑的个人经验和主观判断,容易受到主观偏见和偶然因素的影响。而基于大数据和算法分析等手段,可以深入分析读者喜好、市场趋势和竞争情况等,帮助图书策划编辑预测和评估不同选题的潜在价值,为图书选题策划提供客观的数据支持和决策建议,降低盲目决策的风险,增强图书选题策划精准性。第一,可以对读者的购买记录、阅读习惯、评论等数据进行深入的分析,挖掘用户的真实需求,为图书策划编辑提供选题方向、内容形式等方面的决策建议,有效避免选题决策的盲目性。第二,可以通过对市场表现和潜在的竞争情况进行分析,为图书策划编辑提供选题的市场分析和预测,帮助图书策划编辑把握市场趋势,避免与市场脱节的风险。第三,可以通过对市场上同类图书的销售数据、读者评价、媒体报道等信息的收集和分析,为图书策划编辑提供选题竞争情况的评价报告,帮助图书策划编辑了解竞争对手的情况,制订更加精准的选题计划。

6.2.6　加强对选题策划编辑的培养力度

图书出版单位要加强对图书选题策划编辑的培养力度。

一是根据市场规则,以市场上较有竞争力的薪资招聘图书选题策划编辑,并秉持资源要素积聚性原则,将主要的资源尽可能地向市场上较有竞争力的图书选题策划编辑进行倾斜,从绩效考核和职务晋升等方面给予一定的支持,从而使这一类人才最大化地发挥自身的优势,为出版机构的图书选题策划做出更多的贡献。二是不断强化选题策划编辑在运营、营销、心理学、广告学等方面的综合性素质,为选题策划的精准性和有效性打下基础。三是加强对选题策划编辑的持续培训,邀请业内专家对选题策划编辑进行专门的授课指导,加强专业知识的学习,从而提高选题策划编辑的专业能力。四是加强选题策划编辑企业文化理念方面的培训,增强员工的归属感和认同感,让员工获得价值感。图书出版单位要加强企业文化建设,强化策划编辑在图书选题策划方面的使命感,增强员工的凝聚力,促进其职业生涯的高质量发展。

策划编辑必须从源头上提高选题策划能力,做好文化的设计者、创造者、引导者,为出版注入灵魂。首先,必须把握好选题的方向,这是整个出版工作的第一要务和核心所在。作为精神文化产品,图书具有鲜明的意识形态属性,并由此影响读者的世界观、人生观和价值观,进而关系到社会稳定、民族团结、国家安全。因此,策划编辑必须始终坚持为人民服务、为社会主义服务、为全党全国工作大局服务的宗旨,树牢政治意识和导向意识,坚定理想信念和政治使命,以政治导向和价值导向为图书出版的根本原则,把好选题策划第一关。其次,要有使命感和责任感,要以文化意识和责任担当,传承中华优秀文明。策划编辑要传承和发展中华优秀文化,以使命感和责任感,打造无愧于时代、无愧于人民的文化产品。最后,要树立创新意识。要加强学习,具备多学科知识、技术;始终把握前沿动态,发现新问题、新趋势,敏锐捕捉当前和未来的热点;勤于思考,善于发现,从不同角度发现价值;善于挖掘,通过加工和重组,实现新的价值和意义;充分利用大数据、人工智能等新技术,捕捉市场需求,实现选题策划的精准性、社会性、时效性和超前性;积极关注社交平台,把握用户心理、属性、需求,以用户思维创新内容、形式、载体,实现传统出版与新兴技术的融合与发展。

在编辑工作的过程中,策划编辑还必须不断学习先进知识,提升自己的选题策划水平和素质,全面把控图书的整体质量,结合互联网时代背景,积极应用大数据技术、云计算技术提高选题策划的合理性和科学性,满足新时代背景下读者的多元化需求。所以,图书出版单位要有意识地增强图书策划编辑的数字素养。第一,图书出版单位可以组织相关的培训,增强图书策划编辑的有关知识和技能,其中包括数据分析、机器学习和人工智能等领域的基本概念和方法,以及相关工具的使用方法。通过培训,图书策划编辑可以了解数字技术的原理和应用场景,提高自身的理解水平和应用数字科技的能力。第二,图书出版单位可以引入专业的技术人员或合作伙伴,与图书策划编辑形成紧密合作的团队。专业技术人员可以为图书策划编辑提供技术支持和指导,在选题策划过程中分析数据、评估结果,弥补图书策划编辑在数字技术方面的不足,确保数字技术应用上的正确性和有效性。第三,图书出版单位可以采用可视化的工具和方法,帮助图书策划编辑更加直观地理解和应用数字技术。例如,图书出版单位可以开发具有用户友好界面的数据分析工具,降低图书策划编辑应用数字技术的难度;制定相关的指标,帮助图书策划编辑解读和评估分析结果,从而更好地将数字技术应用于图书选题策划工作之中。

第 7 章
专业出版的选题策划

专业出版代表着出版社在行业内的专业水平,它不但需要高瞻远瞩的顶层设计及严格的出版保障制度,更需要策划能力满满的专业编辑来具体实施。有重要社会价值的专业出版,不像大众读物、教材教辅那样能够在较短的时间内带来较大的经济效益,但它是积累和传播文化的需要,是出版人应尽的社会责任。

7.1 专业出版的内涵、特点和产品分类

专业出版,是出版单位针对科技、医疗、法律、金融等特定学术领域或专业群体,出版具有高度学术价值或专业实用性的行业性专著、学术性专著和专业性工具书的活动。

7.1.1 专业出版的内涵与特点

专著和工具书等专业出版物通常都由专家学者撰写,内容深入、专业性强,旨在传播专业知识、研究成果和行业动态,服务于学术研究和专业实践。在专业出版领域,出版单位往往与学术机构、专业团体和行业组织保持紧密合作,以确保出版物的权威性和前沿性。此外,专业出版还涉及同行评审、质量控制、版权管理等一系列复杂的流程和标准,以保证出版物的质量和合法性。

专业出版的主要特点:①内容专业性强。专业出版物通常针对特定的学科领域或行业,内容深入、系统,具有较高的学术价值或实用价值。②作者权威性高。专业出版物的作者往往是该领域的专家学者或实践经验丰富的专业人士,

确保了内容的权威性和可靠性。③读者群体明确。专业出版物主要面向专业研究人员、学者、教师、行业从业者等特定读者群体,满足他们的专业需求。④出版流程规范。专业出版通常需要经过严格的同行评审、编辑加工和质量控制等流程,以确保出版物的质量和合法性。⑤出版形式多样。专业出版物不仅有传统的图书、期刊形式,还包括电子书、数据库、在线平台等数字化产品,可适应不同读者的需求。

7.1.2 专业出版产品分类

专业出版活动的产品主要可分为专著和专业性工具书两种,其中专著又分为行业性专著和学术性专著。

1) 专著

专著,是专门研究某一特定问题的著作,或者说是对某一学科及其分支或某一专门课题进行系统论述的著作。在日常语言中,人们可能会把"著作""论著""专著"看作近似的概念。实际上,这几个概念还是有所区别的。著作,是古人写作的体例之一。古人写作的体例大致可分为"著作""编述""抄纂"三大类。"著作"专指具有创造性的文章或书籍。前人没有阐发过或没有记载过的,第一次出现的文章或书籍,才算是"著作"。所谓"编述",是在许多可以凭借的资料的基础上,加以提炼制作的文章,有如现在的"改编"。著作,古代称"作";编述,古代称"述"。说孔子"述而不作",就严格区分了这两种体例。抄纂是资料的汇编,古人叫"论(lún)"。"论"的本字应是"仑",是排列、编纂成辑的意思,如集孔子言论的《论语》。著作,也指作者、作家、写手等人撰写和出版的书。在第7版《现代汉语词典》中,对"著作"的解释是:一是指用文字表达意见、知识、思想、感情等,如从事著作多年;二是指著作的成品,如学术著作、经典著作、著作等身。该词典对"论著"的解释是:带有研究性的著作。该词典对"专著"的解释是:就某方面加以研究论述的专门著作。由上可知,在古人眼里,"著作"作为一种写作体例,相当于我们现代人所说的学术专著或学术著作。现代人在书上的作者署名后标明"著""编""编著",便是为了做这种区分。在现代人看来,"著作"作为一种著作的形式,广义上,它包括出版的图书,也包含发表的论文。"著作"是一个大的集合概念,包括论著、专著,后两者都是著作中的一种。"论著"比专著的范围广，带有研究性的著作都是论著，它包括专著。"专著"是这三个概念中所指范围最窄的，它是专门研究某一特定问题并进行系统论述的论著，是论著中的一种。

(1)行业性专著。行业性专著主要针对特定行业的专业人士或对该行业感兴趣的读者。这类专著通常聚焦于特定领域的实践操作、行业标准、案例分析、市场趋势、技术发展等。例如《深度学习》(*Deep Learning*，by Ian Goodfellow，Yoshua Bengio and Aaron Courville)，这本书为读者提供了深度学习领域的全面介绍，包括理论知识、算法和实际应用案例。《金融市场与金融机构》(*Financial Markets and Institutions*，by Frederic S. Mishkin and Stanley G. Eakins)深入探讨了金融市场的运作机制和金融机构的角色，适合金融从业者阅读。《机械设计手册》(*Mechanical Design Handbook*)为工程师提供了机械设计过程中需要的计算方法、标准和实践指导。

行业性专著的特点包括：①实用性：注重实际操作和应用，为行业从业者提供指导和参考。②专业性：涵盖深入的专业知识，通常由具有丰富行业经验的专家撰写。③案例分析：包含行业内的成功案例或失败教训，帮助读者理解理论与实践的结合。④市场动态：介绍行业的最新发展和未来趋势，为读者提供市场洞察。⑤规范与标准：包含行业规范、法律法规等，帮助读者了解行业标准。

(2)学术性专著。学术性专著更侧重于学术研究和理论探讨，面向的是学术界、研究机构和高等教育领域的读者。一般是对某一特定问题进行详细、系统考察或研究的结果，通常是作者阐述其一家之言，提出具有独创性的理论或不同的解决问题的思路或方法，而较少单纯综述别人已有的研究成果。

任何一个特定问题都可以成为科学研究的对象，如高分子材料、高性能陶瓷、核物理、细菌、水稻杂交、茶文化、酒文化、宫廷文化、科考制度、环境保护、大气环境治理、土壤修复等。特定问题可以是高度综合的大问题，如关于人类的环境保护问题，它关系到国家、地区的经济社会发展，牵涉到物理、化学、大气、土壤、食物、材料、工艺、工业、农业、林业等多个领域多方面的问题；也可以是高度分化的小问题，如高分子材料中的功能高分子材料；或者再细分，功能高分子材料中的高分子信息转换材料、高分子透明材料、高分子模拟酶、生物降解高分子材料、高分子形状记忆材料和医用高分子材料、药用高分子材料等。

关于某一学科及其分支的奠基性著作，无疑是最具有学术价值的专著。如波兰天文学家哥白尼于 1543 年出版的《天体运行论》之于近代天文学，英国物理学家牛顿于 1687 年出版的《自然哲学的数学原理》之于经典力学和动力学，英国地质学家赖尔于 1830—1833 年出版的《地质学原理》（3 卷本）之于地质学，英国生物学家达尔文于 1859 年出版的《物种起源》之于近代生物学，德国精神病学家埃宾于 1872 年发表的《犯罪心理学纲要》之于犯罪心理学，意大利犯罪学家、精神病学家切萨雷·龙勃罗梭于 1876 年发表的《关于犯罪者之我见》之于实证犯罪心理学，切萨雷·龙勃罗梭于 1878 年出版的《犯罪人论》之于犯罪学，法国科学家卢瑟福于 1930 年出版的《从放射性物质发出的辐射》之于早期核物理学，中国当代地质学家陈国达于 1956 年发表的《中国地台"活化区"的实例并兼论"华夏古陆"问题》之于成矿构造学，等等。它们开创了一个全新的研究领域，成为一个新学科的开山之作，或在原有研究领域中开创了一个新的研究方向，成为一个分支学科的奠基之作，因而对于科学的发展和学科的建设，都具有非常重大的学术价值。扶持具有重要学术价值的学术专著的出版，是政府的责任、社会的责任，也是出版者的责任。发现一本学术专著的价值，积极策划该著作的出版，则是策划者的责任。

学术性专著的特点包括：①理论性：深入探讨学术理论，强调理论的创新和学术贡献。②研究性：基于严谨的研究方法和数据分析，提供科学的研究成果。③学术讨论：鼓励学术讨论和批评，推动学术领域的知识进步。④跨学科性：可能涉及多个学科的交叉研究，促进不同领域之间的知识融合。⑤学术价值：注重出版物的学术价值和长远影响，而非短期的市场效益。

2）专业性工具书

（1）专业性工具书的定义。专业性工具书是专业出版领域的重要分支，它们为特定学科或行业的专业人士提供必要的信息、数据、指导原则和实用工具。

《辞海》（第七版）对工具书的解释是："专供读者检索查考有关知识、资料或事实，按一定排检次序加以汇编的书籍。"我国的工具书历史悠久，源远流长。据史籍记载，公元前 8 世纪周宣王时就有字书《史籀篇》。如果说先秦是工具书的萌芽时期的话，那么两汉则是工具书的奠基时期。《方言》《说文解字》《别录》《七略》

等一批定型的字典、词典、书目,为以后工具书的发展打下了坚实的基础。

"工欲善其事,必先利其器。"工具书通常被专业人士、学者、学生和研究人员在日常学习和工作中频繁使用,以快速获取所需信息或解决特定问题。工具书的内容涵盖从科学、技术、医学到人文社科等各个领域。

(2)工具书的分类。根据工具书的基本性质和功能,可以将工具书划分为检索工具书和参考工具书。检索工具书为人们提供书山学海的向导,不提供具体答案,只提供寻找答案的线索,包括书目、索引、文摘等。参考工具书是人们查考问题的帮手,提供具体的答案,提供有关数据和事实等资料,包括字典、词典、年鉴、手册、百科全书、名录、表谱、法律汇编及条约集、统计资料汇编、类书、政书、数据集等。美国工具书专家盖茨将工具书分为控制—检索型工具书和资料型工具书,前者相当于我们所说的检索工具书,后者相当于我们所说的参考工具书。

也有国内的专家把工具书分为辞书类(包括字典、词典)、百科类(包括百科全书、类书、政书)、资料类(包括年鉴、手册,含指南、大全、必备等)、线索类(包括书目、索引、文摘、题录等,又叫二次文献)、表谱类(包括历表历书、年表、历代官职表、地理沿革表)、图录类(包括地图、图谱)、鉴赏类(包括诗词鉴赏、散文鉴赏、小说鉴赏、书画鉴赏、珠宝鉴赏、文物鉴赏)。

根据工具书的编制特点和功能用途,工具书一般可分为八类:①书目、索引、文摘;②字典、辞典;③类书、政书;④百科全书;⑤年鉴、手册、名录;⑥数表、统计集;⑦表谱、图录;⑧丛集、汇要。

书目:也称目录,是著录一批相关文献并按照一定的次序编排而成的揭示与报道文献信息的工具。书目的社会功能:检索、报道、导读。我国最早的书目是汉武帝时杨仆撰写的《兵录》。西汉刘向、刘歆父子编撰的《别录》《七略》创图书六分之史例。而清代的《四库全书总目》集经史子集四部分类之大成。索引:是著录书刊中的题名、语词、主题、人名、地名、事件及其他事物名称,按照一定的方式编排起来,并指明出处的一种检索工具。文摘:是由一批相关款目组成、揭示文献内容、传递有关文献信息的重要工具。文摘款目包括文献外形特征的著录和文献内容摘要。摘要是构成文摘款目的主体。文摘按摘要方式可分为指示性文摘和报道性文摘。

字典：是解释字的形、音、义及用法的工具书。字典可以说是中国特有的一种工具书。

辞典：是解释语词的概念、意义及其用法的工具书。

类书：是辑录各种文献中的史实典故、名物制度、诗赋文章、丽词骈语等，按类或按韵编排，以便查检和征引的工具书。我国的第一部类书《皇览》于公元220年魏文帝曹丕时编撰。宋初有著名的四大类书：《太平御览》《册府元龟》《太平广记》《文苑英华》。明代解缙等奉敕编撰的《永乐大典》是我国历史上内容最广博、卷帙最庞大的类书，共有22937卷，今存仅800卷左右。清代陈梦雷编纂的《古今图书集成》是我国历史上现存的收录最广、最大的一部类书，素有"康熙百科全书"之称。政书：是收集历代或某一朝代的政治、经济、文化、制度方面的史料，分门别类地加以编排和叙述的一类工具书。政书最早为唐代刘秩所创，他著有《政典》一书，后杜佑据此书扩编为《通典》。唐朝杜佑的《通典》和宋代郑樵的《通志》、元代马端临的《文献通考》，合称"三通"。

百科全书：是向读者提供全面系统知识的综合性大型参考工具书，主要特点有全、精、快、新等。

年鉴：包括年表、年报等，一般是概述一年内有关事物或学科的进展，汇集重要文献和统计资料的连续出版物。按其特点和出版情况，年鉴可分为综合性年鉴、专门性年鉴、统计性年鉴、地方性年鉴。手册：是汇集某一方面经常需要查考的基本知识和资料，以待读者随时翻检的一种工具书。手册还有指南、便览、要览、必备、大全等。名录：是汇集机构名、人名、地名等专有名词基本情况和资料的一种工具书。其中，机构名录有时称为一览、指南、简介、概览等。名录一般要包括有关专名的最新基本信息资料。

数表、统计集包括统计资料集和数据集、各种用表等。

表谱：包括年表、历表和其他专门性表谱。年表汇集历史年代和历史大事资料，历表汇集不同的年月日资料，其他专门性表谱汇集人物生平及历代职官、地理沿革等资料。图录：包括地图、历史图谱、文物图录、人物图录、艺术图录、科技图录谱等。

丛集、汇要：包括丛书、总集、汇编、综述、史志、学科史、要籍等。

还有一类特殊的工具书，全面系统收集、报道和评价工具书，叫作工具书书目、工具书指南,如书目之书目,是专门收录、评价书目的工具书。

(3)工具书的特点。工具书的作用主要是指示读书门径,解释疑难问题,指引资料线索,提供参考资料,辅助辑佚校勘,传播思想文化。这类书籍通常具有以下特点:

权威性:专业性工具书往往由某领域的权威专家或资深从业者编写,从内容而言,广泛吸收已有研究成果,所提供的知识、信息比较成熟可靠,叙述简明扼要,概括性强,确保提供的信息准确可靠。例如,《现代汉语词典》先后由我国的语言学大师吕叔湘、丁声树主持编写,由中国社会科学院语言研究所词典编辑室组织有关专家参加编写和修订,因而,它是汉语词典中最具有权威性的工具书。

系统性:内容全面,系统地覆盖相关领域的知识体系,包括基础理论、专业术语、操作方法等。例如,华中科技大学出版社 2000 年出版的《现代数学手册》,包括经典数学卷、近代数学卷、经济数学卷、计算机数学卷、随机数学卷,是较完备地汇集现代数学知识的大型工具书。

实用性:工具书的核心在于其实用性,通常包含指导原则和建议,提供可以直接应用于工作实践的技术和方法,帮助读者解决实际问题,如操作流程、计算公式、案例分析等。

更新性:工具书的内容应该是成熟可靠的,一般不需要做频繁的修订,但是随着科学技术的发展和行业标准的更新,专业性工具书需要定期修订,以反映最新的研究成果和行业动态。

便检性:为了便于读者快速查找和使用,专业性工具书总是按某种特定体例和方法编排,以体现其工具性和易检性。通常设计有索引、图表、附录等辅助功能。编排工具书时,一定要充分考虑如何才能做到方便读者检索,设计若干检索方法与途径,在正文之前,要向读者交代清楚此工具书的使用方法或检索方法。《现代汉语词典》在正文之前,有一个"总目",其中,有"凡例""音节表""新旧字形对照表""部首检字表"。在"部首检字表"下面又设"部首目录""检字表""难检字笔画索引"。正文的字则以汉语拼音排序,在书眉上又标出当前页所出现的汉字。这些都充分体现了工具书的便检性。

在中国,专业出版得到了国家的大力支持和鼓励,国家设有专门的出版基金,资助这类书的出版,许多出版社都有专门的部门或团队负责专业出版工作。这些出版物不仅对推动学术研究、传播知识、培养人才和促进行业发展具有重要意义,是文化建设和科技创新的重要支撑,而且对提升国家文化软实力和国际影响力产生了积极影响。

7.2　专业出版的选题策划方略

专业出版的选题策划,是策划编辑按照一定的方针和客观条件,开发专业出版资源,设计选题、落实选题出版及行销方案的创造性活动。

7.2.1　确定选题方向

确定选题方向是策划的关键步骤,它直接影响到出版物的市场表现和专业价值。在专业出版领域定位选题需要做的主要事项如下:

(1)明确特定行业或学科领域的专业人士和对该行业或学科感兴趣读者的专业背景、兴趣点、阅读习惯和购买能力,以便确定选题的内容方向和市场定位。

(2)研究当前市场上已出版的该行业或学科领域专著。如使用 Google Trends、Amazon Best Sellers 等数据分析工具,搜索该专业的热门书籍,了解它们的主题、内容、销售情况和读者反馈,以获取该专业出版趋势和市场动态,发现市场空白和潜在需求;分析竞争对手的同类产品,了解它们的优势和不足,寻找差异化的出版机会。

(3)关注行业内的最新动态、研究趋势和技术发展。如参加相关行业的研讨会,了解行业当前的实践操作、行业标准、案例分析、市场趋势、技术发展等,预测可能出现的热点话题和未来需求;参加相关领域的学术会议和研讨会,了解最新的研究成果和学术讨论,把握学术前沿和潜在的出版选题。咨询专业领域内的专家学者,了解他们对当前专业领域热点和未来发展方向的看法,他们的见解往往具有前瞻性和指导意义;通过问卷调查、访谈、在线论坛等方式,直接向潜在读者收集意见和需求,了解读者的兴趣和讨论焦点。这些一手资料可以为确定专业出版活动的选题方向提供直接依据。

(4)与书店、图书馆、在线零售商等行业销售渠道沟通,了解他们对该行业市场的看法和需求。

通过综合考虑以上因素,你可以确定一个既有学术价值又具有市场潜力的选题方向。在确定选题时,还需要与出版社的同行专家进行沟通和讨论,以进一步验证选题的合理性和可行性。

7.2.2 设计选题内容和载体

确定选题后,策划者下一步就是要对这个潜在的出版项目所涉及的主题、内容和结构和表现形式等方面做整体规划。一个良好的选题构成能够确保出版物的系统性、逻辑性和完整性,同时也有助于吸引目标读者群体。

以下是选题构成的几个关键要素:

1) 主题

选题应具有明确的主题,这有助于读者快速理解出版物的核心内容和价值。学术性专著的主题通常涉及特定学科或跨学科领域的深入研究,应具有独特性和创新性,旨在对该领域的知识体系作出贡献;行业性专著的主题应具有实用性和指导性,能够为读者提供实际操作上的指导和建议。这可能包括理论分析、实证研究、案例研究、历史回顾等。工具书的主题通常围绕特定领域的知识、信息、数据、技巧和指导而编制。这类书籍的目的是帮助读者快速查找所需信息,解决实际问题或提升专业技能。此外,还要确保选题内容符合相关法律法规要求,避免侵权风险。

2) 结构

出版物的结构是指其组织和布局的方式,它决定了读者如何接收和理解内容。一个清晰、逻辑性强的结构对于提升出版物的可读性和信息传递效率至关重要。出版物的结构应合理有序,通常包括引言、章节划分、结论等部分。每个章节都应围绕主题展开,逻辑清晰,内容连贯。必要时还要有图表、数据、附录等辅助材料,以增强出版物的可读性和信息量。

3) 语言风格

在选题设计时应注意锚定目标读者群体,据此确定内容的难易程度、语言风格和专业术语的使用,根据读者的专业知识水平选择适当的词汇。如,学术性专著可以使用学术风格的行文,其特点是严谨、客观、用词准确,经常使用专业术语和复杂句式;手册和指南类图书的目的是清晰地解释概念、过程和步骤,通常使用简单直接的语言和有序的结构。

4) 表现形式(载体)

选题载体是指承载出版物内容的物理或数字形式。随着技术的发展和读者习惯的变化,出版物的载体也在不断演变。在选择选题载体时,需要考虑目标读者群体的偏好、内容的性质、预算以及预期的传播效果。正确的载体选择可以增强专业出版物的可及性和影响力,从而实现更好的市场表现和社会效益。

以下是一些常见的选题载体:①纸质书籍:传统的纸质书籍仍然是许多读者的首选,尤其是需要深度阅读和学术研究的专著。②电子书:电子书提供了便携性和可搜索性的优势,适合快节奏的阅读和需要携带大量书籍的场合。③有声书:有声书适合在通勤、锻炼或做家务时聆听,特别适合视觉疲劳或偏好听觉学习的人群。④在线数据库和期刊:对于需要频繁更新和检索的专业领域,在线数据库和期刊是理想的专业内容载体,可以提供最新的研究成果和动态。⑤移动应用:移动应用可以提供个性化的阅读体验和实时更新,适合科技和医学等需要即时信息的领域。⑥多媒体套装:结合书籍、视频、在线资源和互动元素的多媒体套装,可以提供丰富的学习体验。

综合考虑以上要素,可以构建一个全面且具有吸引力的选题,为成功出版奠定坚实的基础。

7.2.3　选择专业作者

相对而言,策划学术专著选题更应注重作者的选择。因为大多数学术专著的书名和书的内容设计都是由作者决定的,或者主要是作者说了算。编辑在这一方面需要做的工作主要是发现和了解作者,跟踪作者的研究方向、课题和研究成果,发现有重大学术价值的选题并选择作者。

1) 专业出版领域作者的类型

(1)专业出版领域的作者,按从事专业研究和写作的驱动力,可以分为三种类型。

使命驱动型。这种类型的作者完全是受一种使命感的驱动,心甘情愿、不畏艰险、不计名利、无怨无悔地为某一专业研究奉献终身。这类作者以追求真理、发现真理为目的,主要看重的是自己在专业领域内做出的贡献,而并不以作品一定要出版为落脚点。其主要的学者品格是为专业献身。这种使命感不是来自外部的要求或外力的强迫,而是本人对学术使命的自觉认知。可能是受益于某位长者、智者的一席话,可能是在读书的过程中对某一问题的质疑,可能是在对某方面研究成果进行综合分析的基础上发现了新的研究方向或研究课题,可能是来源于对某种自然现象或社会现象的观察,这种经历由于某种契机转化成对某一专业问题的重要性与必要性的自觉价值认知,使命感也就得以确立。这类作者为专业献身的品格是令人钦佩的。

任务驱动型。这种类型的作者主要是因为接受了某部门下达的任务来完成作品,也可以算是责任驱动型或外力驱动型。接受了任务,就有责任在规定的时间内按要求去完成它。其所做的是受命之作,即命题作文。相比较而言,使命驱动型的作者具有对某一专业问题的强烈使命感,可以在自由的时间内自由地安排自己的专业活动,可以一生只研究一个专业问题,可以研究别人不研究的专业问题,可以只研究自己感兴趣的专业问题;责任驱动型的作者具有对承担专业任务的强烈责任感,只能在规定的时间内按下达的任务完成自己的工作。任务驱动型的作者,一般会获得研究经费的资助或其他条件的扶持,其成果的出版与否受任务下达者的控制;出于保密的需要等原因,有的会不允许公开发表或正式出版,有的需要经审查后有选择地公开发表或正式出版。任务驱动型的作者,基本上是职务作品的作者。

名利驱动型。这种类型的作者撰写专业出版物,主要是为了个人的名利。名,是名誉、荣誉;利,主要是经济利益或物质利益。名利驱动型的作者中又有所区别,有的以求名为主,不看重利;有的以求利为主,不看重名;有的名利都看得重,既要名又要利。名利驱动型的作者,虽然看重个人的名利,但是只要其研究与社会的进步、专业的繁荣相一致,就是应当得到肯定和鼓励的。如果把个人的名利放在至高无上的地位,置社会整体利益于不顾,就应该受到批判和抵制。不过,我们也要看到,受个人名利驱动的作者,其专业发展的动力往往随着条件的改变而发生变化,能坚持很长时间或一生是很难的。例如有的因职称评定需要出版专著的作者，当其设定的目标达到以后，专业发展的步伐也就随之停止了。

在现实生活中，单一型的作者较少，大多是混合型的。也就是说，作者往往不是上述三种作者中的一种，而是其中的两种或三种的混合体。有的既是使命驱动型的，又是任务驱动型的，还兼属名利驱动型；有的既是使命驱动型的，又是任务驱动型的；有的既是使命驱动型的，又是名利驱动型的；有的既是任务驱动型的，又是名利驱动型的。

（2）专业出版领域的作者，按治学的态度，可以划分为严谨治学型和敷衍了事型。

严谨治学型的作者，会非常认真地探讨、分析问题，对于书的内容设计会经过自己的周密思考，对于提出的新观点、新理论会仔细推敲，对于书稿中的文字、标点符号、参考文献都会按规范正确地使用，遇到疑点不会轻易放过，初稿完成后，一般都会进行反复修改，直到自己感到满意、无法再修改为止。出自严谨治学的作者的书稿，一定会体系严密，层次清楚，逻辑性强，语言文字精炼、规范，虽然由于存在校对失误等原因，也难免存在差错，但语病、错别字非常少，有的观点可能有点偏颇，但却能自圆其说。

敷衍了事型的作者，做事不认真，马马虎虎，只求应付过去就算完事，其作品粗制滥造的多，观点往往经不起推敲，语病、文字和标点符号差错多，参考文献使用不规范，书稿逻辑性不强，前后重复，前后矛盾，抄袭的多，通常是"剪刀加糨糊"，或者网上下载，东拼西凑，真正属于自己原创的东西很少。这种类型的作者写的书稿，内容无创新，没有文化积累价值和专业价值，根本达不到出版水平。

（3）专业出版领域的作者，按已有社会地位或是否成名，可以划分为知名作者和不知名作者。

知名作者，是已经在某一方面有所建树、在某一领域有较大名望或影响的作者。一般而言，知名作者都会治学严谨，会爱惜、珍惜自己已经获得的名望和名誉，要么不答应约稿，一旦答应便会认真负责地去做。但是名人也有难言之隐，一旦成名，社会活动多了，社会兼职多了，约稿的多了，能够自由支配的研究时间和写作时间少了，于是有的知名作者也难免有平庸之作。这类作者，又可分为年长的知名作者和年轻的知名作者,具有国际影响的知名作者、具有全国影响的知名作者、具有区域影响或学科影响的知名作者,等等。

不知名作者,是在社会上还没有什么影响的作者。通常,不知名作者都比较谦虚,好打交道,不会提苛刻要求。不知名作者是知名作者的预备队,知名作者在出名之前都是不知名作者。作为编辑,要学会发现有潜力的作者,要当发现千里马的伯乐,努力培养作者,让不知名作者的有重要文化积累价值的学术专著问世,从而把不知名作者推向知名作者的行列。

2) 如何选择较理想的专业作者

编辑在策划专业出版的选题时,必须对作者有深入了解,然后才能找到较理想的作者。

要尽可能寻找使命驱动型作者,学会与任务驱动型、名利驱动型及混合型的作者打交道。最理想的作者是使命驱动型的,这种作者的专业使命感强烈,能够专心致志地长期致力于某一项研究,可能是十年磨一剑,也可能一辈子磨一剑,故其研究成果大多具有创新性、独创性,研究比较深入、系统,具有重要的学术价值。任务驱动型、名利驱动型的作者及混合型的作者,也可以成为较理想的专著作者,关键在于策划编辑要学会与他们打交道,要选择能够实现自己策划意图的作者。承担国家级、省部级重要科研项目的作者,虽然有任务驱动和名利驱动的因素,促使其撰写专著,但他们大多数同时具有使命感,他们同样可以成为较为理想的专著作者。

要尽可能寻找严谨治学型的作者,并尽量避免与敷衍了事型的作者打交道。最理想的作者是严谨治学型的,这种作者撰写出来的作品,学术水平和专业价值都高,几乎没有谬说,基本上没有语病、错别字和标点符号差错,参考文献的引用和注释很规范,编辑所做的只是锦上添花的工作,纠正本来就不多的差错,使之更完善。最不理想的作者是语言文字功底和治学态度都差的敷衍了事型作者,这类作者所撰写的专著,光语病、错别字和标点符号差错就够编辑头痛的。编辑面对的是无数的"地雷",再认真负责的编辑,做了许多纠错的工作,仍有可能出现除错不干净的情况。对这类作者的书稿,还要特别注意审查其有无政治导向和文化导向问题。

要尽可能寻找知名作者,也要善于发现有潜力的不知名作者。编辑应该结交国内国际一流的作者、有区域性或学科性影响的成名作者,也应该善于发现有发展前途和潜力的还没有成名的作者。优秀的编辑应该从选题策划的角度,为作者提供出版方面的意见或建议,如将有些专著的学术性与普及性结合起来,用尽可能通俗的语言阐释学术理论,增强专著的可读性,尽量扩大读者面。

要了解作者。要通过直接与间接、正面与侧面等多种途径和渠道了解作者的治学态度、专业方向、已经做过的专业课题和目前承担的专业任务,以及已经取得的专业成果,同行对其的评价,作者在专业领域的知名度、权威性以及个人德行、性格等。通过看作者已经出版的著作,特别是审读作者拟出版的书稿的部分样稿,也可以对作者的治学态度、写作能力、专业水平、专业成果的价值、语言文字功底等有所了解。

3) 如何处理与专业作者的关系

编辑只有正确处理与专著作者的关系,才能使作者成为自己策划的专著的撰写者。

要尊重作者。编辑要尊重知名作者,也要尊重不知名作者,要尊重年长的作者,也要尊重年轻的作者。尊重作者,就是要尊重作者的人格与创作,尊重作者的意见,尊重作者对于作品的著作权,包括保持作品的完整性的权利。只要不违反出版法规和出版纪律,只要遵守出版规范,对于作者的学术观点和书名的确定等,可以按作者的意见办,采取文责自负的原则予以处理。对于书名和书稿内容的修改,对于篇章结构的重大调整,编辑可以向作者提出建议并说明理由,但最终要尊重作者的意见。编辑在语言文字、标点符号等方面所做的修改,也要让作者在审读清样时予以确认,这样可以让作者发现和纠正编辑在审读加工过程中出现的差错。

要善于向作者学习。编辑应该学习作者严谨治学的态度和勇于创新的精神。为了增强与作者沟通的能力,编辑要努力扩大自己的知识面,根据拟策划选题的作者的专业与研究方向,调整和改善自己的知识结构,使自己能够在专业上与作者进行对话交流。遇到自己不懂的问题,有疑问或拿不准的问题时,要虚心向作者请教。

要为作者提供优质的服务。编辑要处处为作者着想,在与作者打交道的过程中,尽可能地方便作者,绝对不要为难作者,不要给作者出难题,对于作者的合理要求要尽量满足,不能满足的要诚恳地向作者解释清楚。约谈作者,要绝对守时,绝对不能失信于作者。要以诚待人,成为作者可以长期信任的知心朋友。

一个编辑,如果做到了上述几个方面,则会拥有一批专著作者,策划高质量、高水平的专业出版物的道路就会越走越宽广,越走越顺畅。

7.2.4　规划专业出版选题的市场竞争方略

1) 特许经营权和品牌建设

将特许经营权和品牌建设联系起来是专业出版领域选题策划的主要方向。品牌建设在特许经营中扮演着至关重要的角色,因为它不仅关系到特许经营系统的市场识别度,还直接影响到特许经营的成功率和扩张潜力。

由政府机构授权,准许特定企业使用公共物质或精神财产的权利是特许经营模式的一种主要形式。在专业出版领域,中国出版管理行政部门为确保出版物的质量和专业性,也规定只有符合一定条件和要求的出版机构,才能出版特定专业领域(如医学、养生保健、宗教和民族文化)的图书、期刊、电子音像制品、数字产品等。

基于特许经营权进行专业出版物的品牌建设,在 17 世纪末 18 世纪初的出版界就已经出现,其中的典型代表是牛津大学出版社。

1690 年,牛津大学出版社获得詹姆斯一世钦定《圣经》的出版特许经营权,丰厚的回报为出版社奠定了扎实的经济基础。与此同时,牛津大学出版社的经营者敏锐地看到了品牌经营在可持续发展中的重要作用。出版社通过不断开发与《圣经》相关的图书,并以此带动组合其他宗教资源,成功实施了宗教书籍领域的品牌经营策略,成为世界上重要的《圣经》出版商。

牛津大学出版社依托其旗舰产品《牛津英语词典》进行品牌延伸,先后出版了各种用途的词典,使得“牛津”二字成了高质量英文工具书的代名词。随着互联网时代数字技术的发展,品牌产品的数字化经营成为牛津大学出版社高度关注的业务领域。一是它于 2004 年推出《牛津英语词典》在线版本,并将许多相关的工具书数字化后捆绑起来,组合成“资源中心”,每季度进行更新升级,然后每年推送给相关机构订阅。二是它强化了“二次售卖”的数字产品经营模式。

运用"二次售卖"策略,牛津大学出版社将纸质词典工具书做成电子书形式,电子书在检索上大大优于纸质书,所以电子版产品的定价更高,其定价是纸质工具书的150%。据牛津大学出版社统计:在2005年之前,纸质工具书收入在工具书总收入中占82%,数字化工具书占18%;到2011年,纸质工具书收入降为12%,而数字化工具书的比例已上升到88%。

如果说牛津大学出版社的发展奠基于特许经营模式的运作,那么,其长期以来在宗教图书和词典工具书领域的品牌建设,则使其经营模式得以从较为被动的特许经营模式成功转型为主动积极的品牌经营模式,不仅在图书产品的经济效益和社会效益方面获得丰厚回报,而且出版社的市场运营能力得到了极大提升,取得了市场竞争中的相对主动地位。

综上,在专业出版领域,特许经营与品牌建设之间存在着密切的联系,一个成功的选题策划人应该充分依托专业特许经营系统,通过有效的品牌建设和管理,来提升品牌价值,推动所策划选题的产品扩张,并保护这类选题的长期利益。

具体说来,进行专业出版选题品牌建设的主要方法如下:①品牌定位:明确品牌的目标市场、核心价值主张和差异化优势。品牌定位是品牌建设的起点,它决定了品牌的战略方向和市场策略。②品牌识别:通过统一的视觉元素(如LOGO、色彩、字体)和语言风格来建立品牌的独特性,使消费者能够快速识别和记住品牌。③品牌承诺:明确品牌向消费者提供的价值和承诺,包括产品质量、客户服务、售后支持等,确保品牌的行为与承诺保持一致。④品牌传播:通过广告、公关、社交媒体、内容营销等多种渠道和方法来传播品牌信息,增强品牌的知名度和影响力。⑤品牌体验:在产品设计、客户服务、销售渠道等各个环节提供一致且高质量的用户体验,以提升消费者的满意度和忠诚度。⑥品牌忠诚:与客户形成牢固的亲密关系并努力维护,鼓励消费者成为品牌的忠实拥趸,并通过口碑传播来吸引新客户。⑦品牌创新:持续进行产品和服务的创新,以适应市场变化和消费者需求,保持品牌的竞争力和活力。⑧品牌管理:对品牌进行持续的监控和评估,确保品牌形象的一致性和品牌的长期健康发展。

在专业出版领域进行品牌建设是一个长期的过程,需要选题策划人持续投入资源和精力。一个成功的品牌建设不仅能够提升出版社的市场竞争力,还能够为出版社带来长期的经济利益和社会效益。而因应网络时代新技术的发展和读者需求的变化，及时形成并维持品牌出版物的数字化经营模式，才能为专业出版物的生命力延续提供坚实的保障。

2) 纸数一体的专业化市场营销规划

纸数一体的专业化市场营销规划，是专业出版选题策划未来的主流发展方向。大众出版、教育出版、专业出版之间存在着许多差异，例如商业特性、产业集群、营销方式、全球运营等，都有较大不同。在出版市场整体下滑趋势明显的今天，认识各种出版模式并把握其选题策划方法，是十分必要的。而长期以来，专业出版被视作数字化技术、互联网技术最大的受益者，专业出版正朝着信息服务的基础性功能回归，很多传统的专业出版商将自己定位为"信息服务提供商"，其中的典型代表是爱思唯尔出版公司。

爱思唯尔(Elsevier)是一家国际性的科学、技术和医学出版公司，拥有超过400 年的历史，起源于 1580 年在荷兰创立的 Elzevir 出版社。公司旗下拥有2800 多种期刊，包括著名的《柳叶刀》和《细胞》等学术期刊，以及众多学术图书和数据库产品。爱思唯尔不仅提供学术出版服务，还提供信息和分析服务、临床决策辅助数字化解决方案等，全方位支持科学与医学发展。

其盈利模式主要包括以下几个方面：①订阅费用：爱思唯尔通过向学术机构、图书馆和研究机构提供期刊和数据库订阅服务来获得收入。这些机构为了获取最新的研究成果和学术资料，通常需要购买订阅。②版面费：在某些情况下，爱思唯尔会向作者收取版面费，尤其是在开放获取(Open Access，OA)的期刊中。作者支付费用以使他们的研究成果对公众免费开放。③单篇论文销售：除了订阅服务，爱思唯尔还通过销售单篇论文来盈利。研究人员和学者可以通过付费下载未包含在订阅中的论文。④数据和分析服务：爱思唯尔提供包括SciVal、Scopus 等在内的数据分析工具和服务，帮助研究机构和企业进行科研评估和战略规划，这也是其收入来源之一。⑤图书出版：爱思唯尔出版各类学术图书和参考书，包括教科书、专著和手册等，通过图书销售获得收益。⑥增值服务：爱思唯尔还提供一系列增值服务，如文献管理工具、在线学习和培训课程等，这些服务同样为其带来收益。⑦合作伙伴关系：爱思唯尔与其他公司和机构建立合作伙伴关系，通过合作项目和技术许可等方式获得收入。

爱思唯尔的专业出版盈利模式清晰地勾画了其选题策划的立体化、多元化思路:一种内容产品,多种盈利产出。

在选题策划过程中,要设计产品的模块组合和注重产品内容的可移植性和可集成性,为实现专业内容的定制化服务奠定基础。即一个内容产品通过数字技术,可以链接多种平台产出,尽量减少专业用户跳出,也就增强了用户对专业内容的黏度,拓展了用户数量。如此通过充分应用专业出版社现有的技术能力,以个性化、定制化服务方式,将选题内容产品延伸拓展到专业工作价值链的其他方面。

3)"长尾"策略

长期以来专业出版物在市场上表现为:高水准的社会效益和低水平的经济效益并存。即使是专业出版领域久负盛名的牛津大学出版社,其多数学术、专业图书只能售出 250~500 册;在专业期刊方面,牛津大学出版社出版 200 多种期刊,其发行量也局限于相对狭小的专业领域。

(1)针对这种市场表现,专业出版单位的选题策划者在初期要通过实行经济效益预算来控制此类产品的出版成本。例如,对于有的读者群很小的专业图书和学术著作,一方面可以通过成本定价策略收回必要的成本;另一方面,可按照阶梯原则准备选题内容的不同载体,逐步推出不同版本,首先出版高定价的精装书,一年以后出版半价精装书,随后逐年推出比较便宜的平装书,最后推出廉价书。高质量的产品配合专业的销售方略有利于小众专业内容产品牢牢地占据市场,并在出版界和学术界树立起选题策划人的学术声誉。

(2)在选题规划中运用"长尾"理论为产品增加营收途径。长尾理论的基本原理是:只要存储和流通的渠道足够大,需求不旺或销量不佳的产品所共同占据的市场份额可以和那些少数热销产品所占据的市场份额相匹敌,甚至更大。

为此,选题策划者应有如下眼光和组织储备:①保证所有内容产品不脱销。即始终关注销售渠道和印制环节,保证只要市场上有人需要,专业的内容产品就能印出来,即纸质书的按需出版。②帮助消费者找到所需产品。具体做法是在专业选题即将出品时,将相关内容放到网上供搜索阅读,这种设计创造的营收分为两个部分,一是"二次售卖"的收入,二是广告收入。现在牛津大学出版社约 2 万种专业图书放在谷歌的服务器上,与谷歌合作三年后,出版社放在谷歌上的图书在亚马逊网上书店的销售增加了 28%。据牛津大学出版社观察和试验:当图书在谷歌的服务器上可以被搜索到时,销量就上升;反之,销量就下降,因为人们找不到这些书了。在广告收入方面,谷歌将广告收入的 50% 支付给牛津大学出版社。

这种选题市场销售方面的策划能将众多小专业市场汇聚成可与主流大市场相匹敌的市场能量。具有常销性,是专业出版在销售周期上区别于其他出版品类的重要标志。一般说来,学术、专业图书和期刊的读者面窄,销量不大,但能够长销,5 年、10 年甚至再长些时间也不会过时,有的成为经典的学术著作,则几百年甚至数千年都还有再版价值。

4) 积极策划质优面窄、内容专业的选题

对于专业面窄、经济前景不佳,却有着良好社会价值的专业领域研究成果,编辑应该有高度的敏感性,自觉积极地将之纳入选题策划之中,这是策划者应承担的社会责任。

(1)争取出版单位支持优秀专业作品的正式出版。在确认某专业领域选题有重要出版价值的基础上,可请专著所涉及的学科领域三位以上的有关权威专家对该专著进行评价,通过选题论证,努力争取本出版单位主要领导的支持,在出版经费资助、稿费等方面尽量予以支持,为有重要专业价值的作品的出版创造条件。如果一本学术专著的出版,有助于提高出版单位出版物的品位,实现积累和传播文化的历史使命,出版单位的主要领导是会愿意承担经济亏损的责任的。

(2)对标省部级和国家级图书奖评选条件策划选题。选择有参评省部级和国家级图书奖潜力的专业作品,与作者共同努力,精心组织和策划其内容结构和表达形式,并在实际工作中努力把该书做成精品书,争取让所策划专著或工具书在出版后获得大奖。这类选题策划在提升出版单位的知名度方面做出了贡献,即使在出版经费方面让出版单位承受了压力,也会得到同行和领导的理解与支持。

(3)积极申报专著和工具书出版资助项目。一方面,国家有出版基金项目,资助部分学术专著的出版。如果能够获得立项,就解决了所策划的学术专著的出版经费问题。另一方面,可以引导作者申报有关科研项目,争取项目经费资助专业成果出版。能获得国家立项资助,无疑是对专业成果社会价值的极大肯定,也为其后的图书获奖奠定了坚实基础。

一般来说,作者知道相关的各类科研项目,但也有的作者不太清楚,不知道自己的专题研究适合申请什么项目,这就要求编辑熟悉我国目前设立的省部级和国家级科研项目的有关情况,并引导作者申报有关项目,以获得科研经费资助,这些科研经费大多可以部分地用来出版学术专著。

下面重点介绍目前我国相关的国家自然科学基金项目和国家社会科学基金项目、国家科学技术学术著作出版基金,以及科技部项目。

第一,国家自然科学基金项目。

国家自然科学基金设立于 1986 年。目前,国家自然科学基金项目包括以下几种。

面上项目。面上项目是国家自然科学基金研究项目系列中的主要部分,支持从事基础研究的科学技术人员在国家自然科学基金资助范围内自主选题,开展创新性的科学研究,促进各学科的均衡、协调和可持续发展。

重点项目。重点项目是国家自然科学基金研究项目系列中的一个重要类型,支持从事基础研究的科学技术人员针对已有较好基础的研究方向或学科生长点开展深入、系统的创新性研究,促进学科发展,推动若干重要领域或科学前沿取得突破。重点项目应当体现有限目标、有限规模、重点突出的原则,重视学科交叉与渗透,有效利用国家和部门现有重要科学研究基地的条件,积极开展实质性的国际合作与交流。

重大研究计划项目。重大研究计划遵循"有限目标、稳定支持、集成升华、跨越发展"的总体思路,针对国家重大战略需求和重大科学前沿两类核心基础科学问题,结合我国具有基础和优势的领域进行重点部署,凝聚优势力量,形成具有相对统一目标或方向的项目群,并促进关键科学问题的深入研究和集成,以实现若干重点领域和重要方向的跨越发展。重大研究计划"培育项目"和"重点支持项目"的资助力度分别参照面上项目和重点项目的平均力度;"培育项目"的资助期限一般为 3 年,"重点支持项目"的资助期限一般为 4 年,"集成项目"的资助期限由各重大研究计划指导专家组根据实际需要确定;合作研究单位不得超过 2 个。

青年科学基金项目。青年科学基金项目是国家自然科学基金人才项目系列的重要类型,支持青年科学技术人员在国家自然科学基金资助范围内自主选题,开展基础研究工作,培养青年科学技术人员独立主持科研项目、进行创新研究的能力,激励青年科学技术人员的创新思维,培育基础研究后继人才。

优秀青年科学基金项目。为进一步贯彻落实国家中长期人才发展规划纲要的部署,加强对创新型青年人才的培养,完善国家自然科学基金人才资助体系,自然科学基金委决定自 2012 年起设立优秀青年科学基金项目。作为人才项目系列中的一个项目类型,优秀青年科学基金项目与青年科学基金项目、国家杰出青年科学基金项目之间形成有效衔接,促进创新型青年人才的快速成长,主要支持具备 5～10 年的科研经历并取得一定科研成就的青年科学技术人员,在科研第一线锐意进取、开拓创新,自主选择研究方向,开展基础研究。

国家杰出青年科学基金项目。这一项目支持在基础研究方面已取得突出成绩的青年学者自主选择研究方向开展创新研究,促进青年科学技术人才的成长,吸引海外人才,培养造就一批进入世界科技前沿的优秀学术带头人。

创新研究群体项目。该项目支持优秀中青年科学家作为学术带头人和研究骨干,围绕某一重要研究方向开展创新研究,培养和造就具有创新能力的研究群体。参加评审的创新研究群体项目申请由教育部、中国科学院、中国科协及自然科学基金委推荐产生。

国际(地区)合作与交流项目。"十二五"期间,国家自然科学基金委员会制定了开放合作的发展战略,鼓励广大科学家与世界一流科学家和科研机构开展广泛深入的国际(地区)合作与交流,继续推进实质性国际(地区)合作研究,促进我国更多学科领域进入国际前沿;积极推动中国科学家筹划和参与双(多)边科学合作,有效利用国际科技资源;加强中国科学界驾驭区域和全球科学合作的能力建设,推动战略性合作,提升我国基础研究国际影响力。

第二,国家社会科学基金项目。

国家社会科学基金于 1986 年经国务院批准设立,由全国哲学社会科学工作办公室负责管理。国家社会科学基金与 1986 年设立的国家自然科学基金一样,是中国在科学研究领域支持基础研究的主渠道,面向全国,重点资助具有良好研究条件、研究实力的高等院校和科研机构中的研究人员。该基金设有马克思主义·科学社会主义、党史·党建、哲学、理论经济、应用经济、政治学、社会学、法学、国际问题研究、中国历史、世界历史、考古学、民族问题研究、宗教学、中国文学、外国文学、语言学、新闻学与传播学、图书馆·情报与文献学、人口学、统计学、体育学、管理学等 23 个学科规划评审小组以及教育学、艺术学、军事学三个单列学科，已形成包括重大项目、年度项目、特别委托项目、后期资助项目、西部项目、中华学术外译项目等六个类别的立项资助体系。国家社会科学基金还注重扶植青年社科研究工作者和边远、民族地区的社会科学研究。

国家社会科学基金设立重点项目、一般项目和青年项目，每年评审一次。成果形式为研究报告、论文、专著等，研究报告、论文的完成时限一般为 1 年，专著的完成时限一般为 2～3 年。除重要的基础研究外，鼓励以研究报告、论文为项目的最终成果形式。少数重要研究课题，以国家社科基金特别委托项目的方式，经全国社科规划领导小组负责人审定，单独立项，委托研究。

国家社会科学基金设立自筹经费项目，其选题、申报和评审办法与资助项目的要求相同，立项数量视当年申报的实际情况确定。

第三，国家科学技术学术著作出版基金。

国家科学技术学术著作出版基金设立于 1997 年。为支持优秀科技学术著作出版，繁荣科技出版事业，促进科技事业发展，国家财政拨出专款，建立国家科学技术学术著作出版基金。它面向全国，专项用于资助自然科学和技术科学方面优秀的和重要的学术著作的出版。科技学术著作出版工作要按照党的出版方针、政策，坚持为人民服务，为社会主义服务的方向，努力为加速科技进步、促进经济发展、提高国民素质服务。

学术著作出版基金资助范围包括以下几种。

学术专著，即作者（或所在单位）在某一学科领域内从事多年系统深入的研究，撰写的在理论上有重要意义或在实验上有重大发现的学术著作。

基础理论著作，即作者汇集国内外某一学科领域的已有资料、前人成果，经过分析整理，撰写的具有独到见解或新颖体系，对科学发展或培养科技人才有重要作用的系统性理论著作。

应用技术著作，即作者把已有科学理论用于生产实践或者总结生产实践中的先进技术和经验，撰写的给社会带来较大经济效益的著作。

下列情况暂不属于资助范围:译著、论文集,科普读物,教科书、工具书。

第四,科技部项目。

科技部项目主要包括以下几种。

国家重点基础研究发展计划项目(简称"973"计划,含国家重大科学研究计划)。它是以国家重大需求为导向,对我国未来发展和科学技术进步具有战略性、前瞻性、全局性和带动性的基础研究发展计划;主要任务是解决我国经济建设、社会发展、国家安全和科技发展中的重大科学问题,在世界科学发展的主流方向上取得一批具有重大影响的原始性创新成果,为国民经济和社会可持续发展提供科学基础,为未来高新技术的形成提供源头创新,提升我国基础研究自主创新能力;重点支持农业科学、能源科学、信息科学、资源环境科学、健康科学、材料科学、制造与工程科学、综合交叉科学、重大科学前沿等面向国家重大战略需求领域的基础研究;围绕纳米研究、量子调控研究、蛋白质研究、发育与生殖研究、干细胞研究、全球变化研究等方向实施重大科学研究计划;将更加聚焦国家重大战略需求、更加强化科学目标导向、更加注重优秀团队建设;按照"竞争、公开、择优、问责"的原则组织实施。

国家科技支撑计划项目。它是面向国民经济和社会发展需求,重点解决经济社会发展中的重大科技问题的国家科技计划。支撑计划主要落实《国家中长期科学和技术发展规划纲要(2006—2020 年)》重点领域及其优先主题的任务,以重大公益技术及产业共性技术研究开发与应用示范为重点,结合重大工程建设和重大装备开发,加强集成创新和引进消化吸收再创新,重点解决涉及全局性、跨行业、跨地区的重大技术问题,着力攻克一批关键技术,突破瓶颈制约,提升产业竞争力,为我国经济社会协调发展提供支撑。

"863"项目。它突出国家战略目标和重大任务导向,重点落实《国家中长期科学和技术发展规划纲要(2006—2020 年)》提出的前沿技术研究任务和部分重点领域中的重大研究任务,以解决事关国家长远发展和国家安全的战略性、前沿性和前瞻性高技术问题为核心,攻克前沿核心技术难题,抢占战略制高点;研发关键共性技术,培育战略型新兴产业生长点。

农业科技成果转化资金项目。它通过吸引地方、企业、科技开发机构和金融机构等渠道的资金投入,支持农业科技成果进入生产的前期性开发,逐步建立起适应社会主义市场经济,符合农业科技发展规律,有效支撑农业科技成果向现实生产力转化的新型农业科技投入保障体系。通过项目实施,加速农业、林业、水利等科技成果转化,提高国家农业技术创新能力,为我国农业和农村经济发展提供强有力的科技支撑。

国家软科学研究计划项目。主要任务是:以实现决策科学化、民主化为目标,综合运用自然科学、社会科学和工程技术多门类、多学科知识,为科技和经济社会发展的重大决策提供支撑。规划资助的项目包括重大项目、面上项目和出版项目三类。重大项目是根据科技和经济社会发展重大决策需求,由科技部综合各部门、地方和专家建议确定的年度重点研究任务;面上项目是指各申报单位提出,经科技部组织专家评审同意立项的研究任务;出版项目是指各申报单位提出,经科技部组织专家评审同意资助出版的软科学研究成果。

国家重大科学仪器设备开发专项资金项目。它主要用于支持重大科学仪器设备的开发,以提高我国科学仪器设备的自主创新能力和自我装备水平,支撑科技创新,服务经济建设和社会发展。

星火计划项目。它以推动农村产业结构调整、增加农民收入,全面促进农村经济持续健康发展为目标,加强农村先进适用技术的推广,加速科技成果转化,大力普及科学知识,营造有利于农村科技发展的良好环境。围绕农副产品加工、农村资源综合利用和农村特色产业等领域,集成配套并推广一批先进适用技术,大幅度提高我国农村生产力水平。

科技惠民计划项目。它坚持面向基层,依靠科技进步与机制创新,加快社会发展领域科学技术成果的转化应用。通过在基层示范应用一批综合集成技术,推动一批先进适用技术成果的推广普及,提升科技促进社会管理创新和服务基层社会建设的能力。

其他。教育部也设有自然科学基金项目、哲学社会科学重大课题项目、哲学社会科学重大课题攻关项目、哲学社会科学研究后期资助项目、哲学社会科学研究普及读物项目等。各省(自治区/直辖市)的科委、哲学社会科学规划办、教育厅、财政厅等部门也设有一些科研项目或文化产业引导资金项目、文化事业引导资金项目。

7.3　专业出版领域的风险防范

专业出版领域的风险防范是一个复杂的过程,涉及多个方面,包括但不限于伦理风险、涉密风险、学术不端行为的风险等。

专业出版内容的伦理风险主要涉及两个方面:一是应考虑出版内容对社会和文化的影响,避免引发不良社会后果或违背公序良俗,避免包含歧视性或偏见性内容。如对特定族群、宗教群体的刻板印象、偏见或不准确描述。二是随着技术的发展,如人工智能、克隆技术、基因工程等内容在出版物中的表达,也可能带来新的伦理风险,如未经伦理审查进行人体或动物实验,或未获得知情同意等。

专业出版内容的涉密风险主要表现在两个方面:一是出版物中可能有泄露国家秘密或敏感信息的内容;二是出版作品中可能有侵犯个人隐私权的内容,这包括未经许可公开个人详细信息,侵犯个人名誉权,未经同意公开他人信件、日记等。专业出版,尤其是学术性专著的出版,比其他类型的出版选题更多传递专业领域内的最新理论成果、高精尖技术,因此对于涉密内容的审查要引起选题策划人的高度重视。

专业出版内容学术不端行为的风险包括在作品中剽窃他人研究成果,伪造、篡改数据、事实或研究结论,未经许可使用版权文献,等等。专业出版物内容若未经充分核实,可能包含不准确的陈述或虚假信息,这会损害出版单位和选题策划者的可信度和声誉。

针对专业出版领域的上述风险,选题策划者应在出版过程中贯彻如下措施:

(1)提高自身职业伦理意识,审慎处理涉及宗教和民族文化的敏感话题,跟踪新兴科技发展前沿动态,对科技创新可能带来的规则冲突、社会风险、伦理挑战加强研判,及时请示领导和专家,化解专业出版活动中存在的伦理风险,确保内容符合伦理和法律标准,保护读者、作者和社会的利益,维护包容和尊重的出版环境。

(2)严格遵守《中华人民共和国保守国家秘密法》。根据《中华人民共和国保守国家秘密法》,国家秘密是指关系国家安全和利益,依照法定程序确定,在一定时间内只限一定范围的人员知悉的事项。国家秘密分为绝密、机密和秘密三个等级,不同等级的秘密有不同的保密期限和知悉范围。在出版图书、地图、音像制品、电子出版物等时,应遵守国家保密规定,不得泄露国家秘密。对界限不清的信息,应送交有关主管部门或其上级机关、单位审定。尊重个人隐私:在收集和使用个人信息时,必须遵循合法、正当、必要的原则,不得违法收集、使用、泄露个人信息。

(3)严格遵守国家著作权相关法律法规,重视执行专业内容的业内专家审核制度,防止抄袭、剽窃等学术不端行为的发生。随着数字出版和网络技术的发展,出版社应加强对数字化内容的管理,确保数据安全和版权保护。应关注新技术,如 AIGC(人工智能生成内容)可能带来的风险,如学术诚信问题和内容造假等,并采取相应的技术和管理措施进行防范。

(4)在图书出版合同中明确约定出版者与作者的权利、义务。图书出版合同是著作权人将其作品的专有出版权、发行权等在一定期限、范围内转让给出版者以图书形式使用,出版者向其支付报酬的对价协议。双方必须采用书面形式签订,对稿件名称、作品署名、交稿时间、出版时间、稿酬标准、发行范围、违约责任、纠纷处理方式等均要有明确约定。

总之,出版机构的选题策划人承担着传播知识、文化和价值观的社会责任。通过风险防范,可以确保出版物内容对社会产生积极影响,避免负面信息的传播。

第 8 章

教育出版的选题策划

受教育是人生的起点,是人完成社会化的必经阶段,是人走向职业生涯的必要准备,是创造人生辉煌成就的重要基础。教育出版物是人们接受教育极为重要的、主要的媒介。教育出版的选题策划,是许多出版单位的主要经济来源,也是相当一部分编辑提升个人收入的重要途径。

8.1 教育出版的内涵、特点和产品分类

8.1.1 教育出版的内涵

教育出版是教育领域的重要组成部分,它涵盖从学前教育到高等教育,甚至终身教育的各个阶段,主要目的是为教师、学生和教育工作者提供教学资源和学习材料,以支持教育活动的有效进行。

随着数字技术的迅猛发展,教育出版已经不限于传统的纸质出版,而是形成了立体化的出版体系。教育出版的立体化是指在传统的纸质出版物基础上,通过整合多种资源和服务,提供全方位的教育解决方案。这种立体化的发展趋势,旨在满足教育现代化的需求,提升教育出版的质量和效果,更好地服务教师的教学和学生的学习。

8.1.2 教育出版的特点

教育出版作为出版领域的一个重要分支,具有一些独特的特点,从内容上分析,其具有教育导向性、权威性和准确性、系统性和连续性、创新性和时效性的特点;从产业上分析,其具有内容与技术融合、产品和服务整合、资本和教育

结合的特点。教育出版这些特点不仅反映了教育出版的宗旨和目标,也指导着其发展和创新的方向。

1) 教育出版的内容特点

(1)教育导向性。教育出版承担着传承文化、普及知识和培养人才的社会责任。教育出版的核心目标是支持教育事业的发展,提供符合教育目标和课程标准的教材和学习资源。出版物的内容和形式都要符合教育规律和学生的认知发展特点,旨在促进学生的全面发展。因此出版机构在追求经济效益的同时,也需要关注社会效益,为社会的长远发展作出贡献。

(2)权威性和准确性。教育出版物通常需要经过严格的审核和审定过程,确保内容的科学性、权威性和准确性。教材和教辅材料往往由教育专家、学科专家和经验丰富的教师编写和审核。

(3)系统性和连续性。教育出版内容通常按照学科和年级进行系统化编排,形成连贯的教学体系。出版物需要与国家教育大纲和课程标准相匹配,确保学生能够按照一定的顺序和结构学习。

(4)创新性和时效性。随着教育理念的更新和科技的进步,教育出版需要不断创新,引入新的教学理念和方法。教育出版物要及时反映最新的教育研究成果和学术发展,保持内容的时效性。

2) 教育出版的产业特点

(1)内容与技术融合。教育出版不再局限于纸质教材,而是将内容与现代信息技术相结合,如数字化教材、在线课程、互动学习平台等,利用互联网、人工智能、大数据等技术,创新教育内容的呈现方式和学习体验,提高教学互动性和个性化学习的可能性。

(2)产品和服务整合。教育出版机构提供的不仅是教材,还包括教学设计、教案、评估工具、教师培训等一系列服务。通过整合多种产品资源和服务,出版机构能够为教育机构和学习者提供一站式的教育解决方案,满足不同层次和维度的教育需求。这种立体化的发展趋势,旨在满足教育现代化的需求,提升教育出版的质量和效果,通过整合产品和服务,更好地服务教师的教学和学生的学习。

(3)资本和教育结合。资本与教育的结合是一个复杂的现象,它涉及教育资源的分配、教育质量的提升以及教育公平的实现等多个方面。在教育出版行业，资本的介入同样显著。出版行业被视为低估值、高股息的投资品种，具有央国企背景、内容资源禀赋和渠道优势的出版企业成为投资者关注的焦点。教育出版集团通过整合资源、优化管理、拓展数字教育和研学旅行等新业态，不断提升自身的市场竞争力和投资价值。教育出版的立体化发展也需要资本的支持和推动。通过与资本的融合，教育出版机构可以获得更多的资源和资金，用于研发新技术、开发新产品和扩展市场。

教育出版的这些特点共同构成了其独特的价值和使命，要求出版机构在内容创作、产品开发、市场营销和服务提供等环节以教育的需求和质量为核心。随着社会的发展和教育的变革，教育出版也需要不断地适应新的挑战，探索新的发展路径。

8.1.3　教育出版产品的分类

今天的教育出版包括三方面的产品：教学课程、教材和教学辅助资源。

1）教学课程

（1）教学课程的概念。教学课程是指在学校、教育机构或其他学习环境中，为了达到特定教育目标而设计的一系列有组织的教学活动和学习内容。课程通常包括一系列的学科、主题或技能，旨在通过系统的教学计划和学习方法，使学生获得必要的知识和能力。

（2）教学课程的关键要素。①课程目标是指课程希望学生在完成学习后达到的知识水平、技能掌握状况和态度形成情况。这些目标通常与国家教育标准、学校教育目标和学生个人发展需求相一致。②课程内容包括所有需要教授的主题、概念、事实、理论和技能。内容的选择和结构组织应确保学生能够按照逻辑顺序逐步掌握知识和技能、逐步形成对学科的深入理解。③教学方法是指教师用来传授课程内容的策略和技术，包括讲授、讨论、合作学习、项目式学习、实验操作等。教学方法的选择应考虑到学生的学习风格、课程性质和教学资源的可用性。④学习活动是组织学生参与的各种任务和练习，旨在帮助他们巩固和应用所学知识。这些活动可以是个人作业、小组项目、实地考察、演讲报告等。

(3)教学课程的核心环节。教学课程的设计和实施是教育过程中的核心环节,它直接影响着学生的学习体验和教育成果。教学课程不是一成不变的,而需要根据社会变化、学科发展和学生需求进行不断的更新和改进。课程发展可能涉及新内容的引入、教学方法的创新和评估方式的改进。一个高质量的课程应该能够激发学生的兴趣,促进他们的全面发展,并为他们的未来学习和职业生涯打下坚实的基础。

2) 教材

教材包括为不同教育阶段和学科编写的教科书。教材通常由教育专家和学者编写,旨在提供准确、系统和权威的知识。

(1)按受教育的阶段,教材可分为学前教育教材、小学教材、中学教材和高等学校教材四大类。学前教育教材是进入小学教育之前使用的教材,属于非学历教育教材,是在幼儿阶段用的教材,主要是指幼儿园阶段使用的幼儿教育教材。学前智育是学前教育的重要内容之一,是家长及幼师为开发学前儿童的智力而利用各种方法、实物,有系统、有计划而且科学地对他们的大脑进行各种刺激,使大脑各部位的功能逐渐完善而进行的教育。儿童是人生智力发展的基础阶段,又是发展最快的时期,适当、正确的学前教育对幼儿智力及其日后的发展有很大的作用。超常儿童的形成、发展,无一不与适当、正确的学前教育有关,尤其是智力方面的学前教育。学前智育是一个多方面的培养过程。学前儿童的心理健康不可忽视。这个年龄段的儿童心智发展极不成熟,需要家长及幼师积极地进行引导。现在的孩子很多都是独生子女,自我意识很强,缺乏对他人的关心,不懂得分享和助人。因此,作为家长和幼师,应积极引导孩子学会关心他人,学会分享、乐于分享,学会助人、乐于助人。小学教材、中学教材和高等学校教材基本上属于学历教育教材,分别属于小学生阶段、中学生阶段、大学生和研究生阶段使用的教材。高等教育除了学历教育以外,还有非学历教育,如职业技术培训、出国语言培训等,因此,高等教育教材除了学历教育教材以外,也有非学历教育教材。

(2)按出版介质,教材可分为纸质教材、音像教材和电子教材。纸质教材是以纸质图书形式出版的教材。音像教材是以音带、像带为介质出版的教材,分为录音教材和录像教材,包括录音带、录像带、唱片、激光唱盘和激光视盘等。

电子教材是指以磁、光、电等为介质出版的教材,换言之,是做教材用的电子出版物,或者根据纸质教材制作的电子出版物。国家新闻出版总署在 2008 年颁布的《电子出版物出版管理规定》中,将电子出版物定义为:以数字代码方式,将有知识性、思想性内容的信息编辑加工后存储在固定物理形态的磁、光、电等介质上,通过电子阅读、显示、播放设备读取使用的大众传播媒体,包括只读光盘(CD-ROM、DVD-ROM 等)、一次写入光盘(CD-R、DVD-R 等)、可擦写光盘(CD-RW、DVD-RW 等)、软磁盘、硬磁盘、集成电路卡等,以及新闻出版总署认定的其他媒体形态。电子教材能够让更多的人方便查阅。电子出版物与传统纸质出版物相比,具有不同的特性:信息量大、可靠性高、承载信息丰富,具有较强的交互性,但是制作和阅读过程需要相应计算机软件的支持。电子教材出现的时间较晚。在我国,中小学电子书包还没有被列入教育部的推行时间表,何时推行还是个未知数,但目前已有出版单位在进行研发。中小学教材属于九年义务教育范围,由政府采购提供,电子书包的推行是迟早的事,因为它可以大大降低采购成本,减少国家财政支出。

(3)按与主要教学目的的紧密程度,教材可分为核心课程教材和外围课程教材。核心课程教材反对将各门学科进行切分的做法,强调在若干科目中选择若干重要的学科合并起来,构成一个范围广阔的科目,规定为每一学生的必修科目,同时尽量使其他学科与之配合。核心课程除了学科间的综合并构成一个"核心"之外,它还有另一显著特征,即这种课程要求每个学生都掌握,是需要所有学生共同学习的。这样就产生了一些问题:一是社会生活的需要是多种多样的,哪部分课程需纳入"核心课程"?二是随着新学科的不断涌现,这些学科的拥护者都极力希望其被纳入课程之中,并且有的学科也的确需要在核心课程中得到反映。在这种情况下,如同分科课程自身的缺失造就了活动课程一样,与核心课程互补的外围课程也就应运而生了。外围课程教材是指核心课程教材以外的教材。它是为不同的学习对象准备的,它不同于照顾大多数学生、面向所有学生的核心课程教材,它以学生存在的差异为出发点,不像核心课程教材那样稳定,而是随着环境条件的改变、年代的不同及其他差异而做出相应的变化。核心课程教材与外围课程教材之间的关系,如同一般与特殊、抽象与具体的关系一样,是相辅相成的。

(4)按课程开发的主体,教材可分为国家课程教材、地方课程教材与校本课程教材。国家课程教材亦称国家统一课程教材,它是自上而下由国家教育行政管理部门负责编制、实施和评价的课程教材。校本课程教材是由学校全体教师、部分教师或个别教师编制、实施和评价的课程教材,它们并不局限于本校教师编制的课程教材,可能还包括其他学校教师编制的课程教材或不同学校教师合作编制的课程教材,甚至包括某些地区学校教师合作编制的课程教材。地方课程教材介于国家课程教材与校本课程教材之间,指由国家授权,地方(省、自治区、直辖市或某一地区,如华北地区、华东地区、中南地区、西南地区、西北地区、东北地区等)根据自身发展需要开发的课程教材。由国家或地方有关教育行政管理部门组织编写,规定在所属范围内有关学校、有关专业统一使用的国家课程教材和地方课程教材,也叫作统编教材。校本教材一般也叫做自编教材或联合编写教材。一般来说,中央集权的国家比较强调课程教材的统一性,较多地推广国家课程教材,而地方分权的国家比较强调课程教材的多样性,较多地推广地方课程教材、校本课程教材。越来越多的国家已经认识到,虽然国家课程教材与地方课程教材、校本课程教材具有不同的课程教材形式,但它们之间是相辅相成、互为补充的关系。在推广国家课程教材的同时,应该允许开发一定比例的地方课程教材和校本课程教材,而推行地方课程教材、校本课程教材的学校,也不应该贬低或排斥国家课程教材。

(5)按照表现的方式,教材可分为显性课程教材和隐性课程教材。显性课程教材是在学校情境中以直接的、明显的方式呈现的课程教材,是教育者直接地表现出来的,如列入课程表中指定使用的学科教材。隐性课程教材包括除显性课程教材之外的一切有利于学生发展的资源、环境、学校的文化建设、家校社会一体化等,是学校情境中以间接的内隐的方式呈现的课程教材,大多是以非图书的形式出现的。

3) 教学辅助资源

教学辅助资源是知识传递的重要媒介,旨在支持教师的教学活动和学生的学习活动。按照使用主体不同,教学辅助资源可以分为教师教学参考资源、学生学习参考资源和介于二者之间的教学评估产品。

(1)教师教学参考资源又分为教学参考书和教育研究出版物,前者包括教案、教学设计、实验指导、案例研究等，它们可以帮助教师更好地组织和实施教学计划，提高教学效率；后者包括学术期刊、研究报告、会议论文等，它们为教育工作者和研究人员提供交流和分享研究成果的平台。学生学习参考资源包括学习工具和练习材料，这类出版物为学生提供额外的学习支持，如练习册、模拟试题、学习指南等。这些材料可以帮助学生巩固和加深对课堂知识的理解，提高学习成效。评估是课程的重要组成部分，教学评估产品用于衡量学生达成课程目标的程度。教师根据评估结果提供给学生指导和建议，帮助他们改进学习策略、提高学习成效。

(2)按照产品载体不同，教学辅助资源可以分为纸质教辅产品和数字教辅产品。

纸质教辅是教育出版中的一个重要组成部分，它为教师的教学活动和学生的学习过程提供支持和辅助。随着教育的发展和技术进步，尽管数字化教学资源日益增多，但纸质教辅仍然在教育领域中扮演着不可或缺的角色。与数字教辅相比，纸质教辅具有以下特点：①提供了传统的阅读体验，对于培养学生的阅读习惯和注意力的集中有一定的帮助。②易于使用者注解和标记，学生可以在纸质教辅上直接做笔记、划重点。③在一定程度上有助于教育公平，因为它不需要昂贵的电子设备，更容易被不同经济条件的学生获取。

数字教辅，即数字化教育辅导材料，是随着信息技术的发展而兴起的教育出版新形态。它利用互联网、多媒体、人工智能等现代技术手段，为教师和学生提供更加丰富、互动性更强和更具个性化的学习资源和教学支持。数字教辅的出现不仅改变了传统的教学和学习方式，也为教育出版行业带来了新的机遇和挑战。与传统的纸质教辅相比，数字教辅产品具有以下特点：①具有更强的互动性和实时性。学生可以通过在线测试、虚拟实验、互动讨论等方式参与学习，提高学习的积极性。数字教辅产品可以实时反馈和更新，使得教学内容和学习资源能够快速适应教育需求的变化。②有助于使用者的个性化学习。利用大数据和人工智能技术，数字教辅可以根据学生的学习行为和能力水平提供个性化的学习路径和推荐资源。学生可以根据自己的学习节奏和兴趣选择适合的学习内容，实现自主学习。③庞大的多媒体内容资源。数字教辅整合了文本、图像、音频、视频等多种媒体形式，使得学习内容具有极大的拓展性，学习形式更加生动和直观,可以更好地吸引学生的注意力,提高学习兴趣和记忆效果。

教育出版机构应在继续提供纸质教辅的同时,将其与数字化资源相结合,创造更加丰富和立体的学习体验。例如,开发与纸质教辅配套的数字资源,提供在线测试、互动讨论等功能,以满足现代教育的需求。通过这种融合创新,两种不同载体的教辅产品可以在教育领域中发挥自己的独特价值。

8.2 教育出版的选题策划要素

教育出版的选题策划是一个复杂而重要的过程,它不仅关系到出版物的内容质量和市场表现,还涉及出版社的品牌形象和社会责任。教育出版社在选题策划中应考虑的关键要素包括确定选题目标、确定产品构成、组织编写团队、规划市场竞争方略。

8.2.1 确定选题目标

确定教育出版的选题目标是策划过程中的关键步骤,也是一个多维度的过程,它涉及对教育政策、目标读者群体、市场需求等方面的深入理解和分析,其结果将直接影响到教育出版产品的内容开发和最终的市场表现。以下是在确定选题目标时应考虑的三个重要方面。

1) 明确教育政策导向和相关法律法规要求

教育政策对教育出版者进行选题定位具有决定性影响。①选题策划首先要确保目标内容的政治导向、价值导向、文化导向和学术导向符合国家要求。②必须充分理解和遵循国家发布的教育政策、法规和指导文件,如"十三五""十四五"教育发展规划、教材建设规划等。分析教育政策的发展方向和重点,如教育公平、素质教育、课程改革等,确保选题与国家的重点发展方向一致:政策强调教育公平,促进低价教辅材料的普及;课程改革中新的课程标准和教学大纲可能带来的对新版教材和教辅的需求;中高考等重要考试的改革会影响复习资料和应试指导书籍的市场;提倡素质教育,鼓励学生全面发展,可能增强对艺术、体育等非传统学科教育图书的需求;政策支持教育信息化,推动数字教材和在线教育资源的出版。③考虑地方教育政策的差异,确保选题能够适应目标地区的教育环境,如结合地方文化和教育资源的教材、适应国际教育体系和标准的教材等。④与教育行政部门建立沟通渠道,获取教育行政部门对教育出版物的官方指导意见。⑤明确法规对教育出版物的具体要求,包括内容标准、出版流程、版权问题等。

2) 细分目标市场中的受教育群体

教育出版者要定位选题,必须把握读者的多元需求,必须通过市场调研了解不同年龄、层次和兴趣的读者群体的阅读偏好和需求,确保出版物能够满足市场和读者的需要。

教育出版物的主要目标读者群体是学生、教师和家长。这些群体对教育出版物的需求各有特点:学生需要辅助学习的材料,如教辅书籍、习题集、课外读物等;教师寻求教学资源和教案设计,以及指导专业发展和教学方法的参考书籍;家长关注孩子的教育和成长,需要家庭教育指导书籍和亲子共读材料。

这三个读者群体对应的市场又可以继续细分,如教材出版板块,按教育层次的不同可分为学前教育教材市场、中小学教材市场、职业教育教材市场、高等教育教材市场,也可以分为学历教育教材市场和非学历教育教材市场、统编教材市场和非统编教材市场。还可以根据学科做进一步细分,如在高等教育教材市场中,还可分出公共课、基础课、专业课等,也可再细分为英语教材市场、计算机教材市场、高等数学教材市场等,直至细分到单种教材层次,如微积分等教材。策划教材时,应根据细分目标读者群体的市场需求来确定主攻方向与具体选题。如选择策划高等教育教材,便应考虑在其细分目标读者群体中选择主攻方向:本科生教材、硕士研究生教材、博士研究生教材、独立学院教材、成人教育教材、职业教育教材等,然后从中确定具体的选题。教辅细分市场,可分为小学教辅市场、中学教辅市场(又可分为初中教辅市场和高中教辅市场)、中专教辅市场、大专教辅市场、本科教辅市场、研究生教辅市场(其中主要是硕士研究生教辅市场,博士研究生教材是很少需要配教辅的);也还可以分为考试教辅市场和与纯教材配套的教辅市场,前者是为考生准备参加某种考试服务的教辅市场,后者是与各种教材相配套的教辅市场。为中考、高考、研究生考试等升学考试服务的教辅市场,为公务员等职业录用考试服务的教辅市场,为教授、副教授、高级工程师及其他职称晋升考试服务的教辅市场,为律师、会计师、统计师、编辑、护士、医师、厨师等资格考试服务的教辅市场,都是考试教辅市场。与中小学各年级教材、大专院校各科教材相配套的教辅所形成的市场,都是与纯教材配套的教辅市场。

3) 评估自有教育资源优势

出版社的特色是指其在出版理念、内容选择、市场定位、品牌建设、服务模式等方面所展现出的独特性和差异化。这些特色有助于出版社在竞争激烈的市场中形成识别度和影响力,同时也能够更好地满足读者的需求。有的教育出版社可能专注于某一学科领域或主题,如科技、文学、艺术、历史等,在特定学科领域形成了深厚的内容积累;有的教育出版社可能深耕少儿教育领域,出版适合不同年龄段儿童的认知启蒙书籍,如字母书、数字书、形状和颜色识别书等,开发有助于儿童语言能力提升的教育材料,如双语读物、语言游戏书等,从而建立起不俗的专业声誉。不同教育出版单位的选题策划者应结合所在单位的特色和优势,善用其在特定教育层次和学科专业领域的影响力以及编辑团队的学科专业背景,建立强大的品牌影响力,通过高质量和特色化的教育产品吸引市场,避免策划超出能力范围的选题,确保出版物的质量。

8.2.2 确定产品构成

21 世纪的出版业从纸质传播主导的时代进入数字化传播主导的时代。飞快发展和壮大着的数字技术给出版业传统的商业模式带来了巨大冲击,创造多媒体并行互补的教学产品体系及内容是教育出版的基础,决定着一个出版单位的核心竞争力。而技术手段制约着内容产品的价值增值方式,因而在选题策划过程中,设计产品的内容构成、选择载体形式必然是教育产品开发过程中的关键环节,对于实现教育目标、提升用户体验、增强市场竞争力和推动教育进步都具有深远的影响。

培生教育(Pearson Education)是全球领先的教育集团之一,其教育产品设计理念是为学生提供一整套学习解决方案,包括内容、测评、师生互动、资料查询等。

教学课程。培生教育将学生需培养的关键能力分为知识与理解能力、认知技能能力、技能应用能力和可迁移能力,并对此进行了标准化的描述,旨在帮助学生满足达到高等教育的学术水平和等级要求,同时助力毕业生获得较强的从业能力。教学推行专题讨论、案例分析、角色扮演等互动方式,鼓励学生质疑、动手实践和积极思考。其在英国建立的 BTECHND(高等教育文凭)教育模式中,课程设计和教学活动均以学生的学习成果为导向,通过量化指标来检验教学过程和成果。这种以结果为导向的教学模式有助于确保学生达到既定的学习成果,满足社会用人和个人成长的需求。

教材出版。一是基于人们传统的教学需要和阅读习惯,继续传统的纸质教材出版;二是大力发展与纸质教材对应的电子版、网络版、有声版教材;三是积极研发游戏教材,这是基于让学生"在学中玩、在玩中学"的新一代教育产品开发设计思路开发的。培生教育与塔布拉数码公司(Tabula)合作,将后者经典的 DimensionM 教育视频游戏与培生教育的数学课程品牌 enVisionMATH 对接,让初中和高中学生可以在游戏中学习、理解和应用所学的数学知识。

教辅资源。培生教育已经将教辅资料进行了全数字化加工处理,客户可通过教师资源光盘或专门的在线网站来获取以下资料:①教师手册,含教材每章的教学目标、知识点、课堂计划和练习建议等。②Power Point 课件。③教学需要的软件、资料数据库。如其出版的《C++大学教程》免费提供给购书者与教学内容相关的应用软件 Microsoft Visual C++. NET2003 标准版本;《克莱普纳广告教程》则配备影像 DVD,介绍世界著名公司的广告案例。④在线课程。这种在线课程不同于远程教育的在线课程,而是基于 Web 的交互式多媒体辅助教学资料。例如《C++大学教程》配备的"C++多媒体网络课堂"包括对教材中范例的有声讲解、约一半以上课后练习的解答和一份在线的紧扣教材设计的实验手册,旨在对课堂教学进行补充。⑤题库和智能组卷。目前培生教育出品的教材都配备了专门的题库和小型出题软件,如《克莱普纳广告教程》附带 Test Gen 试题软件,事先载入为该教材准备的 2600 多道测试题目,教师可以增加或删改测试库的题目。⑥在线课程管理系统。培生教育为自己出版的教育产品配置了在线课程管理系统,包括 MyPHLIP、Web CT、Blackboard、Companion Website 和 Course Compass 五大系列。其基本特点如下:界面直观、操作简便;配置聊天室、公告栏等交流对话工具组件,帮助学生与教师建立和保持联系;提供灵活的在线测试工具,使教师可以有效地评定成绩和查看结果,学生也可以追踪自己的答题情况和测验成绩。整个课程管理平台使用培生教育的服务器集中管理,通过这种方式,教师可以获得培生教育的技术支持。

综上,结合多种数字技术,今天的教育出版单位对传统的教育出版物进行了两方面的变革:第一,出版内容的表现形式,由单向、平面、静止的表现形式发展为交互、立体、多媒体的方式。通过推出与纸质教育产品配套的电子版、网络版、手机版等数字化教学资源,使教育产品的内涵与外延都得到极大的扩展。第二,教育产品的组织方式,从原来以过程为主的方式转化为以结构性和主体驱动为主的方式。

因此,在选题策划阶段就应该为最终产品的构成预留拓展空间,使单一的选题最终扩展为系列化、主题化的出版计划,形成长期的内容发展规划。

8.2.3　组织编写团队

教育出版物的质量直接关系到人才培养的质量,其撰写者的写作水平则是影响教育出版物质量的关键性因素。因此,物色到合适的、高水平的作者,是确保教育出版物质量的极为重要的前提,也是影响教育出版选题策划预期目标达成的重要因素。

教育出版物的撰写者分为单作者和多作者。有的使用面窄的专业教材,特别是研究生用的部分专业教材,通常是由一个作者来撰写的。此外的大多数教材通常都是由多个作者共同撰写的。在多作者的情况下,一般要设主编、副主编和参编人员,有的要再设编委会,有的要再设主审。

单作者应具有较丰富的专业教学经验。策划某些专业教材或教改教材,一般会选择单个作者。一本教材由一个作者撰写时,这个作者应该是从事该专业教学的第一线教师,通常应具有至少三年的专业教学经验。只有具有较丰富的专业教学经验的教师,才能懂得如何编写出适合教学培养目标的教材,才能根据教学时数及其他教学要求来确定教材的篇幅,才能知道重点、难点,才会清楚哪些地方应该详写、哪些地方应该略写,如何突出重点,怎样解释难点。

多作者的选择,情况复杂一些。单本教材与系列教材都可以设主编、副主编,都必须有参编人员。但是,它们对作者队伍的要求会有些差别。一般而言,系列教材对作者队伍,特别是对主编的要求会高一些。从人数设计上讲,主编可以设一个,系列教材也可以设两到三个主编,但是必须确定有一个是为主的,是第一责任人,还必须考虑几个主编是否愿意合作。第一主编的选择是极为关键的,是教育选题总体策划能否成功的决定性因素。教育产品的总体框架、业内影响力、市场号召力能够达到什么水平,是由第一主编决定的,他应该是教学水平高、治学严谨、熟悉教育出版物撰写业务、在业内有较高威望和较深资历、责任心强的教师。副主编可以设两到三个,系列教材也可根据实际情况设三个以上。参编人员,可视教材内容及篇幅确定参编人数。主编的主要责任是主持讨论及制定编写大纲、写作要求,组织参编人员在约定时间内完成教材撰写任务,协调处理参编人员在撰写过程中出现的问题(如更换不合适的作者、原定作者因特殊情况不能继续撰写教材时需要重新物色新的作者等),负责审稿和统稿,负责与出版单位签出版合同,如有稿费则负责稿费的分配,负责组织教材出版后的修订再版工作。参编人员是具体撰写教材稿件的人,在主编主持讨论及制定教材大纲、写作要求以后,参编人员在具体实施过程中的工作质量与水平便成为确保教材质量的极为重要的因素。参编人员应该是在教学第一线从事相关专业教学工作、具有较丰富教学经验的教师,还应有较好的驾驭语言文字的能力。有的教材为了确保权威性及质量,或为了满足市场营销的需要,通常会设立编委会或主审。编委会成员应该是在该专业教学方面具有一定代表性的专家权威,或有助于该教材营销的人,编委会的人数则可以根据具体情况来确定,单本教材的人数可以少一点,系列教材的人数可以适当多一些。部分教材可根据需要设主审,主审则应该是比主编更有权威性的教学专家。只有如此,才能对教材的质量进行把关,才能发现教材中的问题并提出中肯的修改意见。请谁做主审,应该先征求主编的意见。策划人员的主要工作是物色主编或多主编中的第一责任人,对于其他主编、副主编、参编人员、主审等的选择,策划人可以向主编或多主编中的第一责任人提出建议或设想,与其进行充分的沟通协商,并尊重后者的意见。作者队伍组织起来以后,策划人(或者由策划人委托组稿人或责任编辑)应该跟踪写作进度与书稿质量,根据写作过程中出现的问题,如书稿达不到预期质量要求等,及时与主编或第一责任主编进行协商并做出处理。

8.2.4 规划选题的市场竞争方略

教育出版市场在全球范围内占据了出版市场的重要份额,在中国,其规模尤其庞大。根据中研普华产业研究中心撰写的《2023—2028 年中国教辅书行业供需规模及投资战略规划研究报告》,教育出版在图书出版市场中占比超过60%,对整个出版行业具有显著的影响力。蝉联全国出版单位总体经济规模综合评价第一名的人民教育出版社,其教材的市场份额超过 50%。而在教材教辅市场拥有天然垄断优势的国家级出版社和省、市级国有出版集团中,诸如中国出版、凤凰传媒、长江传媒、南方传媒、城市传媒、中南传媒等,在 2022 年,在教材教辅收入占比方面,长江传媒甚至超过了四分之三,凤凰传媒、南方传媒也接近七成。其中,凤凰传媒 2022 年的教材教辅收入甚至近百亿元,而中南传媒、南方传媒均超过 70 亿元。

教育出版行业的市场营销策略是多元化和复杂的,在进行选题策划时需要细分市场差异,结合自身学科资源优势、消费者需求和技术发展情况来做出规划,确定选题的市场竞争策略。

1) 设计差异化选题布局

教育部曾在《高等学校出版社"十五"发展规划要点》中指出:"10% 的高校出版社要建成国内一流、国际知名的高校出版社;40% 左右的高校出版社要建成出版特色突出,具有较强经济实力和市场竞争力的中而特的出版社。绝大多数高校出版社要在学科特色上下工夫,努力建成专业特色强,学术水平高,在同类专业出版社中影响较大的小而专的出版社。"不仅是高校出版社,其他教育出版单位也存在相同情况,头部出版单位要做大做强,中小出版单位要立足于自身条件,寻求差异化选题布局,走出"红海",走向"蓝海"。

当某种或某系列教育产品发行量越大时,竞争就会越激烈。如果某些教材需要人手一本或一套时,市场竞争就有可能被垄断所取代。人们为了取得这样的教材的出版权与销售权,必然要动用各种资源进行激烈的竞争。一旦取得这样的教材出版权与销售权,就有可能获得垄断利润。如在高校教材中,"两课"(思想政治教育课和思想品德课)、英语、计算机、高等数学、大学物理、大学化学等使用量大的教材,都是激烈竞争的标的。已经确认为全国统编教材的,一般是很难再分得一杯羹的。个别的可能通过学校向上级有关部门申请编写和出版教改教材获得一所学校或一批学校的教材市场。策划人一般不要去考虑统编教材的选题,但可以在还有可能获得一定市场份额的教材方面做些策划工作。

在实施差异化选题布局之初,选题策划人首先要做的可能是及时转型。及时转型,就是及时、果断地放弃不适合的选题方向,转向新产品或新市场。在教材教辅图书市场里,对于新手或后进入市场者而言,可以试水,但有时不能"恋战",需要及时放弃。有的出版单位,或有的编辑,或有的民营发行单位和发行人,经过实践证明并不适合做教辅图书,这时就要学会放弃。在没有实践之前,人们不会知道自己适合做什么,会有想尝试一下的冲动或想法,会有美好的梦想,这并不奇怪。教辅图书市场有成功者,他们从无到有,由弱到强,完成了资本原始积累,创造了一个又一个奇迹,有的甚至成了巨富。但是,我们也不能不看到,在教育市场上,取得巨大成功的只是少数人,其他人,有的取得了业绩不显著的成功,有的只是赚了吃喝,收获甚微,有的遇到了失败,有的甚至遭到了毁灭性的打击。坚持不懈,及时总结失败的教训,也可能由失败走向成功。但由于竞争激烈,起点、实力和所处环境不一样,并不是每一个失败者都适合走坚持不懈的途径,对于许多失败者来说,及时转型,学会放弃,也许是更好的选择。

设计差异化的选题布局,更重要的是避强求新,进而以优挤强。避强求新,就是避免与竞争力强的对手直接交锋,不要策划与已经形成竞争优势、具有很强竞争实力的对手直接碰撞的选题,而是要另辟新径,以创新求胜。如果有竞争还不充分的不太成熟的教育细分市场,其平均利润率必然相对高一些,则可考虑进入这一市场,要尽量避免进入竞争已经非常充分、行业平均利润率已经很低的成熟教育细分市场。也可抓住教学改革、教材改革、新的学科形成发展趋势等可能提供新的市场机会的契机,及时策划相关的教育选题,如策划在线教育图书教辅选题等。

以优挤强,就是以更优质的教育产品、更优质的服务直接与强手交锋,从强有力的竞争对手手中抢占部分教辅图书市场。这是要从已经形成的一定市场格局中挤出一部分属于自己的领地或生存空间,从别人的手中分得一杯羹。以优挤强,重在分析竞争对手的教育产品存在的某种或某些缺陷,它们可能不能完全满足市场的需要或不能及时地很好地适应市场的变化,不能满足读者或经销商、销售渠道等服务对象日益变化的需求,这时就应针对其缺陷或不足,开发出克敌制胜的新产品,或提供更为优质的服务,从而从已有的市场中挤出一定的空间供自己生存与发展。以优挤强,必然要经历一个培育市场的过程。把对手的市场部分地变为自己的市场,这并非一蹴而就的,而是需要一个过程,一个也许是非常艰难的市场培育过程。竞争对手会根据新的市场进入者的竞争策略采取应对措施,也会随之出现新情况新问题,出版单位需要适时地改变自己的经营理念与办法。

中国传媒大学出版社的传媒类教材选题策划就充分运用了这一策略。2001年,中国传媒大学出版社的情况是:办公场所只有六七十平方米,书库是个临时简易房,账面欠款180多万元。其第九任出版社社长蔡翔果断决策:放弃"已经被做烂"的热点题材,如经管类、教辅类、计算机类等,集中精力发挥传媒大学的品牌优势,走"基于传媒教育的专业化出版"之路,重点开发传媒类的选题,其中40%～50%是传媒类教材。结果在2001年当年,出版社扭亏为盈;次年即盈利670万元。到2010年,出版社主要经营指标较之前翻了十几倍,员工人均收入是之前的好几倍,资产规模已经能够与那些一两百人的出版同行相抗衡。

2) 发挥学科化选题优势

发挥学科专业资源优势,才能使所策划的教育产品在细分市场中占有一席之地。资源是策划人所能掌控的作者资源、市场资源及策划人自身的知识资源等条件的总称。资源优势是相对于其他竞争者而言的、在占有和运用相关资源方面所具有的优越条件。这种教育出版的产品结构呈"线性"状态,即选择只出版某一学科的图书,只以某一个读者群为对象,在内容上做深做透,集中出版符合这类读者群需求的图书。其产品的专业化程度高,总体市场规模小而集中,进入门槛较高,因而竞争对手难以进入,策划出版的选题能够在特定的细分市场内取得较大的市场份额。

北京语言大学出版社依托所在大学的优势资源,形成了留学生汉语教材、海外汉语教材、少数民族汉语教材三足鼎立的出版定位。东北财经大学出版社立足财经专业领域,在发展过程中特别注意产品结构的合理性,实行以财经教育为主,财经专业、财经学术为配合的产品布局,形成了"7∶2∶1"的比例,即约 70%的财经教育出版、约 20%的财经专业出版和约 10%的财经学术出版,致力于在细分市场上创立和拓展品牌,在特定的出版领域具有不可撼动的竞争力。

　　发挥学科优势,打造教育品牌,才能在保持和拓展教育市场方面处于优先地位。相对于进入某种教材市场而言,保持和拓展该教材市场是更需要努力、更为困难、更具有重要意义的事情。当然,进入一个新的市场是不容易的,需要付出很大的努力,克服许多困难,需要做开拓性的工作,抢占竞争对手的市场使之变为自己的市场。但是,相对而言,进入某种教材市场以后,能否保住胜利的果实,在较长时间内保持并拓展该教材市场,则更需要在教材的修订,市场的维护与拓展、教材品牌的建设等方面付出更艰辛的努力。进入一个新的市场后,由于竞争者之间存在着利益冲突,需要妥善处理与竞争对手的关系,作者也可能出于利益上的考虑,要求提高稿费,或重新选择出版单位或合作对象,因而会出现更多的困难。保持和拓展教材市场,才能使选题策划获得更大更多的经济效益与社会效益,因此也更有意义。而要保持和拓展教材市场并处于优先地位,就必须下大力气打造教材品牌。打造教材品牌,通常需要在教材使用过程中赢得有关学生与教师的赞誉。而要获得师生的赞誉,就需要不断提高教材本身的质量。教材的内容需要及时更新,要随着相关知识的更新及时进行补充、更换,要完善电子课件和习题,方便学生和教师使用。教材的逻辑结构要更加合理,语言文字表达要更精炼,编校差错要尽可能降低,经过几次修订后,编校差错应趋于零。在封面设计、版式设计和印装等方面,也应不断提高质量与水平。教材品牌的建设不是一蹴而就的,往往需要若干年的努力,通过反复的调查研究,掌握教材使用过程中师生反馈的有关信息,经过对教材的多次修订才能完成。教材品牌的打造,需要策划人与作者、责任编辑的共同努力,相互配合。策划人和责任编辑要向作者宣传品牌意识,及时收集教材的使用情况,积极主动地与作者交流沟通并适时地组织教材的修订工作。

　　3) 配套个性化选题服务

　　数字技术的高速发展使课堂教学模式发生了很大变化,选题策划时可以为最终的教育产品配套灵活的工具,搭载丰富的内容资源,通过对内容资源的深度加工整合,让用户能够最充分地实现个性化定制的教与学,形成功能强大的细分领域教育产品,极大地提高消费者对所策划产品的追随程度。

例如,培生教育为自己的教育选题提供了成熟的在线编纂技术平台和按需印刷服务。从支持教师进行教材定制出版的技术上来说,其配套技术完备且简便易行,培生教育集团集成了"培生定制出版资源图书馆"和"培生教育定制出版系统",但凡能使用 Office 办公软件最基本功能的人,几乎都能在其导航条的指引下完成编辑正文、扉页,选择封面,以及确定版式、装帧形式、印数的工作。其主要的功能按钮包括"定稿""预览""保存草稿",编辑功能区有"页数"和"累计售价"两个项目,对应的搜索功能区的每一栏备选项都标明了该文件的页数、价格(美元);每选一项到编辑功能区,该区的"页数"和"累计售价"项目就可以自动叠加,这样在整个定制版教材的编写过程中,编写者对未来的教材定价就有了明确的概念,便于根据学生的承受能力在编写时及时调整篇幅、控制定价。

通过为教育出版选题配套设计个性化的服务内容,立体化的教育产品与用户需要的教学内容得以结合在一起。这样的技术平台既能便捷地提高教师的工作效率,也能为学生提供个性化的学习体验。

4) 规划多元化选题盈利

当前,学生们自主学习的欲望日益增强,关于学习的方式、内容、时间和地点,他们希望有多种多样的选择方案。为此,在选题策划时应为对接多元化的销售渠道准备接口,如为同一内容准备不同的载体选择,将在线产品与纸质图书捆绑销售,与技术提供商合作分成等。

培生教育集团十余年前就推出了教科书销售服务"皮尔逊选择",将纸质版和电子版教科书、定制版和非定制版教科书分开定价。以其出版的《Java 大学教程》为例,网上书店显示全本纸质版售价 131 美元,全本电子版售价 52.40 美元(电子版使用期为 180 天),全本网络版售价 30 美元(购买密码登录阅读)。对于定制出版的教材,其定价则按照"黑白版 0.09 美元/页×页数+8 美元""彩色版 0.14 美元/页×页数+8 美元"计算。这种服务便于教师和学生们从各种教科书形式和价格中做出选择。

在线产品与纸质图书捆绑销售是培生教育最主要的盈利模式。培生教育集团的收费模式是把数字产品和印刷产品捆绑在一起销售,在印刷产品的原有价格基础上加上一定百分比的加价,让客户多花一点钱享受到比购买纯纸质产品更多的增值服务。例如,早在 2007 年,培生教育集团配合高校教材开发学习系统软件包"我的实验室(My Lab)",支持 38 个学科几百种教材的学习;在短短两年后,就有 600 万学生在配合纸质教材使用该系列软件。因为平台在运用数字技术创设现实情境、开发学生创造潜能方面表现出色,可以利用人工智能对学生的学习进度进行准确的记录和分析,以使他们今后的学习更加高效。与纸质教育产品配套捆绑销售的在线产品使培生教育集团许多学科教材的市场占有率大幅提高。

与技术提供商合作分成。随着数字技术的发展,新兴的信息技术公司、手持阅读终端商通过资本整合、技术整合等合作方式涉足出版业。它们为教育内容提供商提供数字化图书销售平台,使之获得新的利润来源。例如,根据与谷歌公司的协议,如果培生教育提供的内容资源使谷歌图书搜索项目在用户订阅、图书销售、广告等方面获得利润,培生教育可获得 63%,而谷歌可获得 37% 的收益分成。2012 年,苹果公司与培生集团宣布合作推出数字教材,苹果允许出版商自主定价,同时为其提供 70% 的收入分成。

通过将海量优质内容资源优势与各种数字化技术相结合,选题策划者能构架出充满生命力的商业模式,以更个性化、更全面的教育服务超越传统市场,服务更广泛的学习者。

8.3 教育出版的市场风险防范

处于不同学习阶段的学生在购买教育产品时有不同的特点。①中小学学生购买何种教材是由教育行政管理部门规定的,义务教育的教材是由国家财政支出、免费发给学生的。中小学学生购买教辅主要是由学校任课教师推荐或指定的,学生家长的意见也有重要影响。也就是说,中小学学生购买教材教辅时基本上没有自主性。②大学生和研究生对教材购买的自主性较强。大多数高校的教材费用是由学生负担的(军事院校等除外),学生先按规定向学校交教材款,毕业前进行结算,大学生和研究生购买教材时,除了学校根据教育行政管理部门的要求必须代购代发的以外(如政治理论课、思想品德课和英语教材大多是在新生入学报到时就发给了学生），大部分情况是由学生自己决定的。

在不同的院校，学校对教材教辅的管理理念和管理方式不一样，也影响着学生对教材教辅的购买。有的院校认为学生来学校学习，不能没有教材，不能使用盗版教材，因此，还是要根据教学计划统一购买和发放教材，只是公共课、专业课、专业公共课、专业基础课的教材选择权和决定权在不同院校中情况不一样，有的由任课教师决定，有的由教研室或院系负责人决定，有的由学校教学管理部门相关负责人或主管校领导决定。让学生自主购买教材，放任自流，确实会出现这样的现象：有一部分学生不买教材，平时不看书，甚至有时不去上课，临到考试时借别的同学的听课笔记复习一下，只求考试及格就行；有的学生会去购买比正版教材便宜很多的盗版教材或去复印教材，这不仅是违法行为，扰乱了教材市场的正常秩序，也是与高校人才培养目标背道而驰的，将使学生失去法制观念。已经将教材购买权放开的学校，针对教材管理方面出现的上述问题，需要进行适当的改变。

教育出版市场风险问题主要涉及高等教育教材市场和教辅市场。

8.3.1 高等教育教材市场风险防范

高等教育教材市场管理可以分为两大类：一是计划管理，二是半计划管理。实行计划管理的高校，学校规定学生必须购买所定的全部教材，根据教学计划，由学校有关教师和教学管理部门确定使用的教材版本，经过招投标或别的程序确定经销商，学校教材管理部门（教材科）从经销商手中购得教材后，按计划全部卖给学生。实行半计划管理的高校，学校规定学生必须购买所定的部分教材（如政治理论课和思想品德课的教材、英语和计算机教材等），允许学生自由处置其他未强制规定购买的教材，学校教材管理部门按教学计划从经销商手中购得全部教材，学生自愿购买教材，没卖完的退给经销商。有的则规定新生的教材按计划管理，从大二开始，老生的教材按半计划管理。在教材经费的管理上，高校一般要求学生按规定预交教材费用，在毕业前分一次或两次结算。

1）高等教育教材市场风险类型

（1）盗版教材带来的冲击。教材半计划管理的模式给予学生购买教材部分的选择权，这也为部分学生不从学校教材计划管理部门购买教材提供了可能。

在不同的高校,购买不同的教材,学生可能享受到不同的教材折扣。除了部分教材(如"两课"教材)没有折扣外,学校一般都会根据进货价格给予学生 5％～15％的折扣优惠,但这种优惠与盗版教材的低价和民营书店、网上书店所能提供的折扣比起来,对学生显然没有吸引力。由于有些教材定价较高,特别是一些专业教材发行量小,定价可能很高,学生从经济利益上考虑,可能会去购买盗版教材,或通过民营实体书店、网上书店购买折扣较低的教材,或直接、间接地购买老生使用过的教材。

盗版教材对高校教材市场的冲击是违法的。有的不法分子曾经通过向学校教材管理部门有关人员行贿,让盗版教材进入高校。在一段时间内,执法部门依法对高校教材管理部门有关人员的不法行为进行了惩罚,有的被判刑,有的被开除公职,对高校教材管理部门起到了很好的警示作用,现在这一条路已基本上被堵死了。但是,不法书商通过在高校内开设书店、复印店、打印店,暗地里向学生兜售盗版教材的现象却屡禁不止。有的不法分子直接深入学生班级,在学生中找代理人,由这样的学生以班为单位组织同学购买盗版教材。

盗版教材有两类,一是印刷厂印制出来的盗版教材;二是通过复印手段生产出来的盗版教材。在前一种情形下,为了节省成本,不法分子一般都会使用较便宜的纸张,选择生产设备较陈旧、法制观念较淡薄的小印刷厂,其印制质量会较差,但也有可能由于盗版教材量大,不法分子也会选择条件较好但法制观念淡薄或管理上有漏洞的印刷厂生产出印制质量还不错的盗版教材。在后一种情形下,除原书的封面外,复印店会缩小比例复印正版教材,通过不同的渠道获得价格便宜的纸张,大大节省复印成本,从而以比正版教材便宜 60％左右的价格卖给学生。盗版教材进入高校教材市场时,通常都是暗地里交易,有时也能被查处,但防不胜防,查处难度较大,有的被处罚一次以后,罚点款,然后照旧做盗版教材生意。其实,盗版教材直接危害的是高校教材市场,它对高校实现人才培养目标的危害更是深层次的。高校人才培养的目标是培养德才兼备的高素质人才,培养有道德、守法纪的人才。大学生在大学读书期间为了节省一点小钱而置法律于不顾,购买盗版教材,如果这种行为得不到执法部门、学校管理部门的制止,不法分子在高校兜售盗版教材的行为不能受到法律的制裁,这对大学生思想的影响是极为恶劣的,对大学生的健康成长是非常不利的。大学生走向社会以后,会面对许多比购买盗版教材大得多的利益诱惑,上大学期间购买盗版教材的经验与经历很可能会在其心里埋下犯错、犯罪的种子。

(2)民营实体书店、网上书店低折扣销售带来的冲击。民营实体书店、网上书店低折扣销售,增大了编辑们在高校教材市场策划方面的风险。与国有图书经销机构相比,民营实体书店、网上书店的进货成本、人力资源成本等运营成本相对更低一些,甚至可能低很多,所以在销售价格上具有竞争优势。有的民营书店或公司甚至通过与出版单位合作,实际上控制了从组织教材编写、出版印制到销售的整个过程。由于其经营机制灵活,在吸引作者、高校教材管理部门有关人员、学生和教师等方面能够采取较灵活的有效措施,因而在高校教材市场竞争中也更具有优势。

(3)教材循环使用带来的冲击。教材的循环使用主要有两种情况,一是学生直接从别的学生手中直接购买其已经使用过的教材,二是有关机构向学生购买使用过的教材,再卖给别的学生。现在有不少学生在一门课考试通过后便不再保留教材,有许多学生在毕业前夕都会将自己用过的教材处理掉,或是当废纸卖掉,或是卖给个体书商,或是卖给做循环教材生意的有关机构。教材循环使用,成交价格较低,相对于新教材而言,更具有竞争优势。

2) 高等教育教材市场风险防范措施

(1)向社会、执法部门、学校等多方面呼吁,在打击高校教材盗版行为方面做些力所能及的事情。可以在报刊、网络上写些文章,分析和宣传高校教材盗版现象的危害性、反盗版的措施;可以调查了解盗版行为,并向扫黄打非办、工商行政管理等执法部门举报,或向学校有关部门反映情况,及时制止盗版教材进入高校,有效防止盗版教材在高校泛滥。

(2)提高自己所策划教材的质量,靠质量取胜。教材是一种产品,在教材市场竞争中,产品质量是生命线,没有质量保证的产品,就不可能有长久的、持续的竞争力。教材的质量主要包括内容质量、编校质量、装帧设计质量、印制质量。其中,内容质量方面所要做的最重要的工作是物色具有丰富的教学经验、治学严谨且写作能力强的作者;编校质量方面所要做的主要工作是发挥责任编辑的作用,要选择具有相关专业知识、有较丰富的编辑工作经验、责任心强的人担任责任编辑。要尽量跟踪并确保装帧设计质量和印制质量。

（3）尽可能向学生、教师、高校教材管理部门有关人员提供优质服务，靠优质服务取胜。不能搞商业贿赂，不要碰法律的红线，但可以尽可能地想办法为他们提供优质服务，取得其信任，获得其理解与支持。

（4）在开发新的教材产品方面寻求突破。相对而言，在已经比较成熟的市场产品方面要获得竞争优势，获取较大的利润空间，是比较困难的。因此，要化解教材市场的风险，一条重要的途径是开发新的教材产品。开发新的教材产品，竞争对手较少，市场推广较容易，利润率较高。譬如，近年来，在线教育正呈现出快速发展的势头。如果能够根据市场的需要，适时地开发相关的新教材，就可避免或降低同业、同品种竞争带来的风险。可以在非教科书产品的开发方面下些功夫。教科书市场比较成熟，竞争非常激烈。相对而言，非教科书市场还有一定的发展空间。教育分为学校教育、家庭教育和社会教育。学校教育中除教科书外，还有非教科书。家庭教育和社会教育也需要用教材，但这一块没有教学大纲，没有统一要求与规范，同一内容可能出版许多种教材，编写这类教材更富有竞争性和挑战性。如励志教育类的书，可以将其看作社会教育和家庭教育的教材，近几年全国出版的这类书有数千种之多。这一类教材的开发，最先进入者几乎是无风险的，即使有风险，也是很低的。

8.3.2　教辅市场风险防范

教辅图书通常是学生自主购买，或在教师、家长的指导下购买，因而其内容质量是否能够满足学生复习功课、迎接考试的需要，就是十分关键的因素。而内容质量的高低，取决于作者水平的高低。要策划出高质量、高水平的教辅图书，就必须选择好作者。教辅图书市场的竞争异常激烈，总体上说，利润率呈下降趋势，例如，高考教辅市场的利润率最高时达到 20% 以上，由于这一市场规模大，吸引了不少出版单位、民营发行单位的参与，产生了过度竞争，于是利润率逐年下降，行业平均利润率近年来降到了 3% 左右。对于经营得不好的企业，则会出现亏损。有的出版单位因盲目参加高考教辅市场的开发，没有实行适当的竞争策略，造成大量退货，产品大量积压，出现严重亏损，结果是元气大伤，数年都没有恢复过来。

教辅的市场风险，包括市场进入风险、教学改革和教材改革带来的风险、侵权风险、大量退货风险等。

(1)市场进入风险。是指进入教辅市场的时机与环境方面的风险。当某种教辅还没有开发时,或只处于初步开发阶段时,一般而言,市场风险相对较低。随着进入者的增多,竞争日益激烈,市场风险也就会随之提高。在拼折扣、竞相压价的市场环境中,在市场竞争已经非常激烈的时候进入某种教辅市场,新进入者或后进入者所面临的市场风险也就会很高,综合竞争实力特别是经济实力不强者所遇到的市场风险也就很大。编辑在策划教辅图书选题时,一定要清楚自己所面临的市场环境,所处的市场发展阶段,才能制定相应的对策,有效地化解或避免这种市场进入风险。在一定时期内,研发高等教育各层次的细分教材教辅市场,也许可以从中发现一些机会。

(2)教学改革和教材改革带来的风险。是指随教改和教材改革的推行,如果不能及时地使教辅发生相应的改变,就会被市场所抛弃。由于教学改革的推行,教材改了,与教材相配套的教辅必须及时地进行相应的改变,否则,生产出来的产品就会成为废品。及时地、准确地了解教学改革和教材改革的有关信息,正确地分析它对于相关教辅的影响,避免相关教辅选题策划的盲目性,就可以有效地化解这种风险。

(3)侵权风险。是指教辅侵犯他人的专有出版权和著作权,遭到起诉、索赔所带来的经济风险和企业形象损害。由于有的教材是由别的出版单位出版的,如果策划、生产与之相配套的教辅,就会侵犯其专有出版权,就存在被原有出版单位起诉和进行经济索赔的风险。如果教辅有抄袭现象,侵犯别人的同类教辅的著作权,就会引起著作权纠纷,并需要承担相应的法律责任。侵权所带来的诉讼,既有经济上的损失,也有对出版单位企业形象的损害。

(4)大量退货风险。是指教辅发货以后被大量地退货,产品变成废品,造成巨大的经济损失,可能导致企业的资金链断裂。由于教辅图书的内容质量、编校质量、印制质量、包装质量等方面出现严重问题,或由于市场竞争过于激烈,环境恶化,或由于销售渠道不畅,或销售策略有误,销售力度不够,以及其他多种原因,都可能造成教辅的大量退货。对于大多数教辅而言,退货也就意味着选题策划的彻底失败,那些一年一换的教辅,退货以后也就不可能进行第二次销售。

作为国有教育出版单位的编辑,在策划教辅图书时,面对上述风险,可以做的工作主要有以下四个方面。

深入、持续地进行市场调研。了解消费者教育需求的变化,特别是学生和家长对于教辅图书的实际需求;关注数字化、虚拟现实(VR)、增强现实(AR)和人工智能(AI)等技术的发展,带来的教育模式的转变,这些技术的应用为教辅市场带来新的机遇;评估竞争对手情况,教辅市场竞争激烈,但市场集中度较高,大型出版集团和品牌教辅占据主导地位,新的市场参与者需要了解当前教辅市场的规模、增长趋势,寻找市场的缺口和潜在机会,采用明确的差异化策略,凸显创新点,以便在竞争中脱颖而出。

提升选题策划的政策适应性。教育政策对教辅市场有深远影响,选题策划者要遵循国家政策对教辅内容价值观的指导,与时俱进的反映国家教育目标和社会主义核心价值观。例如,"双减"政策的实施对教辅市场产生了重大影响,可能会减少对传统学科类教辅的需求,同时增加对综合素质教育内容的需求;教育政策支持教育信息化和数字化教育资源的开发,推动教辅资源向数字化转型,利用互联网和移动平台提供更加丰富的教学内容;政策鼓励课外阅读,为教育出版机构提供了介入学生教育活动,提供阅读指导或素质教育图书的机会。选题策划者要积极适应变动的政策环境。可以通过以下方式及时了解和获得教育政策信息。

教育部官方网站:中华人民共和国教育部政府门户网站(http://www.moe.gov.cn/)是官方发布教育政策和信息的主要平台,提供最新的政策文件、通知公告、政策解读等内容。

政府公开信息:通过国务院部门文件公开栏目(https://www.gov.cn/zhengce/zhengceku/)可以查询到国家层面发布的教育政策和法规。

地方教育部门网站、社交媒体和网络平台:各地方教育厅(教委)也会在官方网站和社交媒体平台上的官方账号上发布与本地区相关的教育政策和通知、解读等。

新闻发布会:教育部和地方政府会定期举行新闻发布会,解读最新的教育政策和措施。

教育专业媒体:如《中国教育报》、中国教育电视台等,它们会报道和分析教育政策动态。

教育研究和学术机构的研究报告：这些机构经常对教育政策进行深入研究，并发布研究报告。

专业教育会议和研讨会：这些活动通常会讨论最新的教育政策，并提供交流和学习的机会。

国际组织和非政府组织：如联合国教科文组织等，它们可能会发布有关中国教育政策的研究报告或分析。通过上述途径，可以全面了解和获取我国的教育政策信息。

设立版权审核环节，避免教辅图书侵权风险。可以采取以下措施：一是要策划本出版单位出版的教材相配套的教辅，不要策划与别的出版单位已经出版的教材相配套的教辅。二是与著作者共同努力，增强著作权意识，了解版权基础知识和侵权后果，避免无意中的侵权行为，在教辅的内容、装帧设计等方面避免侵权现象的发生。有的作者在《计算机图形图像处理》《计算机图形图像制作》《广告设计》等图书中，引用他人的作品，使用包括名人在内的人的照片，未取得原作者或当事人的书面授权，这就需要策划人和责任编辑及时提醒作者，不要存侥幸心理，一定要高度重视著作权和肖像权等问题。三是鼓励和支持原创内容的创作，减少对外来版权素材的依赖。四是建立版权审核机制，在教辅图书出版前，进行版权审核，确保所有使用的素材均已获得授权或属于公有领域。五是面对版权争议时，积极应对，通过法律途径或协商解决版权问题，减少对所属出版机构和选题策划人声誉和经营的影响。

全流程努力，防范退货风险。要避免大量退货风险，需要从选题策划全流程多方努力，精心组织，对相关市场要素需要进行科学分析。

第一，在组稿和编写环节，深入了解目标读者的需要，了解他们对教辅内容和载体等使用方面的要求和注意事项，确保内容符合教学和自学要求，对可能产生高退货风险的产品或活动进行事前监控和预警。第二，在排版印制环节，监督和促请所属出版单位相关部门确保出版销售的产品符合质量标准，避免因质量问题导致的退货。第三，在营销环节，筛选出重点维护的客户对象，对老客户和高价值客户进行重点关怀。第四，完善物流服务，要求发行部门提供快速可靠的物流服务，及时更新物流信息，减少因物流问题导致的退货。第五，优化售后服务,提供高效的售后服务,关注各环节快速响应客户的咨询和投诉,提供清晰的退货和换货指导。第六,如果退货不可避免,要重视分析退货原因。定期分析退货数据,找出退货的主要原因,不断改进产品和流程。

通过上述措施,选题策划者和出版单位可以有效降低退货率,提升客户满意度,增强品牌信誉和市场竞争力。

第 9 章
大众出版的选题策划

大众出版是出版行业的一个重要分支,它主要指的是面向广大非专业读者群体的出版活动。从投资角度来看,与教育出版和专业出版相比较,大众出版并非最佳选择。首先,大众出版的进入门槛低,不容易建立竞争优势,替代威胁大。其次,与其他两种出版相比,大众出版的市场需求更加多样化,更难形成规模经济,因此大众出版的产业集中度最低。但是,与其他两种出版相比,大众出版却具有其自身的优势:其一,大众出版的目标对象最为宽泛,一个人从识字开始直到人生终了,都会与大众出版产生关系,因此,其受众面最为广大。其二,大众出版也是最活跃、最丰富、最有魅力的出版。一般来说,能够推出畅销书、制造市场奇迹的都是大众出版。因此,它具有其他两种出版所缺乏的文化魅力。

9.1　大众出版的内涵、特点和产品分类

大众读物是指涉及大众的日常生活、休闲阅读以及文化体验的出版物,如文学、艺术、旅游、科普、保健、文化、娱乐、少儿、励志等方面的出版物,旨在满足公众的阅读兴趣和知识需求。在这里,我们将大众读物看作面向大众、具有较广的读者面、主要依靠市场销售的图书。

9.1.1　大众出版的内涵与特点

大众,指众多的人,也指群众、民众。大众是一个相对的概念,可以指所有的民众,也可以指某一群体,如青少年、中老年人或老年人,大学生、中学生、小

学生,男人、女人,工人、农民、士兵,管理者和被管理者,教育工作者、家长和学生,等等。大众的日常生活,指大众的吃穿住行、婚丧嫁娶,以及由此产生的日常精神心理行为与生活。大众的休闲阅读,指大众在闲暇时间里的阅读活动,包括身体休闲和心理精神休闲的时间里的阅读活动。大众的文化体验,指大众对大众文化和非大众文化的感知、品味、评价、鉴赏等。大众文化是指通过文化工业或文化产业制造出来的文化形态,非大众文化是指没有被纳入文化工业或文化产业系列,但又与人们的日常知识行为密切相关的文化形态。

大众读物的特点主要有大众化、市场化和知识普及性。

1) 大众化

大众化是指适合大众的精神文化需求和大众的理解接受能力。大众读物需要满足一定时期的大众的精神文化需求,它的读者定位或者是所有的民众,或者是大众中的某一群体。同一民众,同一群体,其文化层次不同,个体的经历、经验和精神文化需求有差异,大众读物寻找的是其精神文化需求上的共通点。在不同时期,大众的精神文化需求是不相同的。也就是说,大众的精神文化需求是随着大众的社会实践活动的深化、时代的变迁、环境的变化而适时改变的。大众读物在语言文字和概念表达上,要考虑读者的理解接受能力,要把专业知识通俗化。大众读物需要以通俗性、趣味性的语言文字来表达,以便大众轻松阅读。超出大众的理解接受能力,就不能激起大众的阅读欲望,就会被大众拒绝或抛弃。受教育程度及文化水平不同,年龄不同,人生经历不同,社会阅历不同,社会实践经验不同,认识能力不同,人们的理解、接受能力也就不一样。我们主要应注意的是不同年龄层的人们通常的文化水平。

2) 市场化

市场化,也叫商业化,是指大众读物要考虑市场的需求及其变化,遵循图书市场的运行规律,通过商业化运作实现销售目标。大众读物虽然把读者定位为大众,但要把潜在的读者变为能够实际购买图书的消费者,还需要发挥营销宣传的作用,让大众了解图书,同时需要图书本身具有吸引力,能够以实用、新颖等特色吸引读者的眼球,刺激读者的购买欲。相对于专著、教材教辅和工具书而言,大众读物更需要加强营销宣传策划,需要加大营销宣传的力度。对于策划者来说,需要在选题名称、选题的内容特色、作者选择、装帧设计、营销宣传等环节上动脑筋、下工夫。大众读物的市场化程度较高,需要通过市场实现销售,它不靠行政手段销售,是否购买完全由读者说了算。当然,除了内容上要贴近市场、满足读者的需求外,大众读物的营销宣传也是影响读者购买的极重要的因素。商业性广告宣传的方式、力度和资金投入量是商业化运作需要重点考虑的事情。做得好,可以收到事半功倍的效果,大获成功;做得不好,则事倍功半,一无所获或收效甚微。

3) 知识普及性

知识普及性是指大众读物所陈述的内容应该是普及性知识。普及性知识是比较普通、通俗易懂、能够被大多数人所理解和接受的知识。大众读物不同于学术专著、教材、工具书,其专业性较低,不能不加说明地使用专业性很强的专业术语,也不能讲太高深的专业知识和太深刻的道理,不能让没有相关专业背景知识的读者在阅读理解上遇到困难,否则就会让读者不知所云,无法理解和接受,无法卒读。在必要的时候,可以使用少量的专业术语,如航空航天、物理、数学、化学、医学、社会学、心理学、哲学等方面的专业术语,但一定要加以通俗性的、适当的解释说明,让大众能明白其基本意思。

大众读物的上述特点,说明大众读物的进入门槛低,商机与危机、风险并存。大众读物的专业性不强,所有出版社都可以进入,所有编辑都可以策划。当然,这并不是说所有出版社、所有编辑都能成功地做好大众读物的策划、出版与营销工作。相对于专业图书、专业教材、工具书而言,大众读物可能有较多的市场需求、较广的读者面、较大的市场潜力,存在较大的市场商机。但是,在商机中也潜伏着危机和风险。策划方案是否正确、是否贴近市场,还需要接受市场的检验。策划方案的实施及其效果,还受到出版者的执行力、产品的竞争力和市场环境等多种因素的影响,策划选题时确定的市场预期的实现程度,还受诸多不确定因素的影响。在出版大众读物时,通常存在高预付款率和高退货率,前期投入大,结果如何还很难准确把握。读者定位很难做到精准,因为"大众"是一个松散的集合体,大众的精神文化需求、口味、品位、兴趣爱好是不断变化的,因人而异,因时代而异,因阶层而异,因编辑的策划经验而异,选题策划者很难准确地捕捉和把握商机,难以做出科学的、准确的判断。做得好,可以提高利润率和利润,通过努力获得规模效益;做得不好,可能出现颗粒无收甚至严重亏损的局面。

9.1.2　大众读物的分类

对大众出版物进行分类有助于出版社、书店、图书馆等更好地组织和管理图书资源，同时也方便读者根据自己的兴趣和需求选择合适的阅读材料。随着出版技术的发展和读者需求的变化，出版物的分类也在不断地细化和更新。大众读物通常分为虚构类和非虚构类。而根据目标读者的年龄和心理发展阶段，大众读物又可以分为成人和少儿读物，两者各有特点和内容，旨在满足不同年龄段读者的需求。

1）虚拟类大众出版物

虚构类大众出版物是大众出版中的一种重要类型，它们包含非真实事件的叙述，主要目的是娱乐读者，同时提供对人性、社会和个人经验的深刻洞察。虚拟类大众出版物通常指的是那些以虚构的或非现实的故事、环境和角色为主要内容的文学作品，它们是现代流行文化的重要组成部分，通常具有较高的艺术性和可读性，能够满足不同读者群体的审美需求和阅读兴趣。虚构类以小说为主，也包括诗歌、戏剧等作品。童书中的儿童文学、童话、寓言、绘本故事也属于虚构类。

虚构类大众出版物的主要特点：①非事实性。虚构类图书讲述的故事并非真实发生的事件，而是作者的想象创作。②文学价值。许多虚构作品因其文学质量、风格、主题或对语言的创新使用而具有较高的文学价值。③情感共鸣。通过对人物、情节和背景的塑造，虚构类图书能够引发读者的情感共鸣。④多样性。虚构类图书的题材和风格极为多样，从古典文学到现代小说，从科幻到奇幻，从悬疑到爱情，几乎涵盖了所有可能的故事类型。⑤文化反映。虚构作品常常反映和评论社会现实，提供对文化、历史和哲学问题的见解。

常见分类：①小说。连续性叙事，通常包含复杂的情节和多个角色。包括以科学和技术的发展为背景，探讨未来世界或外太空的可能性的科幻小说；在历史背景下构建的故事，可能结合真实事件和虚构人物的历史小说；包含魔法、神话或其他超自然元素的奇幻故事；以解谜为主线，旨在营造恐惧、紧张或不安的情绪，通常涉及犯罪、侦探或间谍活动的悬疑恐怖小说；以爱情关系和情感纠葛为核心主题的爱情小说;等等。②诗歌。通过节奏、韵律和象征性语言来表达情感和思想。③戏剧。为舞台表演而写的剧本,包含对话和动作指导等。

虚构类大众读物是文学世界中最丰富和最受欢迎的部分之一,它们不仅为读者提供了暂时脱离现实的手段,也是探索人性和社会的重要工具。通过虚构的故事,作者能够探讨深刻的主题,同时给予读者思考和启发。

在虚拟类大众读物板块之中,又可分出若干个子板块。

原创性文学作品与非原创性文学作品。前者是由作者首次创作和发表的,后者是对原创作品的选编、整合、编创加工。如,一个作家首次创作和发表的短篇小说,是原创性文学作品。将该作家先后发表的大量短篇小说进行整理分类,出版成小说集,这就是非原创性文学作品。按照一定的目的对非原创性文学作品进行选编、整合、编创加工,使之形成具有新质内涵的文集、选集、丛集、专辑、大系之类的总结性文本,对于保存和传承已有文学财富,特别是文学遗产,具有重要意义。

也可以按作者的知名度将文学作品分为名家文学作品和新人文学作品,按作品的历史影响与其在文学史上的地位将文学作品分为经典文学作品和非经典文学作品,按作品出版的时间将文学作品分为古代文学作品和近代、当代文学作品,按作品所属的国度将文学作品分为中国文学作品和外国文学作品,按是否获奖将文学作品分为获奖文学作品和非获奖文学作品,按作品的内容性质将文学作品分为小说、诗歌、辞赋、词曲、散文、报告文学、绘画、摄影作品、电影剧本、电视剧本等。在此之下,还可再细分。例如,在小说这一板块之中,还可分出微型小说、短篇小说、中篇小说、长篇小说,名家小说和新人小说,古典小说和近现代小说,情爱小说和官场小说等。有些则是原创性文学作品与非原创性文学作品的结合,如《唐诗宋词鉴赏》《中国楹联鉴赏》《山水画鉴赏》《四大古典文学名著导读》《外国文学名著欣赏》等。

2) 非虚构类大众读物

非虚构类大众读物与虚构类大众读物相对,是基于真实事件、人物、数据或现象的文学作品。这类图书旨在提供信息、教育读者或对现实世界进行深入分析。对非虚构类大众读物进行定义时,使用的是排除法,即除虚构以外的都是非虚构。这类作品都以现实生活为题材,国内多称之为"知识性读物",包括自然自然、科学知识、社会知识、历史文化等。

　　非虚构类大众读物的主要特点：①真实性。非虚构类图书的内容基于真实事件和信息，作者通过研究和调查来阐述观点、进行叙述。②教育性。这类图书通常具有教育目的，向读者传授知识、技能或对某个主题的深入理解。③信息性。提供有关科学、历史、文化、社会现象等方面的信息。④分析性。非虚构作品常常包含对特定主题的深入分析和批判性思考。⑤启发性。非虚构类图书可以启发读者的思考，促使他们对世界有新的认识。⑥多样性。非虚构类图书的题材广泛，从自助指南到严肃的历史研究，形式多样。

　　常见分类：①传记。传记包括他传、自传、回忆录以及真实记录个人日常生活或特定历史时期的日记或信件集等。这类读物记述真实人物的生活故事，特别是那些在某个领域有显著影响的人，讲述他们的成长、成就和挑战。②历史书籍。历史书籍详细记录和解释历史事件、时期或人物，提供对过去的深入了解。③纪实文学。纪实文学深入报道和叙述真实事件或现象。④社会和文化读物。社会和文化读物对社会现象、文化趋势或特定议题进行分析和评论，对当前的政治经济状况进行深入分析。⑤科普读物。科普读物是解释科学原理、自然现象或探索宇宙奥秘的非虚构的科学和自然作品。这类读物关注科技的发展、应用和对社会的影响。⑥自助和励志读物。自助和励志读物对读者提供指导和鼓励，帮助读者实现个人成长和改善生活质量。⑦艺术与摄影读物。艺术与摄影读物展示艺术作品，讨论艺术理论，通过摄影图片来讲述故事或表达观点。⑧美食与旅游、健康教育读物。即关于食物、烹饪和饮食文化的书籍；提供对旅游目的地的详细介绍，或记录个人旅行经历和对不同文化、地方的观察的书籍；提供关于健康的运动和生活方式的专业建议的书籍。

　　非虚构类图书是获取知识和理解世界的重要资源。它们可以提供专业的见解和个人的经验分享，帮助读者更好地了解现实世界，促进个人成长和社会进步。

　　在非虚构类大众读物板块之中，又可分出若干个子板块，在子板块之下还可再细分。如，实用性非文学类大众读物和鉴赏性非文学类大众读物。实用性非文学类大众读物是介绍与人们吃穿住行和健康等密切相关的日常生活知识的大众读物，主要目的是让人们获得实用性的日常生活知识。如《湘菜菜谱大全》《最新流行的服装》《服装搭配与美》《家庭装饰》《家族灯饰》《家庭用药常识》《家庭护理常识》《自我保健》《带您游中国名山名川》《中国徒步穿越》《时尚旅游》《坐火车去欧洲》等,它所介绍的知识对于人们的生活有现实的、具体的指导意义,很实用。鉴赏性非文学类大众读物是一种供休闲阅读、供人们品味的大众读物。它主要向人们提供一些普及性的文史等社会科学知识及其他知识,充实人们的闲暇生活,主要目的是让人们通过阅读获得一种精神享受,如《中国茶文化》《中国酒文化》《中国饮食文化》《中国传统文化》《大众哲学》《通俗哲学》《大科学家讲小故事》《中国古代钱币鉴赏》《中国文物鉴赏》《白话史记》《文物中国史》《古代社会生活系列》《民风民俗》等。

9.2　大众出版的选题策划方略

大众出版的选题策划是一个系统性、策略性的过程,它涉及对市场趋势的分析、读者需求的理解、出版资源的整合以及内容创新的探索。

9.2.1　大众出版物主要品类市场分析

选题策划人需要对大众出版物的市场进行深入研究,了解当前的出版趋势和读者偏好,以及潜在的市场缺口。波士顿矩阵(BCG Matrix)是一种用于帮助企业分析其产品组合的策略工具,它根据产品的市场增长率和相对市场份额将产品分类为四种类型:明星(stars)、金牛(cash cows)、问题(question marks)和瘦狗(dogs)。

明星:这类产品通常位于高增长市场并且拥有较高的市场份额。它们可能是市场上的领导者,需要大量的投资来维持其市场地位并继续增长。

金牛:金牛产品处于低增长市场,但拥有高市场份额。它们通常会产生稳定的现金流,是出版社收入的重要来源。出版单位可以利用这些产品产生的现金流来支持其他需要投资的产品。

问题:问题产品处于高增长市场,但市场份额较低。需要评估这些产品的潜力,并决定其是否值得投资以提高其市场份额,或者是否应该放弃它们。

瘦狗:这类产品处于低增长市场并且市场份额较低。它们可能不能再产生足够的利润来证明其存在的必要性,出版者可以考虑淘汰这些产品或者减少投资。

选题策划人可以将不同的图书品类放入波士顿矩阵的四个象限中,以识别它们的市场位置。根据谢笑妍、顾佳的《图书出版行业深度研究报告》,通过运用波士顿矩阵的品类分析 2016—2020 年的市场销售码洋同比增长率与平均销售码洋比重,结果显示:

(1)文学与少儿类板块构成了大众读物市场基本盘。2020 年,国内图书零售市场同比增速为 -5.07%,各细分品类的平均销售码洋比重为 7.99%,同年少儿类图书销售码洋比重为 28.31%,同比增速 1.96%,在整体零售市场的码洋品种效率为 2.01,属于高码洋增长率、高码洋比重的明星产品;文学类图书整体零售市场码洋品种效率为 1.03,尽管码洋增长速度有所下降,但其比重较高,文学类图书已由过去的明星产品进一步转变成为金牛产品,能够贡献稳定的现金流。

(2)心理自助、传记、经管三类图书在大众读物市场中表现亮眼。从整体零售市场的码洋品种效率来看,心理自助、传记、经管三类图书依靠较高的定价和稳定的新书数量使得品种效率保持在相对高位,总体都有不错的表现。心理自助、经济管理与传记类图书在 2017—2020 年四年中的平均码洋品种效率排名靠前,尤其是心理自助类图书的码洋品种连续五年在十大品类中位列第二,在经历新冠疫情洗礼的 2020 年,心理自助类图书的码洋品种效率录得 2.29。读者愿意通过阅读传记和经管等与职业发展相关的图书来提升自我的工作能力与思考层次。

(3)科普图书市场实现大幅增长。根据北京开卷信息技术有限公司的监测数据,在 2022 年图书零售市场整体规模同比下降 11.77% 的背景下,科普图书——不论是成人科普书还是少儿科普书——却实现了大幅增长。北京开卷信息技术有限公司的监测数据显示,2022 年成人科普码洋比重占据 0.77%,同比上升了 0.21 个百分点,新书品种数约 980 种。2022 年少儿科普码洋比重占比达 7.68%,同比上涨 0.73 个百分点,超过了儿童文学板块,成为少儿图书市场第一大板块。

(4)养生保健类大众读物的市场潜力有望进一步得到实现。养生保健类图书是大众出版中的一个重要品类，近年来，随着人们健康意识的增强，市场对这类图书的需求持续增强。2023 年 8 月 29 日，京东图书联合京东消费及产业发展研究院、《经济日报》针对 18～35 岁年轻人群的开学季购书行为进行了分析，得出了《2023 年轻人开学季读书报告》，报告显示，年轻人现今正被层出不穷的国潮养生方式"种草"，《黄帝内经》等古典养生书籍的搜索量同比增长 500％。

市场分析对大众出版物选题策划的重要性体现在以下几个方面：①确保选题内容的合规性：市场分析能够帮助选题策划人了解国家政策和法规对出版物的要求，避免政策风险。②把握读者需求：市场分析能够帮助选题策划人了解读者的阅读偏好和需求变化，预测潜在的市场趋势，从而策划出更符合市场期待的选题。③避免同质化：深入了解市场有助于选题策划人避免出版内容的同质化，通过创新和差异化的选题策划，提供独特的阅读价值。④响应社会热点：市场分析有助于选题策划人捕捉社会热点和公众关切，策划出具有时效性和关注度的选题。⑤资源优化配置：通过对市场的研究，选题策划人能够更合理地分配资源，包括编辑、设计、营销、产品载体等资源，以最有效的方式支持选题的实施。⑥风险管理：市场分析有助于识别潜在的市场风险，出版机构可以根据市场反馈调整选题策略，降低市场风险。⑦提升竞争力：精准的市场定位能够增强选题的市场竞争力，提高市场占有率。

综上所述，大众出版物的市场分析是选题策划不可或缺的一环，它可以帮助选题策划者识别哪些图书品类是核心的，哪些有潜力，哪些是收入的主要来源，以及哪些可能需要重新评估。它直接关系到出版物的市场表现。选题策划人需要不断地进行市场研究，紧跟市场动态，以数据和趋势为依据，进行科学的选题策划，以便更好地制定资源分配和产品发展策略，以优化产品组合并提高市场竞争力。

9.2.2 策划大众出版选题的内容和载体

设计大众出版的选题内容和载体时需要综合考虑国家导向、读者偏好、技术发展趋势以及选题策划人的资源和优势等。以下是设计大众出版选题内容和载体时需要考虑的几个关键要素。

1）响应主题出版的要求

主题出版是中国大众出版领域的一个重要板块,它通常指的是围绕国家重大战略、重要政策、重要节庆、重大历史事件等主题进行的出版活动。主题出版的内容通常具有强烈的时代性、导向性和教育性,旨在传播社会主义核心价值观,弘扬中华优秀传统文化,展现国家发展成就,以及提升国家文化软实力。

国家引导主题出版一般主要采用两种方式:一是以政策文件的方式,明确一定时间段内主题出版的选题范围,鼓励出版单位及选题策划人组织相关选题。

如,2022 年是中国共产党成立 101 周年,党的二十大即将隆重召开,也是中国人民解放军建军 95 周年。讲好中国共产党的故事和中国人民解放军的故事,是主题出版的重要任务。2022 年上半年,由中央宣传部统筹指导,河北、福建、浙江、上海四省(市)党委宣传部组织编写的《让群众过上好日子——习近平正定足迹》《闽山闽水物华新——习近平福建足迹》《干在实处　勇立潮头——习近平浙江足迹》《当好改革开放的排头兵——习近平上海足迹》四部系统记述习近平同志地方工作经历图书,由人民出版社分别会同河北、福建、浙江、上海人民出版社出版发行。中共党史出版社围绕党的二十大召开策划了中共历次代表大会史丛书、学党史融媒体丛书和党的三个历史决议丛书,湖南人民出版社、民主与建设出版社共同推出《奔向共同富裕》,四川人民出版社的军队小说《黄金团》,吉林人民出版社的《军歌诞生》等都是这方面的代表。

2022 年,围绕香港回归祖国 25 周年,出版界尤其是粤港出版界推出了一批特色主题图书。广东人民出版社出版了《粤港澳大湾区的商业机遇》《粤港澳大湾区发展报告(2019—2020)》以及"湾区有段古"多媒体系列丛书和报告文学《血脉——东海供水工程建设实录》,广东科技出版社推出"活力粤港澳大湾区"丛书,花城出版社推出《粤读时光——湾区遗粹(上)》,社科文献出版社推出《大湾区建设与深港合作四十年》,广东省粤港澳合作促进会联合广东音像出版社制作组歌《人民之选择》,广州羊城书展特设"大湾区共读"主题展区,汇集粤港澳三地出版资源,京港地铁与国家图书馆推出香港回归主题公益文化推广,通过二维码扫描方式在地铁车站空间推出文化类电子书,提升读者的阅读体验。

主题出版"走出去"战略是中国出版业响应国家文化"走出去"号召的重要举措,旨在通过图书等出版物向世界传播中国故事、中国文化和中国智慧。选题策划者在规划这类选题时应该注意以下问题：①注重翻译质量，确保中国主题出版物在翻译过程中能够准确传达原意，避免文化误读。②研究目标市场的文化特点和读者偏好，出版适应当地市场和文化环境的版本。③利用数字出版技术，通过电子书、有声书等形式，拓宽"走出去"的渠道和方式。④开展多元合作，提高选题的国际竞争力。如与国际出版机构建立合作关系，共同开发和推广中国主题出版物；积极参与国际书展，展示中国主题出版物，与国际出版界建立联系；举办或参与国际文化交流活动，如文学节、讲座、研讨会等，提升主题出版的国际知名度。根据国际市场的反馈，不断改进主题出版物的内容和形式，提高其国际竞争力。

二是以国家出版物奖和国家出版基金资助的形式引导的主题出版选题。例如，近年来，科普创作和科普出版受到国家层面和地方政府的鼓励和支持。在中宣部主题出版重点出版物入选选题、历年"中国好书"入选书目以及其他相关评选和各类榜单中，科普读物占据着重要席位，特别是在历届文津图书奖的获奖书目中，优秀科普图书占比更大。很多出版机构都加入了科普出版的行列，一批优秀的科普作品脱颖而出，科普品牌的塑造进入加速通道。又如，主题出版"走出去"已成为业界共识，2022年中宣部在主题出版重点出版物申报指南中第一次增加第6项主题出版国际化内容，有力推动了有关出版单位积极做好主题出版国际化工作。此外，可以利用国家政策支持，如文化出口奖励、翻译资助等，降低"走出去"的成本和风险。

2）关注社会热点选题

一是要研究公众心理，深刻了解大众的精神文化需求。心理是人脑对客观物质世界的主观反映，心理现象包括心理过程和人格。心理是高度有组织的物质脑的特性，是主体对客体的反映。它是通过感觉、知觉、表象、记忆、想象、思维、感情和意志等多种多样的形式表现出来的。公众心理是指在公共关系情境中，公众受组织行为的影响和大众影响方式的作用所形成的心理现象和心理变化规律。公众心理具有以下特征：心理需求的广泛性、利益追求的共同性、信息暗示的易受性、行为模仿的普遍性、情绪感染的强烈性。公众心理又分为公众群众心理和公众个体心理。我们需要特别关注的是前者。公众群体心理是指公众处在某一实际的社会群体中而在外部行为上表现出来的经常的和稳定的心理特点。由于分类与功能不同,公众群体的心理特征也就既有共性又有特殊性。群体的心理特征可分为群体的一般心理特征和角色群体的心理特征两个方面。群体的一般心理特征主要有归属意识、认同意识、凝聚意识、整体意识与排外意识。公众群体心理既有共同性,也有个别差异性。人们有着不同的社会地位和社会关系,也就在社会中扮演着不同的角色,分属于不同的角色群体,从而也表现出不同群体的角色特征:男人和女人,职业女性和非职业女性,丈夫和妻子,长辈和晚辈,父母和子女,工人、农民、军人、商人、教育工作者、科技工作者等,教育者和受教育者,医生和患者,司机和乘客,管理者和被管理者,白领和蓝领,送礼者和收礼者,等等,这些都属于不同的社会角色。一个人在社会生活中,往往同时扮演着几种不同的角色。只有全面分析和了解公众角色的心理特征,才能进一步了解其精神文化需求,从而提高大众读物选题策划的针对性、目的性和有效性,才能提高成功的概率。例如,策划礼品书时,先要了解送礼者和收礼者的心理及其精神文化需求,如是晚辈送保健类图书给长辈,还是长辈送励志类图书给晚辈,这样才能确定选题的正确方向,制定合适的选题计划并实施,才能收到预期的效果。

二是要洞察时代脉搏,准确把握社会热点及其发展趋势。脉搏为体表可触摸到的动脉搏动。时代脉搏可以理解为一个时代发展的主题,时代发展过程中出现的主流热点、焦点、重大事件和时代发展的方向与趋势。在不同的时代,在同一时代的不同时期,社会的主流热点、焦点是不同的。在社会生活中,大众都会有对时代脉搏的感受,都会有及时而准确地把握时代脉搏的需求,会程度不同地对社会热点、焦点产生迷惑、困惑,对某些重大社会事件不理解或不清楚,对时代发展的方向和趋势把握不准。特别是在社会转型时期,文化发展呈现多元化的发展趋势,思想观念的转变往往落后于时代的变化与发展。如果我们要策划适应时代需求并适应大众心理需求的大众读物,就必须有深刻的洞察力,敏锐地把握时代脉搏,准确地把握当时的社会主流热点、焦点和时代发展的大方向与大趋势,发现和认识大众普遍关心的社会重大事件。

2022 年,冬奥会的举办使北京成为"双奥之城",2023 年上半年,冬奥会主题图书持续热销。根据北京开卷信息技术有限公司 2022 年第一季度图书零售市场数据,在整体增长率为负的情况下,冬奥相关主题图书逆势而上。在少儿类市场中,图书热销前 100 名中有《一起来看冬奥会》《双奥奇迹:超级建筑科学绘本》《冬奥之旅:穿越 21 座冰雪之城》等图书。在京东图书的搜索排行中,"奥林匹克"的搜索量环比上升 36 倍。《打开中国冰雪》销售额环比增长 450％,《冬季奥运会小百科》销售额环比增长 210％,《冬奥趣谈:一本书看懂冰雪运动》销售额环比增长 150％。各出版社主题图书的热销在宣传奥运精神、增进中外交流、弘扬冰雪文化、促进全民健身等方面发挥了重要作用。

3) 拓展常销书选题

世界上最大的大众出版机构企鹅兰登书屋每年出版新书 1.5 万种,其中一半的图书不赚钱。兰登书屋的创始人贝内特・瑟夫(Bennett Cerf)在其回忆录《我与兰登书屋》(*The Reminiscence of Bennett Cert*)中说:"图书出版,一切都是偶然的,你无法预测畅销书,畅销书在很大程度上取决于运气,图书出版是一个产品组合业务,我们每年出版 1.5 万种新书,其中 50％的书连可变成本都无法收回,更别说为公司的固定成本作贡献。这里的 50％不是一个铁定的数字,而是一个根据经验的估计,可以说,我们出版的新书中有一半完全是灾难。所以我称图书出版是媒体的硅谷(Silicon valley of media),你投下很多赌注,为很多的创意投资,每本书都像一个全新的初创公司,我们希望图书在出版后成为畅销书,永不绝版,成为现代经典,但是许多图书失败了,这是一个产品组合业务模型,我称之为媒体硅谷。"兰登书屋英文名字的直译是"随意书屋",即图书出版是"随意"的,没有明确的模式。但是,"随意书屋"的基础是常销书。

积累强大的常销书资源需要很长时间,兰登书屋最经典的一套常销书是"现代文库"丛书。"现代文库"丛书源于博尼 & 利夫莱特出版社,博尼 & 利夫莱特出版社是 20 世纪初期美国重要的出版商。他们出版了一套丛书,重印欧洲和美国当代作家的经典作品,每本定价 60 美分(当时其他出版商的同类书的定价是一美元甚至更多),用人造革装订,名为"现代文库"(The Modern Library)。那时还没有平装书,"现代文库"为普通读者提供了便宜且装订精美的名著,如《白鲸》(*Moby Dick*)、《红字》(*The Scarlet Letter*)、《道林・格雷的画像》(*Picture of Dorian Gray*)等。首批"现代文库"有 11 册,销售非常成功,到年底增加到 36 册。1925 年 8 月"现代文库"增长到 108 种,销售额每年增长,从来没有一年倒退。20 世纪 30 年代经济大萧条时期,公司也没有遇到财务困难。由于积累常销书资源需要时间,因此国外出版商常常会收购其他出版社的常销书。1983 年,企鹅出版社收购了英国的弗雷德里克·沃恩出版社(Frederick Warne Press),目的是获得"彼得兔系列"(Peter Rabbit Books)。该系列一共 23 本,是著名的儿童常销书,每年销售数百万册。1988 年,兰登书屋收购先锋出版社(Vanguard Press),获得 500 种常销书。2021 年 3 月 29 日,哈珀—柯林斯以 3.49 亿美元收购霍顿—米夫林—哈考特(Houghton Mifflin Harcourt,简称 HMH)的大众出版业务"HMH 图书与媒体集团"(HMH Books & Media)。其在美国大众图书出版集团中排名第六,拥有 7000 多种常销书,包括 J.R.R. 托尔金的《指环王》三部曲、乔治·奥威尔的《1984》和《动物庄园》、罗伯特·佩恩·沃伦(Robert Penn Warren)的《国王的人马》(*All the King's Men*)等。HMH 还有许多宝贵的儿童常销书,包括《好奇的乔治》、《玛莎说话啦》(*Martha Speaks*)、《五只小猴子》(*Five Little Monkeys*)、《极地特快》(*The Polar Express*)、小蓝卡车系列(*the Little Blue Truck Series*)、《迈克·穆里根和他的蒸汽铲》(*Mike Mulligan and His Steam Shovel*)、《小王子》(*The Little Prince*)、《勇敢者的游戏》(*Jumanji*)、《星月》(*Stellaluna*)等。哈珀—柯林斯的母公司新闻集团称:"HMH 图书与媒体集团的常销书数量大、质量高,这些常销书一直具有强大的盈利能力。实践证明,常销书是一个可持续的、不断增长的收入来源,为出版商带来高利润率和现金流,尤其是那些具有广泛、持久和全球吸引力的常青内容。2020 年,HMH 图书与媒体集团 60% 的收入来自其强大的常销书。"

现在,开发常销书的周边衍生产品,也是获利颇丰的商业模式。如企鹅兰登专门开发、授权的"彼得兔系列"图书及其衍生产品(茶具、服装、棋盘游戏和玩具等),经授权的彼得兔衍生产品每年的销售额达到 5 亿美元。

常销书对出版社的生存至关重要,但是,一本常销书终究会因为内容过时而退出市场,出版社必须不断补充常销书资源。补充和扩大常销书的途径,一是收购,二是从新书中积累。"美国平装书之父"杰森·爱泼斯坦(Jason Epstein)说:"传统上,兰登书屋和其他出版社将常销书作为主要资产来培养,出版具有永久价值的常销书,而不仅仅追求昙花一现的畅销书。"爱泼斯坦认为:"出版新书的目的是增强出版社的常销书。"贝内特·瑟夫一生创建了两家出版社:现代文库公司和兰登书屋,它们的财务基础都是"现代文库"。"现代文库"的稳定收入支撑了兰登书屋的新书出版,新书出版又不断为兰登书屋积累了常销书,形成了新书到常销书的良性循环。

9.2.3　大众出版读物作者的基本素质

有了很好的选题和选题计划,还要有合适的作者写出高质量的作品,这样才能实现选题的社会效益和经济效益。中国作家协会每年会公布新增会员名单,除 2015 年新增会员数量同比下滑 15.32% 外,历年的新增会员数量总体上呈增加态势,2020 年新增会员 663 名,同比增速录得 7.80%。网络文学作家是内容创作领域的重要增量,2020 年中国网络文学论坛发布的数据显示,2020 年作协新增会员中网络作家占十分之一。另据中国新闻出版研究院的《2019—2020 中国数字出版产业年度报告》,2019 年网络文学作者数量达到 1936 万人。

一方面,大众读物的内容创作者数量呈稳步上升趋势,另一方面,优质的作家资源仍然是稀缺的。2016—2020 年,北京开卷信息技术有限公司统计的虚构类图书畅销榜前十的作家集聚效应十分显著,包括《三体》作者刘慈欣、《追风筝的人》作者卡勒德·胡塞尼、《解忧杂货铺》作者东野圭吾、《活着》作者余华、《百年孤独》作者加西亚·马尔克斯等,能够突出重围的作家少之又少。进一步扩大统计范围,每年仅有 10%～20% 的新晋作家能够闯入畅销榜前 30 名,可见在虚构文学领域,真正优质的作家资源十分稀缺,其他细分品类的情况也大体类似。

写作大众读物的作者需要具备一系列的技能和素质,以便创作出既符合市场需求又具有文学价值的作品。以下是选题策划者在选择大众读物作者时,应注意的基本要求。

1) 广泛的知识储备

作者应具有丰富的知识背景,能够对所写主题进行深入的研究和阐述。例如,以科普为主题进行写作,良好的科学素养是指作者要有丰富的科学知识,熟悉某一方面的科学基础知识和最新的前沿发展动态。具有良好科学素养的作者,可以是科学家及其他科学工作者,也可以是通过自学而走向成功的人才。对科普读物的写作有兴趣的作者才会用心去写作,才能写出好作品来。大多数科学家及其他科学工作者,对于废寝忘食、夜以继日地从事自己本专业的研究有浓厚的兴趣,但不一定有兴趣写作科普读物。他们的辛勤劳作是科学发展和社会进步所需要的,我们不能指望他们放下自己的科学研究课题来从事科普读物的写作工作,但我们可以从中发现个别的对科普读物写作既有兴趣又有能力的科学家及其他科学工作者。

2) 良好的叙事技巧

大众读物的作者应该具有良好的叙事技巧及清晰的表达能力,无论是虚构作品,还是非虚构作品,良好的叙事技巧都是吸引读者的基础。作者必须能够用简洁、准确、生动的语言向读者传达信息和思想,将逻辑性、趣味性、生动性、深刻性与通俗性融为一体。

例如,出色的科普作者介绍科学知识时一定要准确无误,表达一定要清晰。不能概念不清或者表达混乱,更不能向读者介绍模棱两可的,甚至错误的知识。出版科普读物是为了向人们普及科学知识,提高人们的科学素养,如果所介绍的知识是错误的,那就与初衷相违背了;如果表达不清,人们就难以理解书中的科学知识,也就无法达到预期的目的。

3) 高度的社会责任感

作者应认识到自己的作品对社会和文化可能产生的影响,承担起相应的社会责任。作者作为文化传播的重要一环,肩负着传递知识、思想和文化的责任。作者的社会责任感不仅关系到作品的质量和影响力,也关系到社会的价值观和文化发展。以下是作者应承担的社会责任的关键方面:

(1)作者在创作大众读物时要遵守法律和职业道德,这不仅关系到作品的合法性和作者的声誉,也对维护出版市场的健康发展具有重要意义。作者在创作过程中必须遵守国家关于出版、知识产权等方面的法律法规,确保作品内容不触犯法律;不抄袭、剽窃他人的作品,尊重他人的原创成果,正确引用和注明参考文献;在内容创作中避免涉及政治敏感、暴力、色情、歧视等不当内容;在涉及真实人物的写作中,尊重并保护个人隐私,不泄露他人的个人信息。

(2)公正客观。在表达观点时,力求公正客观,避免偏见和不实之词。对于非虚构类作品,作者应确保所提供的信息和数据的真实性和准确性,不发布虚假或误导性的内容。

（3）道德自律。在创作和出版过程中，作者应保持高尚的职业道德，不做出任何不正当的市场行为。

（4）教育与启迪。作品应具有教育意义，能够启迪读者的思考，促进读者个人成长和社会进步。作者应通过作品传播积极向上的信息，激发读者的正面情感和价值观。

（5）文化传承。尊重并传承优秀传统文化，推动文化多样性发展，为文化的持续发展作出贡献。例如，科普读物应以介绍当代科学和技术的新成就、新知识、新进展为主要任务。科学技术在当代的发展可谓日新月异，科学普及的主要目的是向读者普及最新的科技知识。一本科普读物出版后，也应该根据当代科学技术的发展，适时地加以修订，增补新的知识，修正旧的错误。

有高度的社会责任感、恰当的知识储备、出色的语言文字功底，如果能够物色到同时具备这三个条件的大众读物作者，选题策划也就成功了一大半。大众读物的作者在创作过程中需要综合运用这些技能和素质，创作出既具有文学价值又能满足市场需求的作品。但在现实中，找到这样的作者是可遇而不可求的事，得有慧眼和机缘。这类作者可以发现，也可以培养。

合格的选题策划者要认识作品的价值，增强发现作品价值的敏锐捕捉能力。作品的价值是指一部作品对于社会、历史、时代的有用性。作品的价值越大，被大众接受的可能性就越大，其经久性和穿越性就越强。一部好的文学作品可以在历史的天空中永远闪耀，可以跨越国界，被不同国家的大众所喜爱。策划编辑只有充分认识作品的价值，做出正确的价值判断，才能发现其出版价值。作品的出版价值是以其社会效益与经济效益来衡量的。最初，人们往往未能认识凡·高、齐白石等大家、名家的作品价值，往往要在他们成名之后，或在其去世之后，才发现其重要价值。被英国《书商》杂志评选为 20 世纪最有影响的十大出版人之一的著名出版人汤姆·麦奇勒，在其 40 多年的出版生涯中，对作品的价值有着超越常人的判断力和敏锐捕捉能力，能够正确地认识有关作品的价值，并提炼出版价值，其中有十多位作家凭借经他之手出版的作品获得了诺贝尔文学奖。

合格的选题策划者要具备识才慧眼，发现和培养有发展潜力的作者。发现有潜力的作者，是从认识其作品的价值开始的。作者的能力、潜力是通过其作品呈现端倪的。作者的成长必定有一个过程,从新手到新秀,从新秀到名家,从名家到大家,通常需要一个较长的过程。作者的成长过程与其作品的日臻成熟、质量不断提高是相一致的。策划大众读物,抓住已经位居省内、国内或国际一流的作者固然很重要,也容易马上取得成功,收到立竿见影的效果,但不是每个选题策划者都有这样的幸运。对于大多数选题策划者而言,需要重点做的事情,也可以做的事情,是准备一双慧眼,及时发现和努力培养有进入一流作者队伍潜质的作者。要像上面提到的汤姆·麦奇勒那样,准确地发现有关作品的价值,通过出版有价值的作品培养出名家、大家。

9.2.4　AISAS 模式下选题营销设计

AISAS 模式是一种营销理论模型,由日本电通公司提出,主要用于描述消费者在购买产品或服务时的行为过程。AISAS 模型将消费者行为分为五个阶段,每个阶段都以一个特定的行动开始,具体如下:

(1)attention(关注):消费者注意到某个产品或品牌,这通常是通过广告、口碑、社交媒体、新闻报道或其他营销活动实现的。

(2)interest(兴趣):消费者对产品或服务产生兴趣,开始寻找更多相关信息,比如阅读产品描述、用户评价或观看产品视频。

(3)search(搜索):消费者主动搜索更多关于产品的信息,这可能包括在线搜索、询问朋友和家人、比较不同品牌或产品等。

(4)action(行动):消费者决定购买产品或服务,并采取购买行动。这包括选择产品、加入购物车、进行支付等。

(5)share(分享):消费者购买并使用产品后,可能会与他人分享自己的体验,包括在社交媒体上发布评论、向朋友推荐或撰写博客文章等。

AISAS 模型特别强调互联网和社交媒体对消费者购买行为的影响,尤其是在搜索和分享两个阶段。消费者可以更容易地获取信息,同时也更容易分享自己的体验和观点。

此外,AISAS 模型也被认为是对传统 AIDA 模型(attention,interest,desire,action)的扩展,主要区别在于增加了搜索和分享两个阶段,更全面地反映了现代消费者的购买过程。在数字营销和社交媒体营销中,AISAS 模型提供了一个有用的框架,帮助企业更好地理解和引导消费者的购买行为,从而设计有效的营销策略。

1) 引起关注环节的营销策略

在这个环节中,主要通过线上线下媒体和人际渠道,向目标读者提供大众读物的内容信息、推广信息及所属机构信息等。选题策划者需要组建信息传播媒体矩阵和渠道,利用高速、宽幅的信息流动,多触点、精细化、一站式地连接读者。

三联"中读"是国内著名杂志《三联生活周刊》的官方 App,它一方面构建了"两微一端一抖"("两微"指微博、微信,"一端"指客户端,"一抖"指抖音)核心传播媒体矩阵;另一方面,借助三联书店的营销传播渠道,同时在全国招募有一定流量基础的中小微信公众号经营者组成自媒体联盟,建立了线上全国内容信息推广体系。三联"中读"通过媒体平台建设和合作,适时发布信息,制造话题"视点",吸引读者注意力,密切与读者的感情联系,文章信息发布后数小时内阅读量就数百、成千乃至上万地上升,不及一周即能累计达到 10 万,据说早在 2018 年之时,10 万阅读量以上的文章日均就有 1.5 篇。

在这个环节中,选题策划者的主要工作内容包括:

(1)在线上线下多元化的信息传播平台上,编制和投放选题内容、出版单位和读者服务信息,策划制造读者可能关注的"视点""亮点",提升所策划内容在目标市场上的可见度、曝光率,提升读者的期待度。

(2)利用信息渠道培养和读者之间的关系,获得读者信任,理顺互动交流和口碑传播的联系。

2) 激发兴趣环节的营销策略

激发兴趣是大众读物图书网络营销的关键环节,旨在将潜在读者的注意力转化为对图书内容的真正兴趣。为此,选题策划者可以设计和安排以下营销策略。

(1)选题深度内容分享:在社交媒体和自媒体平台上,定期发布图书的深度内容,与图书内容相关的文章、趣闻或小贴士,激发情感共鸣,提升图书的吸引力,使读者形成对图书内容的期待。如精彩章节试读、作者访谈或专家书评等可以让读者对图书内容有更深入的了解。

（2）互动活动：举办问答、竞赛或抽奖活动，安排作者参加在线直播、线上签售或读者见面会等活动，增加作者与读者之间的互动，鼓励读者参与，通过互动提高读者对图书的兴趣。

（3）个性化推荐和社群营销：可以根据读者的阅读历史和偏好，提供个性化的推荐书目，提高图书与读者兴趣的匹配度；也可以在读者社群中推广图书，展示其他读者的正面评价和推荐语，利用社会认同感来激发潜在读者的兴趣，利用社群的影响力和口碑效应激发社区成员对图书的兴趣。

（4）多媒体展示：利用视频、音频和图像等多种媒介展示图书内容，多媒体的展示形式能够更加生动地传达图书信息。

（5）限量版或特别版：推出限量版或特别版的图书，通过独特性吸引收藏者和忠实读者的兴趣。

（6）早鸟优惠：为早期订购的读者提供额外优惠，如额外的折扣、签名版或附加礼品，激励读者尽早做出购买决定。

3）主动搜索环节的营销策略

在图书网络营销的主动搜索环节，读者已经对图书产生兴趣，并开始积极寻找更多信息以做出购买决定。选题策划者应注重实施和推进下面这些有效的营销策略。

（1）搜索引擎优化（SEO）：优化图书介绍页面和相关内容，确保当读者在搜索引擎中输入相关的关键词时，图书页面能够排在搜索结果的前列。

（2）关键词广告：在搜索引擎上投放针对特定关键词的广告，如书名、作者名或图书主题，提高图书的可见度。

（3）为搜索提供深度内容：发布高质量的内容，如深度书评、相关研究文章等，吸引读者搜索并阅读。

（4）在线书评、问答平台和图书论坛：在豆瓣、Goodreads 等书评平台上积极互动，鼓励读者发表书评并积极反馈，提高图书的搜索排名；在知乎、Quora 等问答平台上回答与图书相关的问题，引导读者搜索图书；在图书社区和论坛中积极参与讨论，提供有价值的见解，引导读者搜索图书。

（5）博客和网站：鼓励作者维护个人博客或网站，发布与图书相关的文章和信息，作为读者搜索的信息来源；与其他网站或博主合作，通过联盟链接引导读者搜索并购买图书。

(6)图书推荐列表:将图书列入各种推荐列表,如"年度最佳图书""必读书籍"等,提高图书的搜索曝光度。

(7)媒体报道:争取图书获得媒体的报道和推荐,利用媒体报道的权威性引导读者搜索。

(8)教育和学术机构合作:与学校、图书馆和研究机构合作,将图书作为推荐阅读材料,引导学生和研究人员搜索。

通过上述策略,出版机构可以有效地提高图书在主动搜索环节的可见度和吸引力,促进读者从搜索转化为购买。

4)购阅行动环节的营销策略

购阅行动环节是出版物营销的最终目标,即促使读者完成购买并阅读图书。为此,选题策划者应对如下事项提前做出安排。

(1)提供多渠道的购买选项:提供多种购买渠道,如官方网站、电商平台、实体书店等,方便读者选择最便捷的购买方式。

(2)简化购买流程:确保购买流程简单快捷,减少潜在的购买障碍,如简化注册、支付和物流流程。

(3)安排限时折扣和促销:提供限时折扣、优惠券或赠送活动,刺激读者的购买欲望;提供礼品包装服务或小礼品,增加图书作为礼物的吸引力。

(4)展示其他读者的评价:展示其他读者的正面评价,利用社会认同感促进潜在读者做出购买决定。

(5)推荐系统:利用推荐系统,向读者推荐与已购图书相似或相关的其他图书;将图书与其他相关产品(如电子书、有声书等)捆绑销售,提供额外价值。

(6)售后服务:提供优质的售后服务,包括退换货政策、客户服务支持等,提升读者的购买信心。例如,三联"中读"App设计了"中读"月卡、年卡,可以在线下或微信公众号上直接购买,还可以充值读币的方式订阅产品,也可将订阅的服务赠送他人。可以在选题策划人所在出版机构的介绍页面里配上订阅须知、直接跳转购买的按钮和申请加入会员的按钮,方便读者选择。通过上述策略,选题策划者可以有效地促进读者的购阅行动,提高大众出版物的销售量。

5）互动分享环节的营销策略

互动分享环节是读者购买并阅读图书后的重要阶段，此时读者可能会在社交网络上分享自己的阅读体验，并将其推荐给朋友，或在线上社区中讨论。选题策划者应为此提前做如下准备，以此增强互动和分享。

(1)创建分享工具：在图书页面或相关网站上添加社交媒体分享按钮，使读者可以轻松地分享图书信息。为读者提供讨论指南或问题清单，方便他们在读书小组或在线论坛中进行深入讨论。

(2)鼓励形成用户生成内容：激励读者在电商平台或图书社区中留下书评，提供优质评价的读者可以获得小礼品或折扣券；鼓励读者分享书中的精彩段落，或创作与图书相关的内容，如读后感、相关艺术作品等，并在官方平台上展示优秀作品；与领域内的意见领袖或有影响者合作，让他们分享图书内容和阅读体验，扩大图书的影响力。

(3)社交互动：在社交媒体上创建互动话题，如使用特定标签分享读书心得，提高图书的社会曝光度。建立线上读者社区或读书俱乐部，鼓励读者加入并分享看法。选题策划者和相关编辑积极参与书评网站、论坛和社交媒体上的讨论，回应读者的评论和问题。举办签售会、读书会或主题讲座等活动，提升读者的参与感和归属感。

(4)建立推荐系统：在官方网站或应用程序上建立图书推荐系统，根据读者的阅读历史推荐相关图书。

综上，在数字经济时代，出版业尤其是市场化程度最高的大众出版领域，AISAS 模式对出版物的选题策划有着显著的帮助：在选题策划阶段，策划者要主动识别、编制和利用能够引起目标读者群体关注的主题和内容。一旦读者的注意力被吸引，出版商就需要通过深入的内容描述、作者介绍、书评推荐等方式激发读者的兴趣，从而促使读者产生进一步了解图书的愿望。此时，策划者要考虑如何通过 SEO 优化、在线内容分享等方式，提高图书的在线可见度和搜索排名。SEO 是一种通过优化网站内容和结构来提高其在搜索引擎中的自然排名的技术和过程。为便利读者的购买行为，策划者也应促进购买流程的简化，以便提供便捷的购买渠道，如电子商务平台、在线预订系统等。在进行选题策划时，策划人可以考虑设计激励机制，如提供分享优惠、组织读者分享活动等，以提高图书的社会认可度和推荐度。通过上述策略,选题策划者不仅能够提高图书的社会影响力,还能够建立忠实的读者群体,为长期营销成功打下基础。

9.3　大众出版领域的风险防范

教育出版、专业出版和大众出版是出版行业的三个重要分支。相较之下,教育出版受政策的影响最大,专业出版内容专业且细分程度最高,而大众出版因为市场规模最大,面向所有的读者群体,更注重流行趋势和市场需求,市场竞争也最为激烈。在大众出版领域,选题策划者最常遭遇的风险是市场风险,而可能造成最大损失的是盗版风险。

9.3.1　市场风险

在业界有一种说法:大众出版就像胡乱往墙上扔泥巴,看哪一块会粘住。世界知名的大众出版商企鹅兰登书屋的首席执行官杜乐盟(Markus Dohle)说:我们出版的新书中有一半完全是灾难。你投下很多赌注,为很多的创意投资,每本书都像一个全新的初创公司,我们希望图书在出版后成为畅销书,永不绝版,成为现代经典,但是许多图书失败了。对于大众出版读物的选题策划者来说,最常遇见的风险就是市场风险。

每一本大众读物的出版都需要出版单位支出各种成本:内容创作成本,包括支付给作者的稿酬、版权购买费用等,这通常是图书出版中较为固定的成本之一;编辑加工成本,涉及从选题策划到图书印刷之前的各项费用,如编辑费、审校费等;印刷成本,包括纸张、印刷、装订等费用,受原材料价格波动和印刷技术的影响较大;营销和推广成本,为了提高图书的市场知名度和销量,需要投入一定的资金用于营销和推广活动;库存风险,图书出版后若销售不畅,可能造成库存积压,增加仓储和管理成本;还有版权风险,在图书出版过程中,版权的获取和维护可能需要一定的成本,尤其是跨国版权交易。如果不能通过销售在市场上取得回报,出版机构和选题策划者本人将会蒙受经济损失。

选题策划人要制订和实施周密的选题计划,尽可能地降低市场风险。一家出版单位、一个编辑在新进入大众读物选题策划时,由于缺乏经验,通常都是心中没底、自信心不足,对于大众读物的市场风险的把握往往难以到位。一般都是先进行尝试、探索,逐步积累经验,从而逐渐走向成熟和成功。在尝试、探索的过程中,失败是难免的,免不了要交些学费。但是,我们首先应该有风险意识,要考虑本单位、本人的风险承受能力,要有预防和降低风险的预案,努力少交学费,当出现市场风险时,能够及时采取有效措施进行应对。制定选题计划要周密,从选题名称的推敲、作者的物色、内容及特色的确定,到预期出版成本的科学分析和预期效益目标的设定,再到市场营销的手段、措施和渠道建设,都要有切实可行的方案。对市场风险的预估,控制市场风险的预案,都要做到科学、合理、严密。周密的选题计划制订好以后,还要认真地、有效地组织实施,并根据实施过程中出现的问题适时地调整选题计划和出版计划。在正式出版之前,要合理确定起印数,一般宜谨慎些,不可过于乐观。图书面市后,如果市场反应好,可以再根据市场需求确定重印数。对印数和发货量的把握,要以对市场需求的科学预估为前提,这种科学预估通常都是出版人凭直觉做出的,因此难免出错。大众读物的高退货率是一个较为普遍的现象,这说明对于印数和发货量的把握难度很大,常常会出错。这也说明出版人和策划编辑有可能对于大众读物的市场风险及其控制问题判断不准,或者风险意识不强,防范风险的措施不得力,控制风险的工作做得不到位。

策划的选题能否在市场变现是每一个大众出版选题策划者要回答的首要问题,也是自始至终悬挂在策划者头上的"达摩克利斯之剑"。为了防范市场风险,策划者通常可以考虑如下措施。

(1)合理控制印数。合理控制印数是图书出版业中一个重要的风险管理策略,它涉及对市场需求的准确预测和对库存成本的有效控制。在决定印数之前,要进行细致的市场调研,了解目标读者群体的规模、购买习惯和偏好;要利用历史销售数据来预测新书的潜在销量,包括同类型图书的销售表现和作者的知名度;要评估作者的受众基础和市场影响力,知名作者的作品通常可以有更高的首印数;要考虑图书的营销和推广计划,大型推广活动可能会增加短期内的销售量;要维持合理的库存水平,避免过多库存导致的资金占用和仓储成本;要采用分批次印刷策略,根据市场反馈逐步增加印数,以降低初始风险;要采取合理的、多元化定价策略,价格的高低需要与印数决策相匹配;要与分销商和零售商达成合理的退货政策,减少因退货导致的损失。

(2)获得成本销量。选题策划者在产品印制完成之前,可以借助 VIP 会员制或联系定向团购、图书馆馆配等方式,获得覆盖成本的销售额度。图书 VIP 会员制是一种营销策略,旨在通过提供会员专属的服务和优惠来吸引和保留顾客。定向团购通常指的是企事业单位、政府部门或其他社会团体集体采购图书的消费行为。这种模式对于出版社和图书销售商来说具有重要的市场意义,因为它能够带来大宗销售,增加图书的销量。图书馆馆配指为图书馆提供图书及相关服务。这三种途径都能为大众出版物带来一定的销量,以此为基础可以在一定程度上冲抵市场风险。

选题策划者也要有坐冷板凳的思想准备。《世界是平的》《时间简史》等大众读物从策划出版到畅销,被社会承认,被广大读者所知晓,都曾经历了一段较长的时间。编辑策划选题当然希望尽快实现良好的社会效益和经济效益,尽快收获成功的喜悦。但是,现实往往难以尽如人意,一部好的大众读物在出版初期,甚至在出版后的相当长一段时期内可能都不受欢迎,出现曲高和寡的局面。因此,策划大众读物的编辑既要往最好的方向努力,也要有暂时坐冷板凳的充分思想准备。策划失误,要有勇敢面对失败的思想准备;策划本身并没有问题,也许是暂时没有被读者和社会所接受,要有坐冷板凳的思想准备,但是,也要相信"是金子总是会发光的"。

9.3.2 盗版风险

盗版古已有之,明代才子李渔每写完一部小说,不出数日,千里之外便有盗版书出现。他南下广东时,家中的雕版竟也被盗走,"盗版"一词由此而来。清代才子袁枚更是写诗痛斥:"左思悔作三都赋,枉是便宜卖纸人。"盗版对整个出版业都构成了严重威胁,教材教辅和大众出版领域的畅销书更是盗版的重点。教材教辅由于渠道明确,教育行政部门和学校监管得力,相较大众出版物,盗版者获利少、危险大。而受市场青睐的大众出版读物的销量巨大、渠道众多,监管也不如教材教辅便利,因而对于盗版者有着巨大的吸引力,经常使出版机构、作者和选题策划者蒙受重大的经济效益和社会效益损失,还可能对整个出版生态产生负面影响。

　　著名作家余秋雨的散文作品在市场上广受欢迎,但同时也饱受盗版问题的困扰。余秋雨的散文作品,如《文化苦旅》等,因其深刻的文化内涵和优美的文笔,受到了广大读者的喜爱,但随之而来的盗版现象也异常猖獗。据余秋雨自己透露,他的书籍在国内的盗版数量已经是正版的 18 倍左右。

　　在网络文学领域中,中国版权协会发布的《2021 年中国网络文学版权保护与发展报告》显示,多数网络文学平台每年有 80％以上的作品被盗版;82.6％的网络作家深受盗版侵害,其中频繁经历盗版的比例超过四成。盗版者使用高级技术,如"爬虫"软件和 OCR 技术,自动化地从正版网站盗取内容,并在盗版网站上发布。盗版已经形成了一个产业链,包括盗版平台、推广渠道和广告联盟等,形成了利益共同体。而作者和出版社面临着防盗难、取证难、维权难的"三难"问题,即使发现侵权行为,也难以快速有效地制止。因而对于大众出版领域的选题策划者来说,盗版风险是可能造成损失最严重的风险。

　　依据我国的刑法,未经授权传播作品的行为是违法的,严重者可受到刑事处罚。要有效遏制盗版行为,需要技术的力量,更需要建立一个政府主导、行业共建、科技赋能、群众参与的版权保护新生态,以根治盗版问题。

参考文献

[1] 贝利.图书出版的艺术和科学[M].王益,译.北京:中国书籍出版社,2007.

[2] 贝姆,哈特,舒尔茨.未来的出版家——出版社的管理与营销[M].邓西录, 译.北京:商务印书馆,1998.

[3] 曹锦花.试论高等教育教材选题策划的读者定位[J].出版科学,2007(3):69 - 70,65.

[4] 长冈义幸.出版大冒险——剖析日本13家出版社产生利润的机制与结构 [M].甄西,译.北京:国际文化出版公司,2006.

[5] 陈胚.探索新媒体时代下图书高质量选题策划常见问题及对策分析[J].文 化产业,2022(11):1 - 3.

[6] 陈仁风.现代杂志编辑学[M].北京:中国人民大学出版社,1998.

[7] 陈昕,白冰.EvanSchnittman.对话六:牛津大学出版社,内容提供商将更强 大[N].出版商务周报,2008 - 5 - 15.

[8] 陈至立,等.辞海[M].第七版.上海:上海辞书出版社,2020.

[9] 程德和.出版选题策划实务[M].重庆:重庆大学出版社,2012.

[10] 范斐.选题策划应注重处理好八组关系[N].中国出版传媒商报,2021 - 03 - 30.

[11] 范燕莹.抓好选题创新做精主题出版——聚焦2023年主题出版重点出版 物选题[EB/OL].(2024 - 03 - 18)[2024 - 04 - 28].https://www. nationalreading.gov.cn/xwzx/ywxx/202403/t20240318_838428.html.

[12] 方敏.全程策划:出版运作的现代追求[J].出版发行研究,2000(6):17 - 19.

[13] 冯静.媒体融合时代选题策划的思路创新和实践探索[J].科技与出版,

2020,39(6):70 - 74.

[14] 弗思.原始艺术的社会结构[J].李修建,译.民族艺术,2015(3):93 - 102.

[15] 格罗斯.编辑人的世界[M].齐若兰,译.北京:中国工人出版社,2000.

[16] 国家新闻出版署.2020 中国新闻出版统计资料汇编[M].北京:中国书籍
出版社,2020.

[17] 何海勤.从选题策划入手看编辑对常销书的市场培育——《大学旅游教材
丛书》实例谈[J].出版发行研究,2003(9):29 - 32.

[18] 赫曼.选题策划[M].第 2 版.崔人元,宋健健,译.石家庄:河北教育出版
社,2005.

[19] 华小鹭.荷兰专业出版知识服务研究——以爱思唯尔集团为例[D].北京:
北京外国语大学,2021.

[20] 黄煌.接地气聚人气,"素人"写作出书的风有点暖[N].湖南日报,2024 -
04 - 01(10).

[21] 教育部关于印发《高等学校出版社"十五"发展规划要点》的通知[Z].教社
政〔2002〕1 号.

[22] 教育部关于印发《中小学教材管理办法》《职业院校教材管理办法》和《普
通高等学校教材管理办法》的通知[Z].教材〔2019〕3 号.

[23] 金海峰.全民阅读背景下图书出版选题策划常见问题及对策[J].中国出
版,2018(5):29 - 31.

[24] 克洛德·列维-斯特劳斯.结构人类学[M].张祖建,译.北京:中国人民大
学出版社,2006.

[25] 来夏新,等.中国近代图书事业史[M].上海:上海人民出版社,2000.

[26] 雷珊珊.浅谈图书编辑的能力提升[J].编辑学刊,2023(5):98 - 103.

[27] 李冰.高校教材出版问题研究[D].郑州:河南大学,2012.

[28] 李剑.融媒体背景下教材编辑选题策划能力提升策略探讨[J].采写编,
2024(4):140 - 142.

[29] 李经晶.新时代出版人的文化担当浅议[J].出版参考,2020(11):56 -
57,64.

[30] 李树谋.信息准备:图书选题策划成功的关键[J].出版发行研究,2010(8):

31－32.

[31] 李文芳.选题策划与案例分析[M].哈尔滨:黑龙江人民出版社,2009.

[32] 李永.专业出版社图书选题策划战略浅谈[J].中国出版,2013(13):59－61.

[33] 里斯,特劳特.定位理论[M].王恩冕,译.北京:中国财经出版社,2002.

[34] 练小川.常销书与大众出版[J].出版参考,2021(6):22－25,21.

[35] 刘观涛.畅销书的"蓄意"操作:如何成长为金牌策划人[M].南宁:广西师范大学出版社,2009.

[36] 刘婷婷.把握学科持续发展动态策划时代所需学术选题[J].今传媒,2024,32(4):58－63.

[37] 刘永红.学术著作出版应遵循三种出版导向[J].科技与出版,2020,39(2):26－30.

[38] 卢冬娅.新时代医学精品专著出版经验浅探[J].出版参考,2022(11):67－69.

[39] 吕远梅.融合出版背景下出版社立体化选题策划模式探究——以广西教育出版社为例[J].传播与版权,2024(5):26－28.

[40] 论语[M].北京:北京燕山出版社,2001.

[41] 麦高文.国际出版原则与实践[M].徐明强,译.北京:中国书籍出版社,2000.

[42] 苗遂奇.现代出版选题学引论[M].苏州:苏州大学出版社,2005.

[43] 木薇.中国大学出版社发展战略选择的案例研究[D].哈尔滨:哈尔滨工业大学,2010.

[44] 潘文年.论中国图书走向世界过程中政府的策略[J].中国出版,2010(1):50－53.

[45] 潘文年.中国出版企业海外市场投资模式比较分析[J].中国出版,2009(2):37－41.

[46] 潘宇.大学出版社主题出版选题开发策略分析[J].科技与出版,2022,41(5):105－110.

[47] 彭明兰."互联网＋"时代出版选题策划的创新策略分析[J].中国传媒科技,2022(3):71－73.

［48］曲春晓.应重视出版运营过程中的图书选题策划管理［J］.科技与出版，2011（5）：22 - 23.

［49］全国出版专业职业资格考试办公室.出版专业理论与实务中级［M］.北京：中国大百科全书出版社，2002.

［50］阙道隆，徐柏容，林穗芳.书籍编辑学概论［M］.沈阳：辽宁教育出版社，1995.

［51］赛佛林.传播理论：起源、方法与应用［M］.郭镇之，译.北京：华夏出版社，2000.

［52］瑟夫.我与兰登书屋：贝内特·瑟夫回忆录［M］.彭伦，译.北京：人民文学出版社，2007.

［53］佘江涛.走向未来的出版［M］.南京：南京大学出版社，2022.

［54］舍恩伯格，库克耶.大数据时代：生活、工作与思维的大变革［M］.盛杨燕，周涛，译.杭州：浙江人民出版社，2013.

［55］时方圆.传统大众出版发展知识型 MCN 的理论模型与现实路径研究［D］.上海：华东师范大学，2021.

［56］宋连生.选题策划学［M］.北京：中国水利水电出版社，2006.

［57］宋婷婷.我国非教辅类少儿选题策划研究［D］.武汉：华中科技大学，2013.

［58］孙如枫.牛津大学出版社产权关系与经营模式研究［J］.出版发行研究，2009（5）：66 - 69.

［59］谭晓萍.大学出版社竞合型编辑团队的建设［J］.科技与出版，2011（7）：17 - 19.

［60］谭晓萍.论出版业在发展我国文化教育消费中的作用［J］.消费经济，2009，25（1）：79 - 81，84.

［61］谭晓萍.论全球化背景下的出版职业经理市场建设［J］.湖南大学学报（社会科学版），2009，23（4）：129 - 131.

［62］谭晓萍.世界一流期刊建设背景下选题策划要点［J］.中国出版，2023（4）：58 - 60.

［63］唐亮.融合发展背景下专业出版的市场逻辑和商业模式演化探析［J］.中国编辑，2022（1）：35 - 40.

[64] 陶明运.英国图书的编辑工作与选题策划[J].出版发行研究,2002(11):74-76.

[65] 王欢欢.我国专业图书出版数字化转型策略研究[D].郑州:郑州大学,2017.

[66] 王军.AISAS模式下大众出版知识服务产品营销策略探析——以三联"中读"为例[J].科技与出版,2021,40(5):120-124.

[67] 王琪,姚永春.大数据时代图书选题策划的技术手段[J].编辑学刊,2013(5):76-79.

[68] 王晓斌.浅析图书编辑人员在出版工作中的几种意识[J].名作欣赏,2022(30):176-178.

[69] 王振铎,赵云通.编辑学理论[M].北京:中国书籍出版社,1997.

[70] 魏长宝.谈一谈学术出版的本质、规律与成败[N].中华读书报,2022-03-30(06).

[71] 魏英杰.浅谈大数据时代学术著作的出版[J].出版广角,2014(10):52-53.

[72] 吴粲.策划学[M].第2版.北京:中国人民大学出版社,2005.

[73] 吴智仁.关于"出版策划"的思考[J].编辑学刊,2002(2):22-26.

[74] 肖代柏,等.知识网红的科普图书营销价值与路径探析[J].科技与出版,2023,42(5):124-129.

[75] 谢笑妍,顾佳.图书出版行业深度研究报告:内容产业根基,阅尽千山自成峰[EB/OL].(2024-04-10)[2024-04-28].https://new.qq.com/rain/a/20210422A07LZ700.

[76] 徐柏容.编辑创意论[M].天津:天津古籍出版社,1999.

[77] 许力以.中国出版百科全书[M].太原:书海出版社,1997.

[78] 要力石.实用图书策划学[M].北京:中国书籍出版社,2007.

[79] 易图强.选题策划导论[M].北京:中国人民大学出版社,2009.

[80] 尹娜.2023年中国教育出版:发展特征、行业表现与未来展望[J].出版广角,2024(3):75-79.

[81] 詹琏.图书选题策划靠品牌制胜——兼谈"新股民系列"图书的品牌效应[J].出版发行研究,2007(8):44-47.

[82] 詹琰.图书选题策划中的定位意识[J].科技与出版,2007(7):34-36.

[83] 张冰,丁坤善.新形势下出版企业以合规管理防控风险的策略分析[J].科技与出版,2023,42(10):15-21.

[84] 张婕蕾.选题策划与策划编辑的文化力[J].东南传播,2012(6):134-135.

[85] 张琼.大众出版类微信公众号文案研究[D].南京:南京大学,2017.

[86] 张小满.我的母亲做保洁[M].上海:上海光启书局有限公司,2023.

[87] 张晓哲.新业态融合发展中如何做好选题策划[N].中华读书报,2021-08-25.

[88] 张亚慧.数智科技对出版社图书选题策划的赋能研究[J].传播与版权,2024(2):17-19.

[89] 赵尔奎,杨朔.文化资源学[M].西安:西安交通大学出版社,2016.

[90] 赵家璧.编辑忆旧[M].北京:生活·读书·新知三联书店,1984.

[91] 赵劲.中国出版理论与实务[M].北京:中国书籍出版社,2000.

[92] 赵修齐.教育出版物在全媒体时代的品牌塑造与传播[J].传播与版权,2024(5):76-78,82.

[93] 中国大百科全书·社会学[M].北京:中国大百科全书出版社,2004.

[94] 中国社会科学院语言研究所词典编辑室.现代汉语词典[M].北京:商务印书馆,2014.

[95] 周雁翎.浅论以"问题"为取向的图书选题策划——以"大学教师通识教育系列读本"为例[J].编辑之友,2011(7):33-34.

[96] 左志红,袁舒婕,张雪娇.提高出版质量从做好选题开始[N].中国新闻出版广电报,2020-10-27.

[97] 百度百科:梁思成的作业[EB/OL].(2023-07-28)[2024-04-01].https://baike.baidu.com/item/%E6%A2%81%E6%80%9D%E6%88%90%E7%9A%84%E4%BD%9C%E4%B8%9A/57782376?fr=ge_ala.

[98] 董宇辉推荐的这本书,印量超 600 万册背后[2024-04-01].https://cul.sohu.com/a/765222996_121418230.

[99] 法兰克福书展上的中国风[EB/OL].(2023-10-21)[2024-04-01].

https：//baijiahao. baidu. com/s? id ＝ 1780317872637166696&wfr ＝ spider&for＝pc.

[100] 开卷 2023 年图书零售市场年度报告发布！[EB/OL]（2024 － 01 － 08）[2024.04.01]. https：//baijiahao. baidu. com/s? id＝1787514024487846631&wfr＝spider&for＝pc.

[101] 励志书籍排行榜前十名（2023 年最新）[EB/OL].（2023 － 11 － 28）[2024 －04 － 01]. https：//baijiahao. baidu. com/s? id＝1783817667174325879& wfr＝spider&for＝pc.

[102] 2023 年图书零售市场年度报告发布：《相信》成新书总榜榜首书[EB/OL]（2024 － 01 － 06）[2024.04.01]. https：//www. bjnews. com. cn/detail/1704552511169767. html.

[103] 2023 年中国教辅书行业发展现状：市场已形成了梯队化竞争格局[EB/OL].（2023 － 8 － 31）[2024 － 4 － 28]，https：//www. chinairn. com/hyzx/20230831/174031534. shtml.

[104]《牛津高阶英汉双解词典》（第 10 版）下线新版增收新词新义超千项[EB/OL]（2023 － 04 － 27）[2024 － 04 － 01]. https：//baijiahao. baidu. com/s? id＝1764316269197573680&wfr＝baike.

[105] 中国文字著作权协会. 教科书编写出版政策、法律及实务[EB/OL]. http：//www. prccopyright. org. cn/staticnews/2018 － 01 － 03/180103154318795/1. html.

[106] 中华优秀传统文化系列图书版权输出签约仪式在京举行[EB/OL].（2023 － 06 － 15）[2024 － 04 － 01]. https：//www. chinaxwcb. com/2023/06/15/99826676. html.

[107] 中南年度好书分享丨浦睿文化编辑赵阳：真诚的写作让我们看见彼此[EB/OL].（2024 － 02 － 29）[2024 － 04 － 01]. https：//baijiahao. baidu. com/s? id＝1792241520860101162&wfr＝spider&for＝pc.

[108] 作家迟子建：直播电商带动《额尔古纳河右岸》印量超 500 万[EB/OL]（2024 － 03 － 05）[2024 － 04 － 01]. https：//baijiahao. baidu. com/s? id＝1792675346755652132&wfr＝spider&for＝pc.

索　引

后　记

　　2002年7月,我有幸进入中南大学出版社工作。冬去春来,20余年时光不知不觉间流水般逝去。完成本书之时,伴随其中的思索、焦虑、惆怅、孤独、苦痛,也随之无声无息地消失了。此刻,在这个宁静的夜晚,我静静地站在窗前,仰望着窗外满天的星星,听着湖边喧哗的蛙鸣,静静地体味着大自然的魅力。无数个细微的片段,数十年工作中的点点滴滴成了永恒不变的记忆,烙在了心底。

　　作为一名出版产业的实践工作者,在工作的第10个年头,即2012年担任出版社的副总编辑后,我就萌生了一个念头,想动笔写一本关于图书选题策划的著作,给年轻编辑提供选题策划的理论给养和实践案例。但在为撰写书稿做准备时,才发现这并不是件容易的事:一方面,缺乏系统的选题策划理论可供借鉴,大量的策划案例、实证材料也需要自己进行归纳、整理和分析,而自己的知识储备有限;另一方面,出版社繁琐而具体的实际工作,也让我难以静下心来进行系统思考。加之期间又换了岗位,到学报从事期刊出版工作。因此,本书的撰写也是一拖再拖。2022年,回到图书出版岗位后,在领导及同事的鼓励下,我才下决心完成这本小书的撰写。当然,这些思考和探索是在一定的环境和条件下形成的,随着时代的变化,其中有的观点可能已"不合时宜",但是书中所倡导的选题策划的有关理念,对编辑尤其是对青年编辑来说,应该还是有所裨益的。

　　本书得以完成,离不开许多人的支持、帮助与鼓励,在这里我要衷心感谢他们!首先,我要感谢我入社以来的四任社长——文援朝、王海东、王飞跃、吴湘华,他们慷慨大方的指导、宽容厚实的鼓励、不遗余力的支持,以及深厚的学识和人格魅力,使我终生受益。其次,我要感谢关心我的领导和同事,他们的关爱、支持与帮助使我不敢懈怠,尤其是孙如枫、郑伟、沈常阳三位编辑,他们对我的书稿提出了很多很好的意见,并且耐心细致地为书稿进行了文字校对,使其增色不少。再次,我要感谢研究选题策划的专家学者和从事选题策划实践工作的编辑出版人员,他们的研究成果和实践案例为我的研究工作做了铺垫。最后,我要衷心感谢我的父母、先生和儿子,一直以来,不管是在工作、生活中,还是在本书的写作过程中,他们对我的宽容、理解和默默支持,使我备受鼓舞和感动,促我发奋进取,终使书稿得以完成并付梓。

　　在此,感谢上海交通大学出版社的社长、总编辑陈华栋先生为拙著的出版提供了宝贵机会,感谢责任编辑提文静女士为拙著的出版付出的辛勤劳动。

作者

2024 年 5 月 8 日